윤창화 지음

왕초보 禪 박사 되다

아무것도
없는듯이
어어진
화로속의
가 들겠는

민족사

왕초보 禪 박사 되다

참선수행의 가장 중요한 관건은 '몇 년 앉아서 참선했다'
'몇 년 선방에 있었다' '몇 년 수행처에 있었다'고 하는 커리어나
경력이 아니라, 얼마만치 번뇌 망상과 물욕에 마음이 동요되지 않느냐,
자신을 컨트롤하느냐, 진정으로 열심히 탐구했느냐,
존재의 근원을 발견했느냐, 무엇을 깨달았느냐,
정견(正見)과 정안(正眼)을 갖추었느냐, 거기에 달려 있습니다.

선어를 통해

깨달음으로 들어간다

1

언어란 역사와 문화 · 사상과 정신의 '집합체'라고 합니다. 선어(禪語) 역시 마찬가지로 그 속에는 선의 정신과 사상, 문화가 집약되어 있습니다.

오늘날 우리가 쓰고 있는 선어는 대부분 당대(唐代) 후반에서 송대(宋代) 사이에 이루어진 말로서 약 천 년 전의 언어입니다. 그 속에는 전통적인 불교어도 있고, 때로는 노장(老莊)이나 유가(儒家), 소설, 야담, 설화에서 차용한 언어도 있습니다. 다양한 문화를 바탕으로 천 년에 걸쳐 이루어진 선어를 오늘날 우리말로 그 뜻을 명확하게 표현한다는 것은 만만한 일이 아닙니다.

불교의 여러 용어 중에서도 선어처럼 개념을 포착하기 어려운 말도 드뭅니다. 안갯속에 가려져 한 폭의 추상화처럼 마냥 아름답지만 막상 무어라 표현하기 어려운 것이 선어입니다. 어쩌면 이것이 선의 세계인지도 모릅니다.

화두를 비롯한 선어·선구(禪句)에 대한 개념이 이와 같이 막연한 것은 '선어는 해석하면 안 된다.' 또는 '선의 세계는 언어나 문자로는 표현할 수 없다(不立文字).' 라는 말이 자유스러운 해석을 제한하기 때문일 것입니다.

언어는 의사 소통의 매개체입니다. 따라서 선어를 모르면 선을 이해할 수도 없고 선승들의 말을 알아들을 수도 없습니다. 언어의 장벽을 넘지 못하면 결코 선의 향기(禪香)를 맡을 수도, 선(禪)의 고향에 가 볼 수도 없습니다. 이방인으로서 선의 언저리에서 맴돌 수밖에 없습니다.

2

근래 선에 대한 책이 많이 출간되고 있습니다. 선어나 선구에 대한 풀이도 많이 이루어지고 있습니다. 매우 바람직한 현상입니다. 그러나 대개는 신비스럽고 추상적인 풀이에서 그치고 있습니다. 대중이 이해하기엔 너무 어렵고 광범위하며 무슨 뜻인지 개념이 포착되지 않습니다. 이렇게 해석해도 맞고 저렇게 해석해도 맞는다면 그것은 차라리 해석하지 않느니만 못할 것입니다.

선어나 선구를 풀이할 때는 가능한 한 범위를 좁혀서 우리말로 알기 쉽게 풀이해야 합니다. 추상적이고 두루뭉술한 해석은 지양하고 명확한 해석을 해야 합니다. 구체적인 해석, 실제적 해석에 초점을 맞추어야 합니다. 난해한 언어일수록 쉽게 풀이하는 것, 그것이 선어 풀이의 관건입니다.

대부분 선어를 즉석에서 내뱉은 말 정도로 이해하는 사람들이 많습니다. 그러나 선승들이 읊은 선시나 선문답, 화

7

머
리
말

두(話頭), 공안(公案), 법거량(法去量), 오도송(悟道頌) 등은 모두 일정한 기준을 갖고 있습니다. 사상적 바탕과 교학적 체계가 뒷받침되어 있지 않다면 어떻게 선이 천 년 이상 전해 내려올 수 있겠습니까?

3

이 책은 대중 독자를 위한 것입니다. 선어나 선구(禪句)에 대하여 목마른 분들, 선이 무엇인지 궁금해하는 일반인들, 그리고 선어의 난해함 때문에 고생하는 대중 독자를 위한 책입니다. 따라서 전문적인 용어는 가능한 한 배제하고 될 수 있는 대로 간결하고 알기 쉬운 우리말로 풀어 보고자 노력했습니다. 그러나 실제로 간결하면서도 알기 쉽고 개념을 정확하게 설명했는지는 독자의 판단에 맡길 수밖에 없습니다.

독자 여러분!

선은 그 누구에게 의존하지 않고 독립적으로 살아갈 수 있는 힘을 갖게 하는 공부입니다. 그러므로 일상사를 좀 정리하고 선의 마음으로 읽어 보시기 바랍니다. 혹 잘 이해가 되지 않는 곳이 있다면 한 번만 더 마음을 가다듬고 읽어 보시기 바랍니다. 좌선을 통하여 체험적 사색과 실제적인 탐구(=수행)를 곁들인다면 선미(禪味)의 한 조각을 맛볼 수 있을 것입니다. 사색 없는 선은 없습니다.

이 책에 수록된 글 가운데 50여 개의 주제는 지난 1년간(2008.1~12월) 〈현대불교신문〉에 연재한 것입니다. 지면을 할애해 준 〈현대불교신문〉에 감사를 드립니다.

2009년 초여름

윤창화 합장

차 례

머리말 | 선어를 통해 깨달음으로 들어간다 ······ 5

1장 · 선의 이해

선의 관점―선과 인간의 실존 ························· 18
선과 학문 · 지식 · 경전 ······························· 21
선의 의미 ··· 26
수행의 정의 ··· 29
깨달음 ··· 35
삼매 ··· 40
선문답과 법거량 ······································· 43

2장 · 화두의 의미와 참구 방법

화두와 공안 ··· 50

화두의 역할과 기능 …………………………… 55

화두는 누가 언제 만들었나? —화두의 역사 … 58

화두를 참구하는 방법 ………………………… 60

참선수행의 세 가지 조건 …………………… 66

활구와 사구 …………………………………… 70

무기공 · 혼침 · 도거 · 산란 · 선병…………… 74

성성과 적적 …………………………………… 82

알음알이와 분별심……………………………… 85

경계와 마………………………………………… 89

보림=보임 ……………………………………… 95

3장 · 선의 사상적 뿌리

공 ………………………………………………… 100

무아 ……………………………………………… 103

연기법 …………………………………………… 106

중도 ……………………………………………… 111

불이 ……………………………………………… 114

열반 ……………………………………………… 118

진여 ……………………………………………… 121

법신 ……………………………………………… 124

불성과 영혼 …………………………………… 126

윤회와 해탈 ························· 131

4장 · 선수행의 방법

좌선과 참선 ························· 138
좌선의 방법 ························· 142

5장 · 선의 종류

여래선 ····························· 154
조사선 ····························· 155
간화선 ····························· 156
묵조선 ····························· 158
남종선과 북종선 ····················· 161
오가칠종 ··························· 162
염불선 ····························· 166
대승선 ····························· 169
소승선 ····························· 169
외도선 ····························· 170
범부선 ····························· 171

6장 · 선어와 선구 풀이

개구즉착 ···················· 174
견성성불 ···················· 176
기연 ························· 178
끽다거 ······················ 181
날마다 좋은 날(日日是好日) ················ 185
냉난자지 ···················· 189
다선일여 ···················· 192
돈오와 점수 ·················· 196
무심·무념·무사·············· 201
무위진인 ···················· 204
방 ·························· 209
할 ·························· 213
방하착 ······················ 218
백천간두진일보 ·············· 222
보고 듣고 아는 그놈은 누구인가 ·············· 226
본래면목(=본지풍광) ·················· 229
본래무일물 ·················· 233
불립문자 교외별전 직지인심 견성성불 ········· 237
사교입선 ···················· 241
살불살조 ···················· 244
수처작주 입처개진 ············ 248
심우도 ······················ 251

심외무불, 심외무법, 심외무물························· 264

언어도단 ··· 267

오도송 · 선시 · 열반송 ···································· 269

오매일여 ··· 272

위음(왕) 이전 ·· 277

은산철벽 ··· 280

이심전심 ··· 282

인가 ··· 285

일체유심조 ·· 288

입차문내 막존지해 ··· 293

정법안장 ··· 296

좌탈입망 ··· 298

주인공 ··· 300

즉심시불 ··· 305

지도무난 ··· 309

평상심시도 ·· 312

7장 • 대표적인 화두

무·· 318

간시궐(마른 똥 막대기) ···································· 322

마삼근(삼 세 근) ·· 326

동산수상행 ············ 330
일구흡진서강수 ············ 334
뜰앞의 잣나무 ············ 338
일면불 월면불 ············ 342
만법귀일 일귀하처 ············ 346
병정동자래구화 ············ 350
판치생모 ············ 354
여사미거 마사도래 ············ 358
이뭣꼬 ············ 363
산은 산 물은 물 ············ 369

8장 • 선을 이끌어 온 인물과 책

우뚝한 선승들

보리달마 ············ 376
육조혜능 ············ 377
마조도일 ············ 378
백장회해 ············ 379
조주종심 ············ 380
임제의현 ············ 381
운문문언 ············ 383
원오극근 ············ 383

대혜종고 ················· 384

보조지눌 ················· 385

나옹혜근 ················· 387

서산휴정 ················· 388

경허성우 ················· 390

가려 뽑은 선어록

육조단경 ················· 391

임제록 ················· 392

전등록 ················· 393

벽암록 ················· 394

종용록 ················· 396

무문관 ················· 396

대혜서장 ················· 397

선문염송 ················· 398

선가귀감 ················· 399

간단명료한 선어 단구 풀이 ············· 400

참고문헌 ················· 423

1장

선의 이해

선의 관점

−선(禪)과 인간의 실존−

선은 명상과 사유 그리고 좌선을 통하여 조용히 자신의 진실한 모습을 관찰하는 수행법입니다.

선은 존재에 대한 자기 탐구입니다. 나란 무엇인가, 나는 누구인가, 근원적으로 자신을 파악하고자 하는 것이 선입니다.

선이 추구하는 바는 인간의 실존입니다. 즉 수행자로서, 한 인간으로서 어떻게 하면 근심, 걱정 등 번뇌 망상의 늪에서 탈출하여 평온한 마음을 갖느냐, 집착(=미련) 없는 삶을 살아가느냐, 그것이 선이 추구하는 이상향입니다.

보리달마 이후 많은 선승들은 진지한 시각으로 이 문제를 탐구했습니다. 존재란 무엇인가? 어떻게 살 것인가? 그들이 오랜 사색 끝에 발견한 것은 '자기 자신의 본성이 곧 진리(부처)'이며, '마음이 곧 부처(卽心是佛)'이며, 번뇌 망상 등 일체 현상은 '모두 마음의 작용(一切唯心造)'이라고 직시

(直視)했습니다.

또 그들은 대승불교의 실천철학인 '공(空)' '중도(中道)' '불이(不二)' '일여(一如)' '무집착(無執着)' '무분별' 등을 바탕으로, 마음을 '무심(無心, 무번뇌심)' '무사(無事, 평상무사)'하게 갖고자 했습니다. "고정된 진리는 없다. 그것이 바로 최고의 깨달음(無有定法 名阿耨多羅三藐三菩提)"이라는 《금강경》의 말씀처럼 선자(禪者)들이 추구했던 이상향은 다름 아닌 무집착이었습니다.

많은 분들은 대부분 "선은 상식과 논리로는 알 수 없다."고 합니다. 선은 논리나 상식 따위로부터 초월해 있다는 것인데, 훌륭한 말이면서도 한편으로는 매우 추상적인 말이기도 합니다. 얼핏 들으면 선은 도저히 접근 불가능한 것처럼, 또는 설명할 수 없는 것처럼 생각되기 때문입니다.

사실 이 말은 우리가 지식적으로 알고 있는 '일반적인 상식과 논리'로는 알 수 없거나 접근할 수 없다는 말일 뿐, 불가사의한 수수께끼가 아닙니다. 선은 엄연히 정연한 선의 논리와 기준, 체계를 갖추고 있습니다. 선의 핵심은 바로 우리가 잘 알고 있는 '공' '중도' '불이' '무심' '무집착' '무분별' '일체유심조' 등에 바탕하고 있습니다. 선문답과 선시, 오도송도 이것을 바탕으로 전개됩니다.

사람들은 대부분 선(禪)에는 무언가 초현실적인 것, 신비

한 것이 있다고 생각합니다. 그러나 선은 불로장생을 추구하는 양생술(養生術)이나 신선술이 아니며, 신통력을 얻어 우주나 인간의 미래를 예견하는 이상한 철학도 아닙니다. 간혹 무슨 특별한 세계라도 곧 펼쳐질 듯이 말하는 사람도 있지만 사실 그것은 언어의 과장법에 속아 모든 것을 액면 그대로 받아들인 청자(聽者)의 환상이나 말하는 사람의 과잉 액션입니다.

선종사(禪宗史) 천 년에서 역사의 한 장을 장식했던 수많은 선승들의 공통된 과제는 다름 아닌 번뇌 망상과 괴로움, 그리고 고독과 불안, 번민 등으로부터 탈출하여 각자(覺者=깨달은 사람)다운 삶을 사는 것, 그것이었습니다.

인간사의 질퍽한 늪지대(地帶=번뇌)로부터 벗어나 평온한 마음을 갖는 것, 니르바나의 삶을 사는 것, 그것이 그들의 공통된 과제였고 또한 뒷사람들에게 알려 주고 싶었던 깨침의 소리였습니다.

선수행의 목적은 미완의 인간을 전인적인 인간으로, 어리석은 인격을 훌륭한 인격으로 만드는 데 있습니다. 미혹의 세계에서 방황하는 중생을 붓다로 세계로 안내하는 데 있습니다.

선과 학문 · 지식 · 경전

참선하는 곳에서는 대부분 '책을 읽지 마라' '경전을 보지 마라' 또는 '아는 것(지식)이 많으면 깨닫지 못한다' 고 합니다. 심지어는 경전이나 책 등은 모두 '깨달음을 가로막는 가장 큰 장애물' 로 여기는 이도 있습니다.

왜 그럴까? 이유가 뭘까요?

화두를 참구하는 간화선에서는 깨달음을 방해하는 '최대의 적'으로 사량분별심과 알음알이, 그리고 분석적 사고 등을 지목하고 있습니다.

그런데 이것을 양성하는 매체가 바로 경전과 책, 학문과 지식이라는 것입니다. 다시 말하면 경전과 책 · 학문 · 지식 등은 깨달음을 성취하는 데 우호적인 존재가 아니라 도리어 사량분별심과 알음알이를 생산하는 지식 공장이며, 정신 집중을 분산시키는 존재라고 보기 때문입니다.

그렇다면 과연 이런 판단은 옳은 판단일까요? 꼭 옳은 판단이라고 할 수는 없습니다.

우선 수행자에게 참선수행을 포함한 모든 불교 수행은 사실상 생면부지의 낯선 땅을 여행하는 것과 같습니다. 그곳은 한 번도 가 본 적이 없는 미지의 땅입니다. 미지의 땅을 여행하기 위해서는 반드시 지도 · 안내서 · 이정표가 필요합니다. 경전 · 책 · 학문 · 지식 등은 모두 지도나 이정표 같은 것입니다. 낯선 곳을 가는 자에겐 없어서는 안 될 필수품이지요. 그러므로 책과 지식을 부정하는 것은 꼭 올바른 판단이라고 할 수는 없습니다.

경전과 책, 교학과 지식을 도외시할 때 가장 큰 문제점은 무지(無知)해진다는 것입니다. 무지는 잘 아는 바와 같이 탐(貪) · 진(瞋) · 치(痴, 어리석음, 무지) 삼독(三毒) 가운데 하나인 치(痴)입니다. 치(痴)는 무식 · 어리석음 · 아둔함을 가리킵니다. 하다못해 구멍가게도 무지하면 고생만 하는데 이른바 깨달음을 얻겠다는 사람들이 부처님 말씀도 참고하지 않고 '선이 무엇인지', '화두가 무엇인지'도 모르고 깨닫겠다는 것은 어불성설입니다. 말이 안 되는 소리이지요. 무지해서는 아무것도 이룰 수 없습니다. 우리가 번뇌 망상으로 괴로운 삶을 반복하는 것도 결국 무지하고 어리석기 때문입니다.

참선을 하다가 혼침(昏沈) · 도거(掉擧) · 무기공(無記

空)·분별심 등 선병에 빠지는 것도, 상기병(上氣病, 만성 두통)·관절염·환영(幻影)·환청(幻聽) 등에 빠지는 것도 모두 선에 대한 교학적 바탕과 지식이 부족하기 때문입니다. 참선수행의 정도(正道)를 모르기 때문에 나오는 결과입니다.

그 가운데 환영, 환청, 환시(幻視) 등은 특히 주의해야 할 선병(禪病)임에도 불구하고, 상당수의 사람들이 이런 현상이 나타나야 비로소 깨닫게 되는 것인 줄로 착각하고 있습니다. 그리하여 "나에겐 왜 그런 현상이 나타나지 않나?" 하고 고대하는 사람도 있습니다.

이와 같이 선에 대한 지식이 없는 상태에서 참선을 하게 되면, 현재 자신이 하고 있는 수행 방법이 과연 올바른지 판단할 수가 없습니다. 시행착오를 거듭할 수밖에 없습니다.

그러므로 참선을 하고자 하는 사람은 반드시 선이나 화두참구에 대한 기본적인 지식을 갖추고 나서 시작해야 합니다. 최소한 '선이란 무엇인가?' '화두란 무엇인가?' '화두의 역할' '화두참구법' '화두를 드는 목적' 등은 알고 시작해야 합니다. 마음 같아서는 금방 깨달을 것 같지만 아무런 지식이 없는 상태에서 시작하면 평생을 공부해도 고생만 합니다. 나중에는 몇 년 참선했다는 관록과 커리어로 자부심만 느낄 따름입니다. 그러므로 경전과 책, 교학과 지식은 초심자에겐 반드시 필요합니다.

한편 교학과 지식, 언어문자에 너무 의존하다 보면 착각하는 예도 많습니다. 예컨대 '오매일여(寤寐一如)'란 오매불망과 같은 뜻으로서 '자나 깨나 한결같은 마음(일심)으로 참구하라'는 뜻입니다. '삼매(三昧)'와 같은 뜻인데, 간혹 어떤 분은 '실제 깊은 숙면 속에서도 화두를 놓치면 안 된다.'고 해석하고 있습니다. 이런 경우가 바로 지식과 교학을 과신한 나머지 언어문자의 표면적인 뜻에 얽매인 경우라고 할 수 있습니다. 이때는 지식, 좀 안다는 것이 독약이나 마찬가지인 셈입니다.

열심히 화두를 참구할 적에는 경전이나 책을 볼 필요가 없습니다. 그러나 남는 시간에는 《무문관》《임제록》 등 훌륭한 선어록(禪語錄)*과 선 관련 경전 등을 공부하여 안목을 넓혀야 합니다. 교학적 공부를 병행해야만 정견과 정안이 확립되어 더 빨리 깨달음에 도달할 수 있습니다. 화두를 참구할 때에 사량분별심과 알음알이만 주의하면 될 일이지, 구더기 무서워 장까지 담그지 않겠다고 한다면 그것이야말로 어리석은 자의 소치입니다.

중국의 저명한 선승 조주 선사·마조·황벽·임제 그리고 간화선을 대성시킨 대혜 스님과 그의 스승 원오 선사도 많은 경전과 책을 읽었습니다. 보조국사·나옹·서산·경

---

* 선어록(禪語錄) : 선승들의 법어집.

허 · 한암 · 성철 스님도 많은 경전과 선어록을 읽었습니다. 역사상 저명했던 선승들은 모두 교리적 · 학문적으로도 훌륭했다는 것입니다.

원래 중국의 선원에서는 참선과 간경(看經, 경전 강의) 공부를 병행했습니다. 오후에는 항상 한두 시간 정도 《능가경》이나 《금강경》·《육조단경》·《임제록》 등을 강의했습니다. 물론 강의는 조실 스님이나 방장 스님이 합니다. 백양사 고불총림의 방장이셨던 서옹 스님께서도 하안거 결제 때에는 꼭 《임제록》·《벽암록》 등을 강의하셨습니다. 선원에서 참선과 함께 어록 강의는 필수적입니다.

선원에서 책을 읽지 말라고 하는 것은 지식적 알음알이에 빠져서 실제적인 수행을 게을리할 가능성이 많기 때문입니다. 지식적 · 학문적으로 이해한 것을 가지고 다 알았다고 착각하거나, 그것을 깨달음으로 오인하여 만족하는 이들이 많기 때문입니다.

그러나 지식적 · 학문적인 앎을 바탕으로 실제적인 수행(탐구)을 통하여 선의 진리를 체득한다면 아주 좋은 방법이라고 할 수 있습니다. 구더기 무서워 장까지 담그지 말자는 어리석음은 되풀이할 필요가 없습니다.

참고   관련 항목은 '알음알이와 분별심'입니다.

선의 의미

선의 원어(原語)는 산스크리트어(인도 고대어 중 하나)로
는 'dhyāna(드야나)'라고 하고, 팔리어(역시 인도 고대어 중 하
나)로는 'jhāna(즈하나)'라고 합니다. 이 'jhāna'의 한자 표기
가 '선(禪)' '선나(禪那)'입니다. 또 '선(禪)'과 그 뜻풀이
'정(定)'을 합하여 '선정(禪定)'이라고도 합니다.

선의 정의는 '고요히 생각하다(靜慮)' 또는 '사유를 통해
닦는다(思惟修)'는 뜻으로, 하나의 주제나 대상을 '깊이 생
각함' 또는 '조용히 생각하는 것'을 뜻합니다. 요즘 언어 가
운데는 '명상'이라는 말이 가장 적합할 것 같습니다. 또 정
신을 한곳에 올인(all-in)·집중·몰입한다는 뜻에서 삼매와
동의어로 사용되기도 합니다.

하나의 주제나 대상에 몰입·집중하여 그 힘으로 번뇌를
제압하여 물리치는 것입니다.

그런데 중요한 것은 무엇을 깊이 명상·사유하며 어디에 올인·집중하느냐, 이것입니다. 물론 사업이나 학문·출세·명예·부(富)·이성 등 세속적인 것에 올인·집중하는 것은 아닙니다.

인도의 종교 및 힌두 철학에서 명상 주제는 범아일여입니다. 가부좌를 하고 앉아서 우주의 원리(주재자)인 브라만과 개체의 주재자인 아트만이 하나임을 명상했고, 부처님 당시 초기불교 수행자들은 '무상(無常)'·'무아(無我)'·'연기의 법칙'·'중도의 이치' 등을 사유·명상했으며, 대승불교 수행자들은 '일체는 모두 공함(一切皆空)'을 사유·명상했습니다.

그렇다면 오늘날 말하는 선에서는 무엇에 올인·명상할까요? 달마가 제자 혜가에게 일러 준 '안심법문(安心法門)'에서도 볼 수 있듯이 초기 중국선(中國禪)에서는 '마음의 존재'에 대하여 고찰했습니다. '마음이란 무엇인가?' '희로애락에 좌우되는 이 마음, 이 마음을 평온하게 할 수는 없을까?'

선에서 '마음을 찾아야 한다' 또는 '너의 본래면목은 무엇이냐' '불성을 찾으라'는 말도 그 대상은 모두 '마음'입니다. '마음에 대한 탐구'는 바로 자기 자신에 대한 탐구입니다. 그것을 떠나서 선은 있을 수 없습니다.

간화선에서는 '무(無)' '마삼근(麻三斤)' '간시궐(乾屎橛)' '본래면목(本來面目)' 등 화두를 참구(탐구)합니다. 화두참구를 통하여 치성하는 번뇌를 제거하고 마음을 평온(니르바나, 열반)하게 하는 것입니다.

선은 인도의 요가(좌선, 명상)를 바탕으로 형성되었습니다. 그리고 사상적으로는 대승불교의 반야지혜(般若智慧, 모든 것을 공으로 보는 지혜)와 공(空, 모든 존재는 공하여 실체가 없음), 중도(中道, 극단의 어느 한 쪽에 치우치지 않음), 유식사상(唯識思想, 일체는 마음의 작용임) 등을 수용하여 하나의 새로운 수행 체계로 만든 것입니다.

 참고 관련 항목은 '깨달음' '수행의 정의' '삼매' 입니다.

수행의 정의

위빠사나 수행법이 들어와 대중화된 이후, 이제 '수행'이라는 말은 누구나 주고받는 일반적인 주제가 되었습니다.

수행에는 여러 가지 수행법이 있습니다. 화두를 가지고 참구하는 참선수행, 호흡 조절이나 마음의 움직임, 또는 자신의 일거수일투족을 관찰하는 위빠사나 수행, 소리 내어 관세음보살과 아미타불을 부르는 염불 수행, 경전을 독송·탐구하는 간경(독경) 수행, 기도와 참회를 통해 자신을 정화해 가는 참회 수행, 진언을 외우는 주력(呪力) 수행, 그리고 절 수행 등 다양한 수행법이 있습니다. 그 외에 요가 수행과 단전호흡을 통한 수행 등도 있습니다.

불교와 선에서 말하는 수행이란 다름 아닌 '마음 조절' '마음 다스리기' 또는 '마음 컨트롤'입니다. 육체적·정신적 수련을 통하여 마음에 낀 이물질을 정화해 가는 작업, 욕망

(貪)과 분노(嗔), 무지와 어리석음(痴) 등 세속적인 것들을 제거해 가는 작업이 수행입니다. 미망으로부터 번뇌로부터 집착으로부터 벗어나 미완의 인격체를 전인적(全人的)인 인격체(붓다)로 만들어 가는 것, 그것이 바로 수행의 목적입니다.

따라서 넓은 의미에서 본다면 몸과 마음을 수련하는 것이라면 모두가 다 수행이라고 할 수 있습니다. 그러나 그 수행이 과연 불교 교리나 부처님 가르침을 토대로 한 수행법인가, 즉 선과 불교의 수행법이냐 아니냐는 엄격히 구별해야 합니다. 그렇지 않을 경우 엉뚱한 것을 가지고 선수행이라고 여길 수 있기 때문입니다.

불교 수행은 그 목적이 깨달음에 있습니다(깨달음의 정의에 대해서는 이 장의 '깨달음' 항목 참조). 그러므로 목적이 깨달음이 아닌 육체적·정신적 신비함을 추구한다거나 신체단련 등을 추구하는 것은 불교 수행이 아닙니다. 예컨대 오늘날 단전호흡과 요가는 수행상 참고는 되지만 불교 수행은 아니며, 또 진언이나 다라니 수행도 무언가 정신적 영감을 얻기를 바란다면 이 역시 불교에서 말하는 수행은 아닙니다.

선수행(간화선)의 목적은 화두참구를 통하여 탐(貪, 욕망)·진(嗔, 분노)·치(痴, 어리석음·무지) 등 번뇌 망상을 제거하여 본래 청정한 마음을 찾자는 데 있습니다. 참선을 통하여 일체 현상은 무자성(無自性)·공(空)임을 인식함과 동시에 자기 자신이 본래 부처였음을 확인하는 것입니다. 공을 바탕으로 중도·무집착을 실천하여 번뇌로부터 해탈한 자유인이 되자는 것입니다. 이것을 깨달음이라고 합니다.

그런데 오늘날 우리나라 참선 수행자 가운데는 상당수가 선과 불교 수행의 목적을 망각한 채 요가·기공·단전호흡·체력 단련·신선술·양생술 등과 혼동하고 있습니다. 신체적·정신적 신비주의를 추구하는 사람들이 많다는 것입니다. 방법이 비슷하다 보니 혼동하는데 분명하게 구분해야 합니다. 무엇이 정도(正道)인지 모른다면 그것은 마치 눈 뜨고도 구렁으로 빠지는 것이나 다름없습니다.

'선(禪, dhyāna)'을 풀이하면 '사색을 통하여 닦는다(思惟修)' 또는 '고요히 생각하다(精慮, 명상)'입니다. 즉 조용한 곳에 앉아서 하나의 주제에 명상·몰입하는 것, 존재의 근원에 대하여 깊이 사유·사색하는 것입니다. 문학적·감성적 사색이 아닌 직관적 사색입니다. 근원적인 탐구, 근원적인 사색입니다. 이것을 '삼매(三昧)'라고 합니다.

따라서 앉는 자세, 참구 방법 등만 확실히 알면 수행은 어디서든지 가능합니다. 굳이 조용한 곳(수행처)에 가지 않아도 됩니다. 도심에서도 사무실에서도 집에서도 할 수 있습니다. 그러나 이보다는 지도자가 있는 선원 등 전문 도량에 가서 하는 것이 가장 좋고, 자세 역시 앉아서 하는 것이 가장 좋기 때문에 좌선을 택하는 것입니다.

화두 참선을 체계화시킨 대혜 선사는 "조용한 곳에서 누군들 참선하지 못하겠느냐? 시끄러운 곳에서 화두를 참구하는 것, 그것이 관건"이라고 말하고 있습니다.

대혜 선사의 말씀과 같이 선원이나 수행처에 있을 때는 마음이 아주 편안했는데 복잡한 도시로 나오자마자 다시 마음이 산란해졌다면 그것은 수행이 아니라 환경에 따라 일시적으로 마음이 편안해진 것뿐입니다. 그런 정도의 편안한 마음은 한적한 시골에만 가도 충분히 가능합니다.

그러므로 수행의 최대 관건은 '몇 년 앉아서 참선했다' '몇 년 선방에 있었다' 또는 '몇 년 수행처소에 있었다' 는 경력(커리어)이 아니라, 얼마만치 진실에 가까웠느냐, 무엇을 알았느냐, 존재의 근원을 파악했느냐, 정안(正眼)과 정견(正見)을 갖추었느냐, 번뇌와 물욕에 마음이 동요되지 않느냐, 그것이 핵심입니다.

요즘 일부 수행자들 가운데는 수행이라는 것을 마치 대단한 계급장처럼 여기는 사람도 있습니다. 몇 달 또는 몇 년 수행처에 있었다고 해서 깨달은 척 목에 힘을 주는 때도 많고, 심지어는 학술 세미나 같은 곳에서도 발표자를 향하여 "수행해 봤느냐?" "참구해 봤느냐?"고 말하는 사람도 있습니다.

수행의 목적은 번뇌·욕망·아만(我慢)·아상(我想) 등을 떨쳐 버리고, 존재의 실상을 파악하여 망상에 속박되지 않는 자신을 만드는 것입니다. 그런 다음 타인도 함께 깨닫게 하자는 것인데, 오늘날 참선수행자들을 본다면 보살정신의 인격을 갖추어 가는 것이 아니라 오히려 아만과 자존심을 더 양성하고 있습니다. 수행의 목적과 취지가 어디에 있는지 모르겠습니다. 승속(僧俗)을 막론하고 아만은 참선했다는 사람들이 가장 심하고, 염불이나 참회 수행을 한 사람들은 오히려 겸손한 편입니다.

참선수행에도 올바른 수행과 잘못된 수행, 건전한 수행과 불건전한 수행이 있습니다. 수행을 통하여 아만과 무지·욕망·분노·증오·어리석음 등을 제거하는 것은 올바른 수행이지만, 조용한 곳에서 일신의 편안함을 추구한다거나 자존심을 강화하는 것, 또는 영적 체험이나 육체적·정신적 신비를 추구하는 것 등은 모두 다 불건전한 수행입니다. 그것은 그들이 말하는 수행일 뿐, 불교와 선에서 말하는 수행은 아닙니다. 부처님 가르침과 맞지 않으므로 주의해야 할 필요가 있습니다.

오늘날 수행법은 참으로 다양합니다. 화두를 참구하는 간화선도 선승마다 조금씩 다르고 위빠사나에도 관찰법과 호흡법이 있으며 스승에 따라 차이가 있습니다. 여러 가지 방법, 여러 가지 수행법이 있지만 중요한 것은 자신의 적성에 맞아야 합니다. 그래야만 좋은 결과를 얻을 수 있습니다.

수행은 무엇보다도 인격적 수행이 이루어져야 합니다. 수행을 했다고 하면서 증오와 분노를 참지 못하거나 욕망을 억제하지 못한다면 그것은 모두 헛수행입니다. 인격 없는 수행은 무의미합니다.

또 수행은 무슨 수행이든 지혜를 개발하는 수행이어야 합니다. 지혜가 개발되지 않는다면 그것은 불교의 수행, 선의 수행법은 아닙니다.

수행의 완성도를 높이고자 한다면 정신적 수행(선)과 함께 이론적 수행(교학적 탐구)·육체적 수행(참회 등) 등이 병행되어야 합니다. 그래야만 비로소 전인적인 인격자(=붓다)가 될 수 있습니다.

참고 관련 항목은 '선의 의미' '삼매' '보임' '좌선과 참선' 등입니다.

깨달음

'깨달음(覺)'이라는 주제는 개신교나 가톨릭·이슬람 등 기타 종교에서는 찾아볼 수 없고, 오직 불교와 인도 종교에만 있는 주제입니다. 이것이 여타 종교와 크게 다른 점이라고 할 수 있습니다.

'깨달음'이라는 말은 순수한 우리말로서, 한자로는 '각(覺)' 또는 '오(悟)'라고 하며, 산스크리트어로는 '보디(bodhi, 菩提)'라고 합니다. 부처님의 존칭 가운데 하나인 '붓다'라는 말도 '깨달은 분'이라는 뜻입니다.

다음은 힌두교와 불교, 도교의 깨달음을 구분해 보도록 하겠습니다.

① 힌두교의 깨달음

힌두교에서 깨달음은 우주의 근원 또는 우주의 주재자인

브라만과 자신의 주재자인 아트만과의 합일, 그것을 '깨달음' 또는 '해탈'이라고 합니다. 깊은 명상 즉 요가를 통하여 아트만이 브라만과 합일하는 것인데 어떻게 합일하는 것인지 자세한 것은 알 수 없습니다.

② 불교의 깨달음

불교(특히 초기불교)에서 깨달음이란 삼법인(三法印)과 사성제를 자각하는 것입니다. 즉 "모든 존재는 언젠가는 스러져 간다(무상)." "모든 존재는 영원한 실체가 없다(무아)." "삶은 고(苦)이다." 그리고 "탐(貪) · 진(瞋) · 치(痴) 등 욕망을 제거하면 마음이 평온해 진다(涅槃寂靜)."는 사실을 깨닫는 것입니다.

사성제로 불리는 고(苦, 삶은 고이다) · 집(集, 고의 원인은 집착이다) · 멸(滅, 욕망이 소멸된 고요한 세계) · 도(道, 고요한 세계에 이르는 방법—팔정도)도, 깨달음에 이르는 방법으로서 팔정도를 제시하고 있다는 것 외에는 앞의 삼법인과 아무런 차이가 없습니다.

또 모든 존재는 서로 의존 관계에 의하여 생성 · 소멸하는 '연기의 법칙'과 그 어디에도 치우치지 않는 '중도의 이치', 모든 존재는 공임을 아는 '일체개공(一切皆空)'의 이치를 깨닫는 것도 깨달음입니다. 그 외에도 《화엄경》에서 말하는 '일체유심조(一切唯心造)'의 이치를 깨닫는 것도 깨달음의 하나입니다.

이렇게 볼 때, 부처님께서 깨달으신 진리는 사성제와 삼법인·중도·연기법·공(空)으로서, 이는 시대에 따라 또는 상황에 따라 표현을 조금씩 달리했을 뿐, 모든 존재는 무상한 것이며, 영원불멸하는 실체는 없는 것이며(無我, 緣起, 空), 그리고 고통이 사라진 세계는 평온하다(열반적정)는 것입니다. 이러한 사실을 깨닫는 것, 이것이 초기불교와 대승불교에서 추구했던 깨달음입니다.

선불교의 깨달음 역시 초기·대승불교도들이 추구했던 바와 큰 차이가 없습니다. 다만 차이점이 있다면 선불교에서는 용어를 좀 바꾸어서 마음이 바로 깨달아야 할 대상 즉 마음이 바로 진리(卽心是佛)라고 했습니다. 또 사상적으로 공(空)과 중도에 입각하여 그 어디에도 집착하지 않는 것을 중시했습니다.

육조혜능 선사가 말한 '본래 한 물건(망상)도 없다(本來無一物)'는 말이나 조주 선사가 말한 '무심(無心)'과 '무사(無事)', 임제 선사의 '무위진인(無位眞人)'도 모두 무집착을 의미합니다. 그뿐만 아니라 마조 선사의 '평상적인 마음이 곧 진리(平常心是道)'라는 말과 운문 선사가 말한 '날마다 좋은 날(日日是好日)'도 '집착 없는 마음' 즉 '무집착의 추구'입니다.

선승들은 무집착의 구체적인 방법으로서 '일체를 공으로 볼 것(一切皆空)', '일체를 마음의 산물로 인식할 것(一切唯心造),' '분별심을 갖지 말 것(不二)', '중도를 행할 것' 등을 강조했습니다. 이것을 바탕으로 지금 이 자리에서 고통으로부터 벗어난 자유인의 삶을 추구했던 것입니다.

③ 도교의 깨달음

중국의 도교는 '무위자연(無爲自然)의 이치'를 깨닫는 것입니다. 자연의 세계를 볼 것 같으면 인위적인 노력을 가하지 않아도 때가 되면 저절로 만물이 소생하고 열매를 맺는 것처럼 군주들도 백성을 다스릴 적에 너무 인의예지나 법으로 규제하지 말고 물 흘러가듯이 놔두라는 것입니다. 말하자면 자연을 통한 군주의 정치법입니다.

한편 도교는 신심(身心)의 수련을 통한 장생불사·신선술·양생술 등을 추구했는데 이 역시 그들로서는 깨달음으로 보았던 것입니다. 그들은 그 방법으로서 단전호흡·기공, 각종 영약(靈藥) 등 의방술(醫方術)과 도인술(道引術) 등 신선방술(神仙方術)을 만들었는데, 후대에 와서 도교는 여기에 더 치중했습니다.

그런데 오늘날 참선하는 사람들 중에는 상당수가 도교의 단전호흡이나 도인술, 기공 또는 신선술 등을 깨달음으로 착각하는 이들이 많습니다. 깨달으면 무언가 신출귀몰하는 새로운 세계가 나타날 것으로 생각한다거나 미래를 훤히 내다보는 신통술, 정신적 육체적 신비 같은 것을 얻게 될 것으로 생각하는 이들이 많습니다.

또는 장기간 잠을 자지 않는다든가, 눕지 않는다든가, 생식을 한다든가, 귀신을 본다든가 전생을 본다느니, 남의 운명을 안다느니, 앞으로 이 세계가 어떻게 될 것을 안다느니 등등. 그밖에 환청(幻聽)이나 환시(幻視), 환영(幻影) 같은 것이 있어야 깨달았다고 생각하는 사람들이 많습니다. 그러나 이것은 모두 깨달음의 실체, 정의와는 다릅니다.

불교와 선에서 '깨달음'이란 앞에서도 설명했듯이 제행무상·제법무아·일체개고·열반적정을 확실히 인식하는 것입니다. 일체개공과 연기·중도의 이치, 그리고 자신의 마음이 본래 청정하다는 사실을 깨달아서 무소유·무집착의 세계를 실현하는 데 참뜻이 있습니다.

그러므로 불교(선)의 깨달음과 여타 종교에서 말하는 신비주의와는 분명히 구분해야 합니다. 말로는 선수행·참선수행을 한다고 하면서 정작 도교의 신선술이나 단전호흡, 기공 또는 요가를 하는 이들이 상당히 많습니다.

참고   관련 항목은 '수행' '불성과 영혼' '열반' '공' '윤회와 해탈' '선의 의미' '견성성불' 등입니다. 관련 항목을 읽어 보시기 바랍니다.

삼매

어떤 일에 마음이 온통 쏠려 있는 것, 또는 한곳에 정신이 푹 빠져 있는 것을 '삼매(三昧)'라고 합니다. 다른 일에는 조금도 마음이 가지 않는 상태인데, 요즘 말로는 '집중' '몰입' 또는 '올인'이라고 할 수 있습니다.

따라서 독서에 푹 빠져 있는 것도 삼매(독서삼매)이고 컴퓨터나 채팅에 몰입해 있는 것도 삼매입니다. 이것은 '채팅 삼매' '인터넷 삼매'입니다.

현대사회에서도 성공한 인생, 성공한 삶을 살자면 하나에 몰입해야 합니다. 성공을 거두자면 그 일에만 매달려야 합니다. 몰입·집중해야만 그 분야에서 탁월한 존재가 될 수 있습니다. 이렇게 본다면 삼매는 불교만이 아니라, 현대인들에게도 매우 중요한 것입니다.

'삼매(三昧)'란 산스크리트어 'Samadhi(사마디)'의 한자식 표기로, 마음을 평정하게 하여 하나의 대상에 집중하는 것을 뜻합니다. 정신을 하나의 대상에 집중시켜서 산란하지 않게 하는 것, 그리고 그에 따라 달성되는 정신 상태를 말합니다. 때론 정신을 한곳에 집중한다는 뜻에서 선(禪)이나 요가와 동의어로 쓰일 때도 있습니다.

고대 인도에서는 종교적 이상(해탈)을 달성하는 방법으로 여러 가지 수행법이 고안되었는데, 앉아서 정신을 통일하는 요가, 육체를 괴롭히는 고행(苦行), 모든 것을 신의 은혜에 맡기는 신애(信愛) 등이 생기게 되었습니다.

삼매는 요가 수행법의 최종 단계입니다. 요가 수행법은 이미 기원전 7~8세기에 확립되었는데, 더 멀리는 기원전 15세기까지도 거슬러 올라갑니다. 요가는 정신 통일을 통하여 우주의 창조자이자 절대자 즉 브라만과 합일을 추구합니다. 요가학파에서는 이것을 해탈이라고 합니다. 해탈에 이르는 길에는 여덟 가지 수행 단계가 있는데 그 최종 단계가 삼매입니다.

삼매는 화두참구를 통하여 깨달음에 도달하는 간화선에서도 가장 중요한 공부 방법입니다. 간화선에서는 좌선하고 앉아 있을 때는 물론, 누워 있을 때나 걸어갈 때에도 화두를 생각하라고 합니다. 화두에 몰입하여 잡념(번뇌)이 일체 들어오지 못하도록 하는데 그것을 통하여 자기 자신의 마음을

선
의
이
해

본래 청정한 상태로 만드는 것입니다. 마음에 일체 망념이 없는 상태, 이것을 '견성성불(見性成佛)'이라고 합니다.

삼매는 깨달음을 얻는 수행 방법인 동시에 깨달음의 경지를 나타내는 마음 상태이기도 합니다. 얼마만치 깊이 삼매의 경지에 도달했느냐, 그에 따라서 수행의 결과가 결정되기도 합니다.

참고 │ 관련 항목은 '선의 의미' '오매일여' 입니다.

선문답과 법거량

깨달음의 세계, 선의 세계에 대하여 스승과 제자 또는 선승과 선승 사이에 주고받는 대화를 '선문답(禪問答)'이라고 합니다. 다른 말로는 '법거량(法去量, 法擧揚)' 또는 '법담(法談)'이라고 합니다. 말하자면 선에 대한 토론입니다.

선문답의 한 예를 들어 보겠습니다.

어느 날 한 스님이 영운(靈雲志勤, ?~866) 선사에게 물었습니다.

"선사, 불법의 대의는 무엇입니까(如何是 佛法大義)?"
"여사미거 마사도래(驢事未去 馬事到來)니라."
(당나귀의 일도 끝나지 않았는데 말의 일이 다가왔구나.)

또 다른 선문답을 보겠습니다.

어떤 스님이 운문(雲文, ?~949) 선사에게 물었습니다.

"어떤 것이 부처(진리)입니까?"

"간시궐(乾屎橛)이니라(마른 똥 막대기)."

이런 형태를 '선문답(법거량)'이라고 합니다. 물론 선문답이나 법거량에는 어떤 정해진 틀이나 형식이 있는 것이 아닙니다. 위에서 본 것처럼 매우 짧고 파격적인데, 간혹 논리적으로 전개되는 형태도 있지만 대부분 동문서답 형식입니다.

'불법의 대의가 무엇'이냐고 물었는데, '여사미거 마사도래'라고 대답했고, '어떤 것이 부처(진리)'냐고 물었는데 '간시궐'이라고 대답한 것입니다. 모두 다 일반적인 논리와 상식을 초월한 대화입니다.

그렇다고 선문답을 아무렇게나 대답한 것, 또는 즉흥적으로 내뱉는 괴변쯤으로 생각해서는 안 됩니다. 언뜻 보기에는 그런 것 같지만, 선문답에는 일정한 기준과 치밀한 선의 논리가 있습니다.

선문답은 일반적인 상식과 논리로 전개되는 오늘날의 대화나 토론 방식과는 전혀 다릅니다. 역설적으로 말하면 비논리 · 무논리로 전개되는 것이 선문답이라고 할 수 있습니

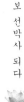

다. 그 이유는 선의 논리와 가치관은 세속의 논리나 가치관과는 다르기 때문입니다.

세속의 가치관은 대체로 지식과 물질적인 소유를 추구하지만 선은 무소유를 추구합니다. 세속에서는 부모·자식·부부간 등 모든 면에서 애착이 바탕이 되고 있지만 선은 무집착을 추구합니다. 근본적으로 선이 추구하는 바와 세속이 추구하는 바가 서로 다르기 때문에 주제도 대화 방식도 다른 것입니다.

선의 논리는 공(空)·불이(不二)·중도·무집착·무분별·무심(無心)·일체유심조·불립문자·언어도단 등에 기준을 두고 있습니다. 화두나 선문답, 선시(禪詩)가 이 기준에서 벗어난다면 그것은 화두도 선문답도 법거량도 선시도 오도송도 아닙니다.

선문답이나 법거량은 짧습니다. 앞에서 보았듯이 대부분 질문과 대답을 한 번씩 주고받는 것으로 끝납니다. 길어야 두세 번을 넘지 않습니다. 그 이상을 넘어가면 그것은 깨달음을 열어 주는 선문답이 아니라 오히려 상대방을 미혹하게 하는 진부한 토론이 되어 버리기 때문입니다.

또 선문답은 대부분 1:1로 이루어집니다. 하지만 간혹 공개적으로 이루어지는 때도 있습니다. 하안거나 동안거가 시작되는 결제일이나 끝나는 해제일에는 조실 스님이 많은 대중 앞에서 법문하게 되므로 자연스럽게 공개적으로 이루어집니다.

선문답은 즉문즉답(卽問卽答)으로 진행됩니다. 잠시라도 머뭇거리면 안 됩니다. 그 이유는 머뭇거린다는 것 자체가 이미 분별의식 또는 분석적 사고(알음알이)가 들어가 있기 때문입니다. 분별의식에서 나온 말은 깨달은 자의 언어가 될 수 없습니다. 그것은 선문답이 아닙니다.

선문답의 역할과 목적은 질문자(제자)로 하여금 깨달음의 문으로 들어가게 함이 그 첫째입니다. 파격적인 언어를 통하여 막혀 있는 관념을 타파시켜 주는 것입니다. 다음은 제자의 깨달음을 점검하는 역할을 합니다. 확실히 깨달았는지 여부를 가려내고 판단하는 검증의 역할을 합니다. 주로 제자의 오도송을 보고 판단합니다. 순전히 상대방의 실력을 떠보기 위한 선문답도 있는데, 이것은 대개 고승과 고승 사이에 펼쳐집니다.

선은 화두를 참구해서 깨달음을 이루는 수행법입니다. 그런데 문제는 깨달음 여부를 가릴 수 있는 공식적인 방법은 없다는 것입니다. '정말 저 수행자가 깨달은 것인지' '화두를 타파했는지' 그 여부를 판단할 수 있는 객관적인 기준은 사실상 없다고 보면 됩니다. '몇 년 참선해야 한다.' 는 규정도 없고, 대학입시처럼 시험을 치르는 것도 아닙니다. 방법은 오직 선문답을 통하여 상대방을 가늠하는 법거량밖에 없습니다.

선문답(법거량)을 통하여 상대방을 가늠하자면 선사의 안목이 탁월해야 합니다. 유능한 선사는 대체로 상대방의 말 한두 마디만 들어보면 곧바로 그 경지를 간파할 수 있습니다.

선문답을 통하여 깨달은 것이 확인되면 스승은 제자에게 인가 증명을 내립니다. 이때 스승은 그 징표로 자신이 사용하고 있는 발우(鉢盂)나 가사(袈裟)를 하사합니다. 물론 제자로서는 일생일대의 기쁜 날이 아닐 수 없을 것입니다. 그러나 이 관문을 통과하지 못하면 그는 조용히 그 자리를 물러 나올 수밖에 없습니다. 다음을 기다리며 더욱 치열한 수행의 세계로 들어가야 합니다.

참고　더 읽을 필요가 있는 관련 항목은 '인가' '화두와 공안' '이심전심' 입니다.

2장

화두의 의미와 참구 방법

화두와 공안

수행자로 하여금 번뇌 망상과 분별의식으로부터 벗어나서 깨달음을 이루게 하기 위한 교육용 방편 혹은 수단을 '화두(話頭)'* 또는 '공안(公案)'이라고 합니다.

화두와 공안은 스승이나 조실이 깨달음을 이루고자 하는 수행자에게 '풀어 보라'고 제시해 주는 숙제, 또는 뚫어야 할 관문, 해결해야 할 과제 같은 것입니다.

화두(話頭) : 화두의 어의(語義) 자체는 '말' 혹은 '대화'를 뜻합니다. 즉 선승과 선승, 또는 선승과 참선자 사이에 오간

---

* 화두(話頭) : '화(話)'는 '말', '대화'이고, '두(頭)'는 앞 글자를 명사화시키는 어조사이다. 간혹 화두를 '말머리'라고 해석하는 사람도 있으나 이것은 잘못이다. 우선 '말머리'가 무엇을 뜻하는 것인지 개념이 없고, 성립될 수 없는 풀이이다. 한 예로 사찰의 소임(직책) 가운데 조석으로 종(鐘) 치는 소임을 '종두(鐘頭)', 목욕탕 담당자를 '욕두(浴頭)', 채소밭 담당자를 '원두(園頭)'라고 하는데 이 역시 '종머리' '목욕머리' '밭머리'라고 해석해야 할 것이다.

선문답이나 대화, 오도(悟道) 일화를 가리킵니다. 다른 말로는 '법거량' '법담(法談)'이라고 하는데, 이 가운데 선승의 답어나 핵심어를 '화두'라고 합니다.

공안(公案) : 역시 옛 선승들의 선문답을 '공안'이라고 합니다. 공안의 어의(語義)는 '공부(公府, 관청)의 안독(案牘, 공문서)'에서 '공(公)'과 '안(案)'만 따온 합성어로서 그 뜻은 관청의 '공문' '법령' '법조문' '법원의 판례' 등을 가리킵니다. '공문' '법령' '법조문' 등은 하나의 준칙이 되는 것처럼, 참선 수행자도 공안을 참구해야만 깨달을 수 있기 때문에 '공안'이라고 한 것입니다. 말하자면 깨달음을 이루는 공식적인 지침인 셈입니다.

화두와 공안은 동의어이지만 그 용도는 다릅니다. 즉 선문답의 전체 단락(스토리)을 '공안'이라고 하고 그 가운데 스승의 답어나 핵심어는 화두입니다.

유명한 화두인 '무(無)' '간시궐(乾屎橛)' '마삼근(麻三斤)' '동산수상행(東山水上行)' '정전백수자(庭前柏樹子)' 등도 모두 선문답 가운데 답어나 핵심어입니다. 무자화두를 예로 들어 보도록 하겠습니다.

어느 날 한 수행승이 조주(趙州, 778~897) 선사에게 여쭈었습니다.

"선사, 개에게도 부처가 될 성품이 있습니까, 없습니까
(狗子還有佛性也無)?"

"무(無, 없다)."

"일체중생에게는 다 불성이 있다고 했는데 어째서 개에
게는 없습니까?"

"개에게 업식*(業識=분별의식, 중생심)이 있기 때문이
니라."

이상의 선문답(대화) 가운데 처음부터 끝까지 전체 단락
을 '공안'이라고 하고, 조주 선사의 답어 가운데 핵심어 즉
'무(無)' 한 글자를 '화두'라고 합니다. 화두와 공안의 쓰임
새를 보면 공안은 선문답 전체를 가리키고 있지만 화두는
그 가운데 핵이 되는 한 구(句)를 뜻하고 있습니다. 이와 같
이 긴 공안 속에서 핵이 되는 말을 화두화한 사람은 대혜종
고(大慧宗杲, 1089~1163) 선사입니다.

화두와 공안은 무엇보다도 절대성과 권위가 확보되어야
합니다. 즉 '이 화두를 참구하면 반드시 깨달음을 이룰 수
있다'는 확신을 주어야 합니다. 권위와 절대성이 확보될 때
만 깨달음을 체득하게 하는 방편으로서 핵탄두 같은 위력을

---

* 업식(業識) : 분별 의식, 차별 의식. 다른 말로는 '중생심'이라고도 함. 대칭어는 불성
(佛性).

발휘하게 됩니다. 그것이 무너지면 수행자에게 그 화두는 효력을 상실하게 됩니다. 더 이상 화두로서 역할을 하지 못하게 되는 것입니다.

공안의 종류는 모두 1,700여 가지가 됩니다. 이것은 선의 역사서인 《전등록》(유명한 선승들의 생애와 사상을 기록한 책으로 1004년경에 저술됨)에 수록되어 있는 1,701가지의 선문답에서 비롯된 것입니다.

화두나 공안을 가지고 참선수행하는 것을 '간화선(看話禪)'이라고 합니다. 다른 말로는 '화두선'이라고 하는데, '간화(看話)'란 '화두를 참구(看)한다' 는 뜻으로, '무' '간시궐' 등 화두를 참구(탐구)하여 깨달음을 이루는 수행법입니다. 이와는 반대로 화두나 공안을 활용하지 않고 그냥 묵묵히 앉아서 좌선을 통하여 깨달음을 이루는 수행법을 '묵조선(默照禪)'이라고 일컫습니다.

화두를 선택할 때에는 여러 가지 화두 중에서 자신이 직접 선택하여 참구해도 되고 스승으로부터 받아서 참구해도 됩니다. 가능하면 스승으로부터 받아서 참구하는 것이 더 좋습니다. 그 이유는 권위 있는 스승으로부터 받아야만 깨달음을 얻을 수 있다는 확신과 절대성이 유지되기 때문입니다.

또 화두를 참구할 때엔 무작정 앉아서 참구하지 말고 반드시 먼저 화두를 참구하는 방법과 주의사항 등을 숙지한

화두의 의미와 참구 방법

뒤에 참구해야만 소기의 목적을 달성할 수가 있습니다. 붕어빵 하나를 굽는 기술도 사전에 익혀야 가능한데 하물며 깨달음을 이루겠다는 사람들이 아무런 지식도 없이 무작정 참구한다면 과연 깨달을 수 있을까요? 그것은 남이 하니까 덩달아 앉아 있는 것에 지나지 않습니다.

화두 중에서도 '무자화두'처럼 아무런 뜻이 없는 화두가 있는가 하면, '일구흡진서강수' '여사미거 마사도래' 등처럼 뜻이 있는 화두도 있습니다. 그러나 뜻이 있는 화두라고 해도 무자화두처럼 의미를 부여하지 않고 참구한다면 그 역시 같습니다.

화두는 해석할 수도 있고 해석하지 않을 수도 있습니다. 다만 알음알이로 해석해 버리면 더 이상 참구해야 할 필요가 없어지기 때문에 해석하지 않은 상태에서 참구하라고 하는 것입니다. 분별심이나 알음알이, 또는 머릿속에서 지능적으로 안 것은 진정한 앎(깨달음)이 아니기 때문입니다. 감동이 없는 것은 지식적인 앎에 불과하기 때문입니다.

화두를 해석하면 '사구(死句, 죽어 버린 말)'라고 하고, 해석하지 않으면 '활구(活句, 살아 있는 말)'라고 합니다.

참고 관련 항목은 '화두의 역할과 기능' '간화선' '무' '마삼근' '간시궐' '정전백수자' '일체유심조' '동산수상행' 등입니다.

화두의 역할과 기능

참선을 할 때는 대부분 '화두를 든다(擧)'고 말합니다. '화두를 든다'는 말은 '화두를 참구한다'는 뜻이고 '참구(參究)한다'는 말은 '탐구(探究)'와 같은 말입니다.

참선에서 화두는 대단히 중요한 역할을 합니다. 화두가 어떤 기능과 역할을 하기에 수행자로 하여금 깨닫게 하는 것일까요?

대부분 화두는 해석도 풀이도 하지 말고 무조건 참구하라고 합니다. 그러나 오늘날과 같이 문명이 발달한 시대에 화두의 기능과 역할도 모른 채 막연히 들고 앉아 있는다는 것은 무모한 일입니다. 구체적인 참구 방법이 없으면 깨달을 수 없기 때문입니다.

화두의 역할은 우선 일차적으로는 번뇌 망상과 사량분별심(思量分別心)이 일어나지 못하도록 차단하는 것입니다.

알음알이와 번뇌 망상 등이 일어나지 못하도록 잠재우는 역할을 합니다. 화두에 몰입하여 갖가지 번뇌 망상과 분별심 등을 타파(물리침)하는 것입니다.

화두참구를 통하여 번뇌 망상과 사량분별심이 가라앉으면 마음이 고요·평온해지고, 마음이 고요·평온해지면 잡념이 없어지고, 잡념이 없어지면 생각이 맑아지고 생각이 맑아지면 사리를 판단하는 명석한 지혜와 안목이 생깁니다. 명석한 지혜가 생기면 어리석은 생각을 하지 않게 됩니다. 무엇보다도 자신의 삶과 행동, 인생에 대하여 매우 슬기로워지는 것입니다.

'화두삼매' 즉 화두에 몰입하게 되면 잡념·분별심·번뇌 망상 등이 끼어들 틈이 없습니다. 잡념이 사라지고 마음이 고요해지면 자신의 마음이 본래 청정함을 발견하게 됩니다. 번뇌 망상이 사라지고 마음이 청정함을 확인한 상태가 바로 깨달음입니다. 이것이 화두의 기능과 역할이고 또 목적이기도 합니다. 관건은 얼마나 잡념이 끼어들지 못하도록 하느냐 그것입니다.

고려시대의 유명한 선승 보조국사 지눌(1158~1210)은 자신의 저서 《간화결의론》에서 화두는 전제(全提)와 파병(破病)의 두 가지 역할을 한다고 말했습니다. 전제는 화두를 수시로 들어서 자기 자신의 존재를 자각함(나는 누구인가)으로

써 본래 청정한 마음을 밝히는 것이고, 파병은 모든 사량분별심과 차별심, 환영·환청·환시 등 갖가지 선병과 참선 중에 찾아오는 마장(魔障)을 물리치는 것입니다.

또 장로종색(長蘆宗賾, 12세기?) 선사는 《좌선의(坐禪儀)》(좌선의 방법)라는 글에서 "번뇌나 잡념이 일어나면 그 즉시 번뇌임을 자각(自覺)하라"고 했습니다. 번뇌 망상은 허망한 것이라는 사실을 자각한다면 그 즉시 번뇌는 사라진다는 것입니다.

화두를 개발한 대혜(大慧, 1089~1163) 스님은 "이 무자화두야말로 모든 번뇌 망상과 삿된 생각을 물리치는 무기이며 지혜의 칼"이라고 말하고 있습니다. 머리에 항상 '무자화두'를 각인시켜서 번뇌 망상을 물리치라는 것입니다. 괴로움의 늪에서 깨어나서 마음의 평온을 되찾게 하는 것이 화두의 기능입니다.

화두는 진리가 아닙니다. 화두는 진리의 강으로 건너가는 배이며, 수행자로 하여금 깨달음을 성취하게 하기 위한 도구(=방편)일 뿐입니다. 그러나 이 도구가 없으면 번뇌의 강을 건너 진리의 문으로 들어갈 수 없습니다. 진리는 아니지만 깨달을 때까지는 진리처럼 여겨야 합니다. 절대성이 확보되지 않으면 깨달음을 이룰 수가 없기 때문입니다.

화두의 의미와 참구 방법

참고 관련 주제는 '화두와 공안' '화두를 참구하는 방법' 등입니다.

화두는 누가 언제 만들었나?

- 화두의 역사 -

　　화두를 개발하여 간화선을 만든 분은 중국 송나라 때 선승 대혜종고(大慧宗杲, 1089~1163) 선사입니다.

　　그러나 이보다 조금 앞서 그의 노사(老師, 할아버지뻘 되는 스승)인 오조법연(五祖法演, 1024~1104) 선사가 조주(趙州, 778~897) 선사와 신참승 사이에 오간 '무자공안(無字를 둘러싼 선문답)' 속에서 답어인 '무(無)'라는 한 글자를 발췌하여, 수행자들에게 참구하도록 했습니다. 이것이 화두의 효시입니다.

　　대혜 선사는 법연 선사의 뒤를 이어 무자화두 외에도 '간시궐' '마삼근' '동산수상행' 등 7~8개의 화두를 더 만들어 본격적으로 참구하도록 했습니다. 처음 화두를 개발한 분은 법연 선사이지만 그것을 체계화하여 대성시킨 분은 대혜종고 스님입니다. 그래서 학자들은 대혜 선사를 간화선의 창시자로 봅니다.

　대혜 선사는 여러 화두 가운데서도 '무자화두'를 가장 중시했습니다. 많은 참선자들에게 무자화두를 참구하도록 했는데, 그것은 '무'가 한 글자로서 가장 참구하기 좋기 때문입니다.

화
두
의

의
미
와

참
구

방
법

화두를 참구하는 방법

'화두'란 바로 선(禪)의 진리를 푸는 열쇠이며 암호입니다. 암호를 풀자면 방법과 공식은 알고 덤벼야 합니다. 방법도 모르고 풀려고 하는 것은 맨손으로 토끼를 잡겠다고 온 산을 휘젓고 다니는 것이나 마찬가지입니다.

화두는 기본적으로 의문형 구조로 되어 있습니다. '뭘까?' 하고 물음표(?)를 붙여서 의문을 제기하는 형식인데, 요즘의 보편적인 언어로 바꾼다면 '탐구심' 또는 '문제의식'이라고 할 수 있습니다. 그러므로 화두를 참구할 때에는 기본적으로 '왜' 또는 '뭘까' 라는 의문으로부터 출발합니다.

화두를 참구하는 가장 올바른 방법은 한마디로 일체의 사량분별심(분별의식)이나 알음알이(분석), 또는 논리적·학문적 접근을 중지하고 오로지 '왜 무일까?' '왜 간시궐일까?' '무엇이 본래면목일까?' 하고 줄기차게 의문만 제기해야 합니다. 끝까지 물음표(?)를 던져서 '뭘까?' 하고 탐구(생각, 상념)만 할 뿐, 절대 갖가지로 머리를 굴려서 화두에 대하여 알음알이를 내거나 분석·분별·해석해서는 안 된다는 것입니다.

그 밖에 '간시궐' '본래면목' '동산수상행' 등도 모두 '간시궐이란 무얼까?' '본래면목이란 무얼까?' '동산수생행이란 무얼까?' 하고 좀 강하게 의문(疑心, 疑情)을 일으켜서 생각만 할 뿐, 이리저리 머리를 굴려서 지식적·지능적으로 분석·분별하지 말라고 합니다. 그것은 올바른 화두 참구법이 아니라는 것입니다.

화두선(간화선)을 체계화시킨 대혜 스님은 "이 무자화두야말로 모든 번뇌 망념과 삿된 지견(惡知), 삿된 생각(惡覺)을 타파하는 무기이며 지혜의 칼이라."고 말하고 있습니다. 머리에 오직 이 '무' 한 글자만 각인시켜 둔다면 모든 번뇌 망상이 소멸되어 깨닫게 된다는 뜻입니다. 대표적으로 '무자화두'를 들고 있지만 다른 여타 화두의 참구법도 크게 다르지 않습니다.

화두를 참구할 때엔 절대 머리를 굴려서 지능적으로 천착·분석·분별하지 말라고 하는데, 거기에는 몇 가지 이유가 있습니다.

첫째 이유는, 지능적·언어적·논리적으로 천착·분

석·분별하게 되면, 거기에 풍덩 빠져서 더 이상 실제적인 탐구는 하지 않게 됩니다. 관념적인 이해, 지적(知的)인 이해(알음알이)에 만족하여 더 이상 실제적인 수행을 하지 않게 되는 것입니다.

둘째는 알음알이로 화두를 분석·분별하게 되면 그 화두는 죽은 화두(=死句)가 되어 더 이상 참구(탐구)해야 할 가치가 없어집니다.

화두의 생명은 무엇보다도 권위와 절대성이 밑바탕 되어야 합니다. 그런데 화두를 분석·분별·해체하게 되면 그것은 이미 그 자체가 권위와 절대성을 훼손하는 것입니다. 절대성이 없으면 그 화두는 화두로서 생명력을 상실하고 맙니다. 최소한 그 사람에게는 매력이 떨어지기 때문입니다. 무엇이든 해체하지 않았을 때 가치가 극대화되는 것이지, 해체해 버리면 가치는 반감될 수밖에 없습니다.

수행을 통한 깨달음과 관념적 깨달음은 어떤 차이가 있을까요?

예컨대 화두를 깊이 탐구해 보지도 않은 상태에서 어떤 책을 읽고 나서 비로소 이해했다면 그것은 관념적인 이해, 관념적인 깨달음에 불과합니다. "어, 그런 말이었구나." 하는 정도에서 끝나고 만 것입니다.

그러나 자신도 모르는 사이에 "그래그래 맞아! 바로 그

왕
초
보
선
박
사
되
다

62

것이었어! 정말 그것이었어!"라는 탄성이 나온다면, 그것은 수행을 통한 실제적인 깨달음이라고 할 수 있습니다. 온몸으로 느끼지 못한 것은 모두 관념입니다. 그것은 지식은 될지라도 깨달음은 아닙니다.

화두를 참구할 때엔 항상 머릿속에서 화두가 떠나지 말아야 합니다. 오매불망 일심으로 화두만 생각해야 합니다. 이것을 화두삼매(몰입, 집중)라고 합니다.

오래도록 화두를 생각하다 보면 어느새 번뇌 망상은 사라지고 머릿속엔 화두만 남게 됩니다. 마치 부모가 군에 간 아들 생각하듯, 시집간 딸 생각하듯 하는 것입니다. 이것을 선에서는 "고양이가 쥐를 잡듯이 하라(집중)." 또는 "닭이 알을 품듯이 하라(일심)."고 합니다. 일구월심 참구(탐구, 생각)하라는 뜻인데 이것을 '자나 깨나 한결같이 생각한다'는 뜻에서 '오매일여(寤寐一如)'라고 합니다.

어떤 이들은 '오매일여'의 뜻을 잘못 이해하여, 실제 '꿈속에서도(夢中一如)', 또는 '깊은 숙면 속에서도 화두를 놓치거나 망각하지 않아야 한다'고 합니다. '그런 상태가 되어야만 깨달은 것'이라고 주장하는 이들이 있는데, 그것은 신선술을 추구하는 도교에서나 할 수 있는 말이고, 불교나 선에서 말하는 깨달음과는 무관합니다.

화두를 참구할 때엔 마음을 너무 조급하게 가져서도 안

되고 느슨하게 가져서도 안 됩니다. 조급증을 가지면 얼굴이 달아오르고 머리가 아픈 상기병(만성두통)이 생기게 되며, 느슨하면 화두를 놓치게(망각, 잊음) 됩니다.

또 좌선을 하면서 딴생각을 해도 안 되고 졸음에 빠져서도 안 됩니다. 그것은 앉아서 망상을 피우는 것이고 조는 것이지 좌선을 하는 것이 아닙니다. 또 멍한 상태, 비몽사몽 같은 상태를 '혼침(昏沈)'이라고 하고, 마음이 들떠 있거나 끝없이 잡념이 떠오르는 것을 '도거(掉擧)'라고 하는데, 이 역시 참선에서는 가장 주의해야 할 사항입니다. 그리고 화두를 잊어버린 멍청한 상태를 '무기공(無記空)'이라고 하는데, 화두 참선에서 화두를 망각한다면 백날 앉아 있어 봐야 소용없으니, 이 역시 유의해야 합니다.

화두에 열중하면 혼침(졸음 또는 정신이 멍한 것)·도거(망상)·무기공·잡념 등은 저절로 사라집니다. 관건은 얼마나 일심으로 간절하게 화두를 생각하느냐, 거기에 달려 있다고 하겠습니다.

모든 수행자들이 처음에는 다 시행착오를 거듭합니다. 지적 소양이 있는 사람은 머리를 굴려서 분별·분석하기 일쑤고, 좀 멍청한 사람은 목적의식이 없으며, 의지가 박약한 사람은 일찍 체념하거나 포기합니다. 또 관절염이나 위장병, 만성적 두통(상기병) 등 신병(身病)이 있는 사람은 중도에 하차하는 때도 있습니다. 간혹 환영이나 환청, 환시의 올가미에 걸려서 수없는 세월 동안 고생하는 사람들도 허다합니다.

이 모두가 다 참선수행의 관문이고 장애이므로 반드시 뚫고 나아가야 합니다. 포기하면 그동안의 수행은 모두 다 허사가 됩니다. 부단히 노력하고 정진하는 자에겐 반드시 좋은 결과가 찾아옵니다. 이것이 불변의 성공 철학입니다.

화두의 의미와 참구 방법

참고 관련 항목은 '무기공 · 혼침 · 도거 · 산란 · 선병' '알음알이와 분별심' '경계와 마' '참선수행의 세 가지 조건' 등입니다. 꼭 읽어 보시기 바랍니다.

참선 수행의 세 가지 조건

– 믿음 · 발심 · 의심 –

서산대사(西山大師, 1520~1604)는 그의 저술 《선가귀감 (禪家龜鑑)》에서 "참선하는 자는 반드시 '대신근(大信根)' '대분지(大憤志)' '대의단(大疑團=疑情)' 이 세 가지를 갖추어야(三要) 한다."라고 말하고 있습니다. 고봉원묘(高峰原妙, 1234~1295)의 《선요》에서도 똑같이 언급하고 있습니다. 즉 이 세 가지를 갖추지 않고서는 깨달음을 얻을 수 없다는 것입니다.

첫째는 대신근(大信根)입니다. 대신근은 '큰 믿음'으로 화두를 참구하면 반드시 깨달을 수 있다는 확신입니다. 사업도 마찬가지이지만 깨닫는 것도 확신이 있어야 합니다. 확신이 없는 상태에서는 아무리 화두를 참구해도 소용이 없습니다.

둘째는 대분지(大憤志)입니다. 대분지는 '큰 분발심' 입니다. 확신을 한다고 해도 분발심, 즉 깨달음을 얻고자 하는 의지와 열정이 없다면 곤란합니다. 열정이 없으면 노력하지 않게 되고 노력하지 않는 자에게 성공이란 있을 수 없습니다.

셋째는 대의단(大疑團=疑情)입니다. 대의단은 줄여서 '의단(疑團)' '의심(疑心)' 또는 '의정(疑情)'이라고도 합니다. 흔히 '의심'이라고 하는데 '대(大)' 자가 있으므로 '큰 의심' 이 되고 '단(團)' 자가 있으므로 '큰 의심 덩어리'라고 할 수 있습니다.

의심은 화두참구에서 가장 중요합니다. 흔히 화두를 참구할 때엔 의심을 크게 품어야 한다는 것을 강조하여 "크게 의심하면 크게 깨닫게 되고, 작게 의심하면 작게 깨닫게 된다."고 말하기도 합니다. 우리는 기왕이면 의심을 크게 품어야 할 것입니다.

그런데 문제점은 '의심하라' 또는 '크게 의심하라'는 말이 도대체 무엇을 어떻게 의심하라는 것인지 그 뜻이 명확하지 않다는 것입니다.

우선 오늘날 '의심'이라고 하면 그 말의 밑바탕에는 '불신' 이나 '회의'가 전제되어 있습니다. 무언가 '믿지 마라' '불신하라'는 뉘앙스가 풍기지요.

화두참구에서 '의심하라'는 말은 '의문 제기' '문제의식' 또는 '탐구심'입니다. 스승으로부터 받은 화두에 대하여

'무얼까?' '왜' '무엇 때문에' '어째서' 또는 물음표(?)를 붙여서 참구(탐구, 생각)하라는 것입니다. 의문을 증폭시키는 것입니다. 이것이 선에서 말하는 '의심'의 정의입니다. 오늘날 일반적으로 사용하는 '의심'의 뜻과는 상당히 다르지요? 따라서 '의심'이라는 말은 의미상 혼동의 여지가 많으므로 '의문 제기' 또는 '문제의식' '탐구심'으로 대체하는 것이 바람직합니다. 개념이 명확하지 못한 표현은 난삽하게 그려진 지도와 같습니다.

의심(의문)은 분별의식, 분석적 사고를 바탕으로 한 의문이나, 지적(知的)·지성적인 의문이 아니라 일체의 사량분별을 떠난 직관적인 의문입니다. 직관적이란 앞만 볼 뿐 주변으로 눈을 돌리지 않음을 일컫습니다.

'대의단(大疑團)'이란 보편적인 의문을 확대하여 덩어리화(化)하는 것'입니다. '대(大)'와 '단(團)'을 소홀히 하면 안 됩니다. '왜 무일까' 하고 끝없이 의문을 던지면, 그 의문은 점점 커져서 큰 돌덩어리처럼 됩니다. 빵빵하게 압축될 대로 압축된 채 점점 부풀어 올라 금방이라도 터질 것 같은 풍선이 됩니다. 마침내 그 풍선이 '빵!' 하고 터지는 날이 바로 깨닫는 순간입니다. 즉 처음에는 '의문 덩어리'가 자그마했는데 '왜?' 하고 자꾸만 의문사를 던지다 보니 급기야는 큰 풍선이 된 것입니다.

대부분 깨달을 때는 일상적인 어떤 일을 계기로 '아!' 하고 깨닫는 경우가 많습니다. 또는 저명한 고승의 파격적(격외의 언어)인 한마디에 일순간 '아!' 하고 깨닫기도 합니다. 깨닫게 되는 계기, 동기를 기연(機緣, 깨닫게 되는 인연)이라고 합니다. 그 순간을 선승들은 "물통 밑이 확 빠져나가는 것 같았다(如桶底脫相似)."고 표현하고 있습니다.

먼저 믿음(大信根)이 가득 차면 분발심(大憤志)은 저절로 생기게 되고, 분발심이 가득 차면 탐구심(=疑團)은 갈수록 커질 수밖에 없습니다. 의단이 열쇠가 되어서 깨달음의 자물통을 계속 자극하다 보면 끝내 화두라는 자물통이 열리기 때문입니다.

그러므로 참선을 하는 자에게 이 세 가지는 필수 조건입니다. 이 중 하나라도 빠지면 깨달음을 성취할 수 없습니다. 이 세 가지는 비단 화두참선뿐만이 아니라 사업이나 학문을 하는 데에도 반드시 필요한 것입니다.

화두의 의미와 참구 방법

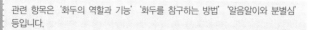

참고   관련 항목은 '화두의 역할과 기능' '화두를 참구하는 방법' '알음알이와 분별심' 등입니다.

활구와 사구

화두를 참구할 때엔 활구를 참구해야지, 사구를 참구하면 타인은 물론 자신도 구제할 수(깨닫게 할 수) 없다고 합니다. 또는 활구에서 깨달으면 확철대오하고, 사구에서 깨달으면 의리선(義理禪)에 불과하다고 합니다.

그렇다면 '활구(活句)'는 무엇이고 '사구(死句)'는 무엇일까요? '활구'는 '살아 있는 말'이고 '사구'는 '죽은 말'이라는 뜻인데, 좀 다른 각도에서 설명한다면 '활구는 풀이(해석)할 수 없는 화두'를 가리키고, 사구는 '해석(풀이)할 수 있는 화두'를 가리킵니다.

사구(死句) : '사구'란 글자 그대로 '죽은 말' '죽은 언어(문구)'라는 뜻인데, 달리 설명하면 '생명력이 없는 말(언어, 문구)' 또는 '의미가 없는 말' '알맹이가 없는 말'을 가리킵니다. 즉 '참구할 만한 가치가 없는 말'이라고 할 수 있습니다.

그런데 사구에 대하여 구체적으로 고찰해 보면 '죽은 말(언어)'이나 '생명력이 없는 말(언어, 문구)' 혹은 '알맹이가 없는 말'이라고 규정하기보다는 해석이 가능한 말, 혹은 화두(공안) 속에 힌트가 제공되어 있어서 풀이할 수 있는 화두를 '사구'라고 합니다. 즉 무슨 뜻인지 풀이하려고 하면 풀이할 수 있는 말, 또는 언어적·논리적·학문적으로 접근하면 해석할 수 있는 말을 뜻합니다.

활구(活句) : '활구'란 사구의 반대 개념으로서 '살아 있는 말(언어, 문구)'이라는 뜻입니다. 달리 설명하면 '생명력이 있는 말' '의미 있는 말' '알맹이가 있는 말(문구)'을 가리킵니다. 즉 '참구할 만한 가치가 있는 말'이라고 할 수 있습니다.

그런데 '활구' 역시 구체적으로 고찰해 보면 '살아 있는 말'이나 '생명력이 있는 말' '알맹이가 있는 말' 또는 '참구할 만한 가치가 있는 말(언어, 문구)'이라고 규정하기보다는 정답에 대한 힌트나 설명이 전혀 없어서 풀이·해석이 불가능한 말이나 화두를 '활구'라고 합니다. 도저히 무슨 뜻인지 알 수 없는 화두, 언어적·학문적·논리적으로 접근 불가능한 화두나 언어를 활구라고 하는 것입니다.

활구는 동문서답 형식으로 되어 있어서 도저히 언어적·논리적으로는 무슨 말인지 해석할 수도 풀 수도 없습니다.

오직 참선을 통하여 직관적으로 참구해야만 풀 수 있기 때문에 역(逆)으로 참구(탐구)해야 할 필요성이 있는 것입니다. 그래서 '활구(살아 있는 말)'라고 부르는 것입니다. 사구는 '풀 수 있는 자물쇠'라고 보면 되고 활구는 '풀 수 없는 자물쇠'라고 보면 됩니다.

우리는 무엇이든 알고 나면 몰랐을 때보다는 훨씬 매력이 감소합니다. 대충이라도 알고 나면 더 이상 탐구하지 않으려고 하는 습성이 있습니다. 오로지 몰랐을 때만 궁금증이 증폭됩니다.

예컨대 옆집에 예쁜 대학생(또는 잘생긴 청년)이 있다고 합시다. 미인이라는 소문만 무성하고 실물을 볼 수 없을 때 궁금증은 날이 갈수록 증폭됩니다. 그런데 막상 보고 나면 궁금증은 상당히 감소합니다. 게다가 기대했던 것에 못 미치면 실망하게 됩니다. 차라리 보지 않았던 것보다도 못할 수도 있습니다.

화두 역시 언어적·논리적·학문적으로 해석이 가능하면 더 이상 참구(탐구)해야 할 필요가 없어집니다. 더 이상 참구(탐구)해야 할 매력이 없어지기 때문에, 시효가 끝나기 때문에 '죽은 화두(사구)'가 됩니다.

화두에는 성격 자체가 '활구적인 화두'와 '사구적인 화두'가 있습니다. 물론 오늘날 우리나라에서 참구하는 '무'

'간시궐' '마삼근' '동산수상행' 등은 모두 활구입니다.

그러나 똑같은 화두라고 해도 참구하는 사람이 어떤 태도로 참구하느냐에 따라 활구도 사구가 될 수 있고 사구도 활구가 될 수 있습니다. 분별심이나 알음알이 또는 언어적·논리적·학문적으로 탐구하면 활구도 사구가 되고, 분별심을 배제하고 직관적으로 참구하면 사구도 활구가 됩니다. 그래서 화두를 참구할 때엔 절대 분별심을 갖지 말라고 하는 것입니다.

예컨대 '무자화두'는 100퍼센트 활구입니다. 그러나 '무'를 유와 무의 상대적인 '무'로 생각하거나, '진무(眞無)의 무', 또는 분별심이나 알음알이, 언어적·논리적·이치적으로 탐구한다면, 활구라고 해도 '사구' '사구 참구'가 됩니다. 반대로 사구라고 해도 일체의 사량분별심이나 언어적·학문적인 방법을 버리고 오로지 직관적으로 참구하면 그것은 활구 참구가 됩니다.

사구로 깨달은 것은 머리로 이해한 것, 관념적인 깨달음에 불과하기 때문입니다. 그리고 사구를 참구하는 것을 '사구 참구(死句參究)'라 하고 활구를 참구하는 것을 '활구 참구(活句參究)'라고 합니다.

무기공 · 혼침 · 도거 · 산란 · 선병

　참선 공부를 할 때 주의 · 조심해야 할 사항을 '선병(禪病)'이라고 합니다.

　'선병'이란 잘못된 수행이나 참구 방법, 또는 참선 중에 엉뚱한 길로 빠지는 것으로서, 이것은 대부분 불교에 대한 지식과 선에 대한 안목이 부족하기 때문에 발생합니다. 수행상에서 오는 오판 · 착각 · 실책 등으로서, 참선수행의 정도(正道)를 모르기 때문에 발생합니다.

　선병을 다루고 있는 책으로는 《치선법비요경(治禪法秘要經)》 등 경전류와, 천태지자(538~597) 대사가 지은 《수습지관좌선법요(修習止觀坐禪法要)》, 박산무이(1574~1630) 선사의 《참선경어(參禪警語)》, 그리고 대혜(1089~1163) 선사의 《서장(書狀)》 등이 있습니다.

　선병의 종류는 많지만 그 가운데 가장 중요한 것이 '무기공(無記空)'혼침(昏沈)'도거(掉擧)'산란' 등 10여 가지입니다.

① **무기공(無記空)** : 좌선 중에 화두를 망각한 상태, 놓친 상태를 '무기공'이라고 합니다. 참선(좌선)을 할 때, 마음 상태는 아주 고요(=寂寂)하고, 번뇌가 일어나지 않아야 합니다. 그러면서도 분명(=惺惺)하게 화두를 들고 있어야 하는데, 고요함에 매료되어서 화두를 망각(상실)해 버린 상태, 화두를 놓친 상태를 '무기(無記)' '무기공'이라고 합니다.

무기공에 대하여 고려 말의 나옹 선사는 다음과 같이 정의하고 있습니다.

"고요한 가운데 화두가 없는 것이 '무기공'이다(寂中無話頭, 謂之無記)."

나옹 스님의 말씀대로 '무기공'이란 고요함에 치우쳐 화두를 망각해 버린 상태, 그리하여 화두에 대하여 아무런 자각의식이 없는 상태를 말합니다.

좌선의 일차적인 조건은 번뇌 망상과 잡생각이 일어나지 않아야 합니다. 그래야만 화두를 들고 참구할 수가 있는 것입니다. 그런데 마음이 고요함에 함몰되어 화두를 망각해 버리면 화두 참구의 의미가 없습니다. 그래서 옛 선승들은 "고요(寂寂)한 가운데서도 화두가 역력ㆍ생생ㆍ뚜렷(=惺惺)해야 한다."고 말하고 있습니다.

그런데 무기공에 대한 이와 같은 정의(고요 속에 화두를 놓친 상태)는 사실 화두를 가지고 공부하는 간화선에서 내린 정의입니다. 화두를 들지 않는 조사선과 묵조선에서는 좌선 중에 졸음이 쏟아져서 정신이 몽롱한 상태, 흐리멍덩한 상태, 멍하니 아무런 자각의식이 없는 상태를 '무기공'이라고 합니다.

② **혼침(昏沈)** : 혼침은 정신이 맑지 못하고 흐리멍덩한 상태, 멍한 상태, 아무런 자각의식이 없는 상태를 말합니다. 참선한다고 앉아 있기는 하는데 화두를 들고 있는 것인지, 참선을 하고 있는 것인지, 아무런 자각의식이 없는 상태, 또는 졸음이 쏟아져서 정신이 혼미몽롱(혼몽)한 상태, 비몽사몽 같은 상태를 '혼침'이라고 합니다.

혼침은 첫째 수마(睡魔, 졸음)를 유발하는데 언뜻 보기에는 무기공과 비슷한 것 같지만 좀 다릅니다. 무기공은 정신은 멀쩡한데 고요함에 빠져서 화두를 놓친 상태이고, 혼침은 졸음 등으로 인하여 정신이 흐리멍덩한 상태를 말합니다. 무기공과 혼침을 물리치는 방법은 정신을 차려서 화두를 성성(=惺惺)하게 들면 됩니다.

③ **도거(掉擧)** : 도거는 '떠오른다'는 뜻으로 번뇌 망상과 공상·잡념·알음알이 등이 끊임없이 일어나는 것을 말합니다. 앉아서 참선을 하고는 있지만 화두를 들고 있는 것이

아니라, 망상·공상을 피우고 있는 것을 '도거'라고 합니다. 또는 부질없는 생각, 현실적으로 전혀 가능성이 없는 생각, 과거사에 대한 회상, 미래에 대한 불안감 등등이 꼬리를 물고 떠오르는 것입니다. 공상, 번뇌 망상과 동의어라고 보면 됩니다.

④ **산란(散亂)** : 산란은 마음이 들떠 있는 상태, 마음이 불안정한 상태를 말합니다. 자기 자신도 모르게 왠지 마음이 심란(心亂)하여 참선을 하고 싶은 여건이 조성되지 않는 상태, 도무지 화두를 들 분위기가 되지 않는 상태를 말합니다. 산란은 도거와 관련이 깊습니다. 도거와 산란은 마음을 고요(=寂寂)하게 하면 해결됩니다.

이상 네 가지는 화두참선에서 가장 주의해야 할 사항인데, 무기공과 혼침이 비슷하고 도거와 산란이 비슷합니다.

좌선(참선)을 해 본 사람들은 다 경험하는 일이지만 처음 10분 정도는 화두를 잘 들고 있다가도 시간이 흐르면 자기도 모르게 어느새 졸음에 취한다거나 또는 멍하니(멍청하게) 앉아 있는 때가 많은데 이것이 혼침입니다. 또 마음이 고요·평온하여 번뇌 망상은 일어나지 않는데 자기도 모르는 사이에 고요함에 함몰되어 화두고 뭐고 다 망각해 버린 상태가 무기공입니다. 그리고 잡생각이나 분별, 망상 등이 끝없이 떠오르는 상태가 도거이고, 웬일인지 분위기가 산만하고 마음이 콩밭에 가 있어서 화두가 잘 들리지 않는 상태가 산란입니다.

'무기공(無記空)'은 '무기(無記)'와 '공(空)', 두 단어가 합쳐진 용어입니다. '무기'란 '이것인지 저것인지 분명하지 않다'는 뜻인데 여기서 발전하여 흐리멍덩한 상태를 '무기'라고 말하게 된 것입니다. '공'은 대승불교에서 말하는 공(空)과 같은 글자이지만, 그 뜻은 달라서 공무(空無, 무자각 증세)를 뜻합니다.

이 가운데 특히 무기공에 대해서는 많은 선승들이 주의를 환기하고 있습니다. 그 이유는 참선자들이 대부분 마음이 일시적으로 평온하고 고요해진 상태를 깨달음으로 착각하여 설치는 예가 많기 때문입니다.

좌선이나 참선에서 가장 중요한 것은 참선자의 정신 상태 여부에 달려 있습니다. 당사자의 정신 상태가 흐리멍덩해서 화두를 들고 있는 것인지 졸음에 빠져 있는 것인지 불분명하면 그것은 그냥 앉아서 세월만 죽일 뿐 아무런 의미가 없습니다. 오래 앉아 있는 능력을 강화하는 데 지나지 않습니다.

⑤ **공무(空無=空亡)** : 일체개공의 뜻을 착각하여 "모든 것은 다 공하여 없는 것인데 뭘 깨닫고 닦을 것이 있느냐"는 식으로 허송세월하는 것을 말합니다. 무사선(無事禪), 허무주의, 니힐리즘에 빠진 상태를 일컫습니다.

⑥ **사량분별심(思量分別心)** : 이것저것 따지고 억측하며 헤아리고(사량), 분별, 천착하는 마음을 가리킵니다. 화두 공부란 첫째 사량심과 분별심을 버려야만 진도가 있는데 자꾸만 '이걸까, 저걸까?' 추측·분별하면 그것은 잘못된 것입니다. 분별심은 번뇌와 갈등을 일으키며 한눈을 팔게 하기 때문입니다.

⑦ **알음알이** : 한자로는 지해(知解)라고 합니다. 알음알이를 '지해병'이라고도 하는데 주로 언어적·학문적·지식적으로 분석·천착하여 알려고 하는 것으로서 앞의 사량분별심과 같습니다.

⑧ **문자 속에서 고증하고자 하는 병** : 경전이나 논서, 선어록 등 책에서 관련된 글을 찾아서 화두를 해석하거나 천착하고자 하는 병입니다. 다시 말하면 '어느 경에서는 이렇게 말했으니 이 뜻이다.' 또는 '어떤 선어록에서는 이렇게 설명했으니 이 뜻이다.' 하는 식으로 참구해서는 안 된다는 것입니다.

⑨ **깨닫지 못했으면서도 깨달은 체(척) 겉 넘은 생각** : 깨달은 체하는 겉 넘은 병인데 이 역시 큰 병입니다. 제대로 알지 못하면서도 '아는 체'하는 병으로서 수행뿐만이 아니라 사회에서도 대단히 문제가 큽니다. 잘못하면 참선자의 일생을 망치는 병이라고 할 수 있습니다.

⑩ **고요함에 빠지는 병** : 한가하고 고요한 데에 빠져 있는 것을 뜻합니다. 또 마음이 좀 고요해졌다고 하여 그것을 깨달음으로 착각하는 병인데 그것은 일시적으로 마음이 좀 평온해진 것일 뿐 깨달은 것이 아닙니다. 이것도 매우 조심해야 할 병입니다.

⑪ **환영(幻影)·환시(幻視)·환청(幻聽)** : 이 세 가지는 특히 참선자들이 조심해야 할 병입니다. 이것은 모두 정상적인 수행 방법과 궤도로부터 이탈함으로 인해서 생기는 선병인데, 가장 큰 문제는 참선자 대부분이 이런 현상이 나타나야 비로소 깨닫게 되는 줄로 오판·착각한다는 것입니다. 심지어는 환영(幻影)·환청(幻聽)·환시(幻視)를 자랑하는 사람도 있고, 또 "나는 왜 저런 현상이 나타나지 않을까?" 하고 기대하는 사람도 있습니다. 이것은 모두 비정상적인 수행 방법을 추구하는 데서 생기는 정신 현상이므로 결코 혼동하지 말아야 합니다.

거듭 설명하지만 깨달음은 번뇌 망상을 제거하여 마음이 평온한 상태, 집착이 없는 상태, 공의 상태이지, 환영이나 환청이 아닙니다. 그 외에 '몸이 가벼워지는 현상'도 조심해야 할 선병이고 '막행막식' '무사안일' 등도 삼가야 합니다.

그러나 오늘날 화두 참선에서 무엇보다도 가장 큰 선병(=

문제점)은, 화두참구 방법과 주의해야 할 사항, 문제점이 무엇인지도 모르는 채 무작정 덤벼드는 '무지병(無知病)'과, 무조건 오래 앉아 있기만 하면 되는 것으로 착각하는 '장좌불와병(長坐不臥病)', 신체적·정신적 신비를 추구하는 '외도병', 그리고 사유(思惟)도 없이 깨닫고자 하는 '불로오득병(不勞悟得病)'입니다.

'선병(禪病)'이란 선에 대한 안목과 지식, 정안(正眼) 등이 부족하기 때문에 겪는 병통입니다. 선의 정도가 무엇인지 모르는 데서 생기는 잘못된 수행, 오판입니다. 그러므로 이런 과오를 범하지 않으려면 관련 경전과 선어록 등을 읽어서 안목과 지식을 갖추어야 합니다. 자신은 정도로 가고 있다고 생각하지만 안목 있는 선승이 보면 90퍼센트는 잘못된 길로 가고 있는 것입니다.

참고 관련 항목은 '성성과 적적' '경계와 마' '화두를 참구하는 방법' 등입니다.

성성과 적적

'성성적적(惺惺寂寂)' 혹은 순서를 바꾸어서 '적적성성 (寂寂惺惺)'이라고도 합니다. 선어록이나 선승들의 법문에 자주 등장하는 말입니다.

'성성(惺惺)'은 글자 그대로 화두를 참구하고 있는 정신 상태가 별처럼 초롱초롱한 것을 뜻합니다. 정신이 흐리멍덩 하거나 졸음에 취해서 아무런 자각의식이 없는 상태를 '혼 침(昏沈)'이라고 하는데 '성성'은 그 반대로 의식이 분명하 고 역력, 뚜렷한 것을 말합니다.

'적적(寂寂)'은 글자 그대로 '마음이 고요함' '마음이 평 온함'을 뜻합니다. 공상과 번뇌 망상, 잡념이 일어나지 않아 서 마음이 지극히 고요한 상태입니다. '고요할 적(寂)'자가 겹쳤으니까 매우 고요한 것입니다.

'성성과 적적' '적적과 성성'은 참선수행의 요체입니다.

화두를 참구할 때에 참선자의 마음 상태는 고요(적적)해야 하고, 정신 상태는 초롱초롱해야 합니다. 이 둘의 균형, 즉 성성과 적적의 밸런스를 잘 유지해야만 참선 공부가 정상적으로 되는 것입니다.

참선수행에서 1차적으로 중요한 것은 마음이 고요(寂寂)해야 합니다. 번뇌 망상이 일어나면 안 됩니다. 그런데 너무 고요(적적)하기만 하면 그 고요함에 빠져서 화두를 망각하기 쉽고 혼침(정신이 멍한 것)과 졸음(수마)을 유발하게 됩니다.

또 반대로 정신 상태가 너무 초롱초롱(성성)하면 번뇌 망상이나 공상 등 잡념(이것을 도거라고 함)이 일어나서 마음이 산만·산란해지기 쉽습니다. 그러므로 마음이 산만·산란해지면 적적(고요)하게 하여 가라앉혀야 하고, 마음이 너무 고요하여 졸음이 오면 성성하게 하여 혼침과 졸음을 몰아내야 합니다.

마음이 고요하면 대부분 그것을 깨달음으로 착각합니다. 그러나 이것은 환경에 의하여 일시적으로 마음이 고요해진 것일 뿐, 근본적으로 번뇌 망상이 없어진 것이 아닙니다. 망상도 피우지 말아야 하지만 고요한 데에 함몰되지도 않아야 합니다.

이 둘의 균형을 잘 잡아야 한다는 뜻에서 '성성적적' 또는 '적적성성'이라고 합니다. 그러므로 '적적과 성성' '성성과 적적'은 화두참선의 중요한 방법이라고 할 수 있습니다.

　그런데 참선을 할 때는 성성과 적적의 비중을 똑같이 두기보다는 '성성' 쪽에 더 비중을 두어야 합니다. 적적해서 졸음이나 무의식에 빠지기보다는 번뇌 망상을 피우더라도 성성해야 하고 정신이 깨어 있어야 하기 때문입니다. '성성'의 비중을 약 60퍼센트로 유지하는 것이 좋습니다.

　이것이 화두참선의 요령이고 기술인데 실제로는 말처럼 그렇게 잘 조절이 되지 않습니다. 자기도 모르는 사이에 고요에 빠지고 자기도 모르는 사이에 망상을 피우는 때가 많습니다. 항상 주의를 기울여서 많은 노력을 해야 합니다.

참고　관련 항목은 '무기공 · 혼침 · 도거 · 산란 · 선병' '화두를 참구하는 방법' 등입니다.

알음알이와 분별심

'알음알이'란 순수한 우리말로서 《표준국어대사전》에는 '약삭빠른 수단'이라고 정의하고 있는데, 흔히 '잔꾀' '잔머리' 등을 '알음알이'라고 합니다. 비슷한 말로 '알음알음'이라는 말도 있는데, 공개적인 것이 아닌 '몰래몰래' 또는 '살짝살짝'을 뜻합니다.

선에서 말하는 '알음알이'는 '잔머리를 굴리다' '지적으로 분석하다' '억측하다' 등의 의미로, 화두를 참구하는 간화선에서는 아주 금물로 간주합니다. 정면으로 화두를 참구할 생각은 않고 머리를 굴려서 암암리에 알려고 하는 것, 또는 이리저리 지능적으로 분석하여 알려고 하는 것을 뜻합니다. 물론 이 속에는 실제적인 수행은 하지 않고 관념적으로 이해하려고 하는 것도 포함됩니다.

알음알이를 한자로는 '지해(知解: 知=알음, 解=알이)'라고 씁니다. 지해는 지견해회(知見解會)의 준말로서 슬기로움을 뜻하는 '지혜(智慧)'가 아니고, '지능' '약삭빠름'을 뜻하는 '지해(知解)'입니다. 한자로는 그럴싸하지만 쓰임새는 다릅니다. 수행은 하지 않고 머리를 굴려서 알려고 하기 때문에 '알음알이를 갖지 마라'고 하는 것입니다.

또 선어록에서는 이와 비슷한 말로 "사량(思量)·분별심(分別心)을 갖지 마라."는 말도 자주 볼 수가 있습니다. 사량심은 생각으로 억측하거나 헤아리는 마음이고 분별심은 사물을 구별하여 가리는 마음입니다. 언뜻 보면 좋은 뜻인 것 같지만 이 역시 알음알이의 일종입니다.

알음알이와 사량분별심을 요즘 말로 규정하면 '분석력'이라고 할 수 있습니다. 현대사회에서 분석력은 대단히 중요합니다. 분석력이 없으면 정치도 사업도 학문도 할 수가 없습니다. 하다못해 자그마한 구멍가게도 운영할 수가 없습니다.

뿐만 아니라 경전이나 학문, 교리를 연구하는 데도 분별·분석력이 뛰어나야 합니다. 분별·분석력이 없다면 어떻게 경전의 내용을 파악할 수 있겠습니까. 선에서만 금기시하는 것일 뿐 교학에서는 필수적입니다.

그런데 문제는 정견(正見)과 정안(正眼)을 갖추고서 선사상에 입각하여 명확하게 분석·분별하면 관계가 없는데 우리 중생은 사견(邪見)에 의하여 분석·분별하기 때문에 문제가 됩니다.

그렇다면 왜 선에서는 사량분별심과 알음알이 등을 갖지 말라고 하는 것일까?

첫째 '알음알이'와 '사량분별심'은 모든 사물을 동등하게 보지 않고 옳고 그름을 가리고 구별하고 따지는 마음입니다. 차별과 번뇌는 괴로움을 낳고 괴로움은 미혹한 세계를 만듭니다.

둘째는 알음알이와 사량분별심, 분석적 사고 등은 지능적·관념적으로 알고자 하는 것으로서, 여기에 재미를 붙이게 되면 실제적인 수행을 등한시하게 됩니다. 머리를 굴려서 논리적으로 이해하려고 할 뿐 체험을 통하여 확인·고증·체득하려고 하지 않기 때문입니다.

셋째는 알음알이와 사량분별심은 '이걸까 저걸까 하는 마음' '망설이는 마음' '방황하는 마음'을 동반합니다. 수행자는 곧장 한길로 매진해야만 깨닫게 되는데 망설이거나 방황한다면 언제 목적지에 도달할 수 있겠습니까. 또 분별하게 되면 집중력과 정신력이 분산됩니다.

예컨대 물은 100도에서 끓습니다. 열량이 100도가 되게 하자면 화력을 집중시켜야 합니다. 조금이라도 분산되면 물은 끓지 않습니다. 99도의 화력을 아무리 오래 쏟아부은들, 100도가 아니면 결코 비등점에 이르지 못하기 때문입니다.

넷째, 사량분별심은 공(空)·중도·불이(不二)·무분별·무집착 등 선의 정신에 어긋납니다. 화두 탐구와 선의 목적은 번뇌 망상 등 일체 잡념을 모두 비워 공·중도·불이·무분별·무집착·무소유가 되게 하는 데 있습니다.

그런데 알음알이와 분별심은 하나를 둘로, 둘을 셋과 넷 등으로 분별하는 행위로 공(空)·무집착과는 반대의 개념입니다. 선에서 분별심·알음알이·분석적 사고 등을 비판하는 것은 크게 이 네 가지 때문입니다.

선의 세계는 관념의 세계가 아닙니다. 선의 세계는 실제적인 수행을 통하여 공(空)·중도·무집착의 세계를 인식·실천·체득하는 것입니다. 감동이 없는 깨달음은 진정한 깨달음, 실오(實悟)가 아닙니다.

선원에 가면 입구나 벽에 다음과 같은 문구가 붙어 있습니다.

"入此門來(內) 莫存知解(입차문래 막존지해)"
이 선원에 들어온 자는 알음알이를 갖지 마라.

마음이 상큼해지는 말이 아닐 수 없습니다.

참고 관련 항목은 '삼매' '화두를 참구하는 방법' '화두의 역할과 기능' 등입니다.

경계와 마(魔)

선원에서는 '경계(境界)' '마(魔)' 또는 '마장(魔障)'이라는 말을 많이 씁니다. 경계·마·마장은 모두 올바른 수행과 깨달음을 가로막는 장애물입니다. 비유하면 한창 공부에 전념해야 할 청소년들 앞에 전라(全裸)의 몸으로 나타난 여체(女体)와 같다고 보면 됩니다. 여기서 싸워서 승리하지 못하면 그는 깨달음과는 인연이 먼 사람입니다.

특히 '경계'라는 말은 매우 다양하게 사용하고 있습니다. "공부가 어느 정도 되었는지는 그것은 경계에 부딪혀 봐야 안다." 또는 "공부 중에 생기는 경계를 깨친 것이라고 잘못 알지 마라." 등.

"공부가 어느 정도 되었는지는 경계에 부딪혀 봐야 안다."는 말은 경계를 긍정적인 의미에서 쓴 것이며, "공부 중에 생기는 경계를 깨친 것이라고 잘못 알지 마라."는 말은

화두의 의미와 참구 방법

부정적인 의미에서 쓴 것입니다. 이와 같이 '경계'라는 말 속에는 긍정적인 의미와 부정적인 의미가 함께 내재되어 있습니다.

경계(境界) : '경계'라는 말은 일반적인 용어로 ①일이나 물건이 어떤 표준 아래 맞닿은 자리 ②일정한 기준에 의해 분간되는 한계 등을 의미합니다. 국가와 국가 간의 국경선, 지역과 지역 간의 행정구역 구분도 경계입니다. 철학적으로 말하면 사물이 어떠한 기준에 의하여 분간되는 한계입니다. '임계(臨界)'와 같은 말로서 '기준선' '일정선'을 의미합니다.

선에서는 말하는 경계 역시 일반적인 의미와 같은 뜻인데 좀더 압축하면 '대상' '척도' 등을 뜻하고 있습니다.

한 예로 명대(明代)의 선승 박산무이(1475~1630) 선사는 자신의 저서 《참선경어(參禪警語)》에서 "고요한 경계를 조심하라."고 말하고 있습니다. 참선의 목적은 마음이 고요해지기를 바라는 것인데 도리어 그것을 조심하라고 하니 모순이 아닌가 하는 생각도 들 것입니다.

여기서 '고요한 경계를 조심하라'는 말은 마음이 일시적 또는 환경적 요인으로 좀 고요해진 것을 가지고 깨달은 것으로 착각하지 말라는 뜻입니다. 고요한 분위기(=경계)에 매몰되거나 도취되어 아무런 생각이나 자각의식이 없는 상태, 그리하여 화두를 망각한 상태가 흔히 선에서 말하는 '무기공'인데, 여기에 빠지지 말라는 것입니다.

마(魔)·마장(魔障) : '마' '마장'은 깨달음을 가로막는 '장애물'이라고 이해하면 됩니다. 환영(幻影)·환청(幻聽)·환시(幻視) 그리고 갑자기 좋은 일이 생긴다거나 나쁜 일이 생기는 것도 모두 마·마장·마구니(魔軍)입니다.

'선병(禪病)' '경계(境界)' '마(魔)'는 다 비슷비슷한 것인데 약간씩 차이점이 있습니다. 선병은 주로 무지에서 오는 잘못된 관점과 사고, 수행 방법 등이고, 경계는 마음을 테스트(시험)하거나 흔드는 대상 등이고, 마는 참선 중에 겪는 환영·환청·환시 등 정신적인 장애입니다.

'경계'란 자신이 부딪히게 되는 수행상의 모든 일들 즉 대상을 말합니다. 나를 주(主)라고 할 때 나와 관계되는 일체의 대상, 즉 안(眼)·이(耳)·비(鼻)·설(舌)·신(身)·의(意)의 대상이 모두 경계입니다. 이 대상에는 나의 마음을 편하게 하는 것(順境)도 있고 불편하게 하는 것(逆境)도 있습니다. 외적인 것도 있고 내적인 것도 있습니다.

칭찬은 나의 마음을 기쁘게 하고 비판과 비난은 나의 마음을 불쾌하게 합니다. 칭찬에는 기쁨이 따르고 비난에는 증오와 분노가 따릅니다. 이것도 경계이고 마(魔)인데, 여기에 흔들리면 수행은 모두 허사가 됩니다. 수행의 척도를 알려면 간단히 여기서도 알 수 있습니다. 외부적인 것은 인간

화두의 의미와 참구 방법

관계 등 환경이고 내부적인 것은 마음에서 일어나는 욕망·환영(幻影)·환상 등입니다.

그 밖에 육체적 이성적 욕망·명예욕·물욕·생명욕·수면욕·권력욕 등 갖가지 욕망과, 괴로움·번민·번뇌·시기·질투·공포·무서움 등 심리적인 것, 기쁨과 슬픔·노여움과 즐거움·빈부와 귀천·늙음과 죽음·배고픔·자존심·아만 등도 모두 나의 공부와 수행력을 테스트하는 대상이고 경계이며 척도입니다. 또한 옳고 그름(시비)·망설임과 의혹·선과 악·의(義)와 불의(不義)·사(邪)와 정(正) 등에 대한 구분과 판단력 등도 모두 수행자에게는 극복해야 할 경계이고 대상입니다.

화두를 참구하는 간화선이든 위빠사나든 할 것 없이 수행이란 욕망과 분노, 아만과 자존심을 뛰어넘지 못하면 모두가 쓸데없는 수작입니다. 수행력으로 안 된다면 최소한 이성적으로라도 자기 자신의 감정을 통제할 수 있어야 합니다. 무엇보다도 중요한 것은 자기 자신의 감정을 잘 컨트롤하는 인격적 수행부터 먼저 이루어져야 합니다.

'마(魔)' '마구니(魔軍)'는 참선 중에 헛것이 나타나거나(幻影), 헛것이 보이거나(幻視), 헛소리가 들리는(幻聽) 등 수행자마다 증상이 조금씩 다릅니다.

어떤 사람은 좌선 중에 무기를 든 신장들이 나타난다거

나 몇 십리 밖의 일들이 보인다는 등 무엇이 자꾸만 보인다고 합니다. 또 어떤 사람은 귀에서 자꾸만 이상한 소리가 들린다고 하는데 이런 것은 모두 환(幻)의 일종으로서 비정상적인 수행에서 오는 헛것이라고 생각하면 됩니다.

그런데 문제는 많은 사람들이 그런 현상이 나타나야 깨닫게 되는 것으로 착각한다는 것입니다. 그것이 '선병'이고 '경계'이며, '마(魔)'라는 것을 모르고 오히려 "나는 왜 그런 현상이 없나?" 하고 기다리는데, 이것은 커다란 오판입니다. 이것은 모두 잘못된 수행의 결과입니다. 속칭 샛길로 빠진 것인데 그런 것을 신기하게 여겨서 추종하다가 일생을 망친다거나 무당이 되는 사람도 있습니다.

또 근래에는 환영·환시·환청 등이 있어야 한다는 식으로 말하고 있는 스승도 종종 볼 수 있는데 그런 스승은 삿된 스승입니다.

초기불전에 보면 '마(魔)' '마왕' 등 표현이 많고, 또 경전에 보면 부처님께서도 깨달음을 이룰 때까지 많은 마(魔)로부터 유혹받고 있는 장면이 보입니다. 여기서 말하는 '마(魔)' '마구니'는 사실 어떠한 모습으로 실존하는 마(魔)가 아니라, '마음의 갈등' '마음의 흔들림'입니다. 감성과 이성, 욕망과 통제 사이에서 비롯되는 갈등을 형상화한 것입니다.

마(魔)에 대해서는 《능엄경》 10권 변마장에서 무려 50가지를 열거해 놓았는데 설명 가운데는 오해할 소지도 있으므로 안목을 갖추고 참고해야 합니다.

참고 : 관련 항목은 '무기공 · 혼침 · 도거 · 산란 · 선병' '화두를 참구하는 방법' 등입니다.

보림 = 보임

'보임(保任)'이란 '보호임지(保護任持)'의 준말로서, 깨달은 바를 잃지 않고 잘 보존함을 뜻합니다. 깨달은 바를 더욱 탄탄하게 하고 돈독히 하는 작업, 그것이 보임입니다.

좀 더 알기 쉽게 설명하면 배운 것을 더욱 숙달·숙련시키는 과정이 보임입니다. 이것을 다른 말로는 '점수(漸修)' 또는 '깨달은 이후(悟後)의 수행'이라고도 합니다.

선에서 보임은 대단히 중요한 개념입니다. 보임을 소홀히 하면 '다시 매(昧)했다'고 하는데, '다시 어두워졌다'는 뜻으로 곧 깨달은 바를 상실했다는 뜻입니다.

특히 1990년대를 전후하여 깨달으면 더 이상 수행(보임) 할 필요가 없다는 돈오돈수설과 깨달은 뒤에도 계속 더 수행해야 한다는 돈오점수설 논쟁이 있은 이후, 보임은 더 중요한 주제가 되었습니다.

화두의 의미와 참구 방법

열심히 수행하여 깨달음을 얻었다 하더라도 사실 그것은 일체는 무상한 것이며, 무아이고 '공(空)'이며 모든 번뇌 망상은 허망하다는 사실을 인식한 것에 불과합니다. 체득한 것이 아닙니다. 그러므로 완전한 깨달음에 도달하자면 더 닦아야(수행, 보임) 하는 것이지요. 이때의 수행은 보임으로서 깨달은 것을 삶이나 현실 속에서 더 연마·숙련시키는 과정입니다.

선어록을 보면 선승들은 깨달은 뒤에 많은 선지식을 찾아다니면서 선문답(법거량)을 합니다. 묻고 배우는 과정인데 이 과정을 통하여 깨달음을 더욱 확고하게 하는 것입니다. 즉 보임인데, 이것을 '행각(行脚) 또는 '만행(萬行)이라고 합니다.

보임은 비유하자면 밥을 뜸 들이는 과정과 같다고 보면 됩니다. 예컨대 밥이 끓었다고 해서 금방 먹을 수 있는 것이 아닙니다. 한 10분 정도 더 뜸을 들여야 맛있는 밥이 됩니다. 이와 마찬가지로 번뇌 망상이 허망한 것임을 깨달았지만(인식), 인식했다고 해서 모든 번뇌 망상이 일시에 사라지는 것은 아닙니다. 그러므로 여기서 머물지 말고 더 수행을 하여 번뇌 망상의 뿌리를 없애고, 평소 익혔던 잘못된 생각과 습관(버릇) 등 갖가지 습기(習氣)를 제거해야 합니다.

수행의 목표는 깨달음입니다. 깨닫고 나면 모든 것을 다 초월할 것 같지만 결코 완전히 초월하지는 못합니다. 목석이 아닌 이상 때론 사물이나 이성을 보면 마음이 흔들리기도 하고 비난하면 분노심이 일어나고, 명예에 마음이 끌리기도 합니다. 여기서 더 수행하지 않으면 원상태로 되돌아가 버립니다.

또 보임이란 자신이 깨달은 바를 바탕으로 현실과 사상(事象) 속에서 여러 가지 경험을 통하여 지혜를 기르는 과정입니다. 인격을 훌륭하게 만드는 과정이라고 보면 됩니다.

그 밖에 부처님 말씀을 전하는 것, 중생제도, 그리고 자비행을 실천하는 것도 보임의 한 과정입니다. 인식에 머문 깨달음을 체화시키는 것, 미완의 깨달음을 완전한 깨달음으로 만들어 가는 것, 그것이 보임입니다.

참고 관련 항목은 '수행의 정의'입니다.

3장

선의 사상적 뿌리

공

공(空)은 불교의 여러 개념 중에서도 매우 중요한 개념입니다. 산스크리트어(범어)로는 '순야(śūnya)', '순야타(śūnyata)'라고 하는데, 일반적으로는 '텅 비어 있다' 또는 '아무것도 없다'고 풀이합니다. 그러나 더 정확한 뜻은 '모든 존재는 실체가 없다(無自性)', 또는 '고정 불변하는 실체는 없다'는 뜻입니다. 즉 껍데기만 있을 뿐 알맹이가 없다는 것입니다.

공에 대한 해석은 우리가 늘 독송하는 《반야심경》에도 나타나 있듯이 '조견 오온 개공(照見 五蘊 皆空)'입니다. 오온 즉 색(色, 육체)·수(受, 감수 기능)·상(想, 생각)·행(行, 의욕, 意志)·식(識, 인식, 분별력)으로 구성된 우리 인간의 존재는 모두 '공'이라는 것입니다.

인간의 구조를 보면 크게 '육체'와 '정신' 두 개의 축으로 구성되어 있습니다. 육체는 뼈(=地)·피(=水)·따뜻한 체온(=

火)·동력(動力=風), 이 네 가지 원소(4대)로 구성되어 있고, 정신은 앞에서도 설명했듯이 수(受, 감수 기능)·상(想, 생각)·행(行, 의욕, 意志)·식(識, 인식, 분별력) 네 가지 원소로 구성되어 있습니다.

그런데 이 원소들은 모두 인연 화합에 의하여 형성된 것 즉 연기적(緣起的)인 존재로서 그 원소가 하나하나 해체되어 흩어지고 나면 고정 불변하는 실체는 아무것도 없다는 것입니다. 독자성이나 영원성을 지닌 존재는 없다는 뜻입니다. 결국 '영원한 자기(眞我, 自我)' 또는 '나의 것' '나의 소유'라고 할 만한 것은 아무것도 없다는 것이 공(空)사상입니다.

비유하면 어떤 모임이 만들어졌다가 없어지는 과정과 같다고 할 수 있습니다. 처음에는 여러 구성원들이 의기투합하여 하나의 단체를 만들었으나 시간이 점점 경과함에 따라 하나둘씩 빠지다 보면 결국 없어지고 맙니다.

이와 마찬가지로 인간을 비롯한 모든 존재도 여러 가지 구성 요소들이 하나둘씩 해체되고 나면 남는 것은 아무것도 없습니다. 실체가 없어지는 것입니다.

대승불교의 '공사상'은 유형무형을 가릴 것 없이 모든 존재와 사물, 인식에 대한 불교적 고찰입니다.

공의 논리적 바탕은 연기론입니다. 즉 이것이 있으므로

저것이 있게 된 것인데 이것이 없어진다면 저것도 함께 없어진다는 것입니다. 따라서 번뇌 망상 등을 비롯하여 우리가 인식하는 모든 세계, 모든 현상은 그 속성 자체가 '공성(空性)'이고 텅 비어 실체가 없다는 것입니다. 그래서 공은 무아(無我)·연기(緣起)와 같은 개념이라고 합니다.

공이 시사하는 바는 존재에 대한 직시입니다. 모든 존재는 '연기의 법칙' 즉 '인연의 가(假)합성'에 의하여 생성·소멸하는 존재, 또는 속성 자체가 본질적으로 공한 존재이므로 집착하지 말라는 것입니다.

정신은 이미 다른 사람에게 가 있는데 껍데기에 불과한 육체를 붙잡고 일평생 함께 살아가고 있다면 그것이야말로 정말 허망한 일이 아니겠습니까?

공은 영어의 zero, 즉 영(零)을 뜻합니다. 수학에서 '0'이라는 숫자는 +1도 아니고 −1도 아닙니다. 따라서 어디에도 소속되지 않기 때문에 모든 것을 포용할 수 있습니다.

선의 사상적 뿌리는 공(空)입니다. 선종에서 《금강경》과 《반야심경》을 중시하는 것도 이 두 경전이 모두 공사상을 담고 있기 때문입니다. 일체는 모두 공(空)임을 철저하게 인식하는 것, 그것을 대승불교에서는 '깨달음'이라고 합니다.

참고 관련 항목은 '무아' '연기법' 입니다.

무아

'무아(無我)' 역시 '공(空)'과 함께 불교의 여러 가르침 중에서도 매우 중요한 주제입니다. 논리적 전개도 공과 같습니다. 불교의 모든 교리는 결국 이 '무아'와 '공' 그리고 '열반'을 설명하기 위한 것이라고 해도 과언이 아닐 것입니다.

'무아'란 영원토록 멸하지 않는 존재나 실체, 또는 영속성을 가진 자아(自我)는 없다는 뜻입니다. 오늘날 많은 학자들은 이 무아사상이야말로 힌두교의 아트만(=有我論) 사상을 부정하는 유일한 사상인 동시에 불교의 특성을 잘 나타낸 개념이라고 말하고 있습니다.

무아의 논리적 전개 역시 공과 같이 '오온무아(五蘊無我)'입니다. 즉 우리 인간은 크게는 색(色, 육체, 물질), 수(受, 감수 기능), 상(想, 생각하는 기능), 행(行, 의지 기능), 식(識, 분별, 판단 기능), 이 다섯 가지(오온) 틀로 구성되어 있는데, 이것은 모두 '진정한 나(我)' 또는 '나의 것' '나의 소유'가 아니라는 뜻입니다.

부처님 말씀과 같이 이것들(오온)은 모두 하나같이 독자성·독립성·영원성이 없습니다. 고정 불변하는 존재(성질)가 아닙니다. 모두 '연기(인연)의 법칙'에 의해 형성되었다가 사라지는 존재일 뿐입니다. 그러므로 집착하지 말라는 메시지를 담고 있습니다. 무아사상이 시사하는 바는 바로 이것입니다.

무아를 구체적으로 이해하기 위해서는 먼저 그 반대 개념인 아트만=범아일여 사상에 대한 이해가 필요합니다.

인도철학의 텍스트인 《우파니샤드》와 힌두교에서는 불멸의 실체로서 브라흐만(梵)과 아트만(我, ātman, 영혼)이 있다고 합니다. 즉 우주의 원리·주체·지배자로서 브라흐만이 있고 개개인을 지배하는 주체로서 아트만이 있는데 이 둘은 모두 불사(不死)의 존재로서 '하나(동체)'라는 것입니다.

'아트만(我, ātman)'은 흔히 '아(我)' 또는 '자아(自我)'라고 하는데 오늘날 철학에서 말하는 '사자(死者)의 영혼'을 가리킵니다. 또는 영혼과 같은 어떤 존재를 지칭하는데, 육체는 죽어도 아트만은 절대 사멸(死滅)하지 않는 '영적인 실체(實体)' 혹은 '주재자' 같은 존재라고 할 수 있습니다.

그러나 불교의 '무아사상(無我, an ātman)'은 '아트만

(atman)'을 부정합니다. 불교에서는 이른바 인도 종교철학에서 말하는 아트만(자아, 영혼)과 같은 존재는 없다는 것입니다. 육체는 사멸(死滅)한다고 해도 불사(不死)의 존재로서 계속 다음 생(즉 내생)을 이어 가는 그런 존재(영혼)는 없다는 것이지요.

무아는 인간 존재에 대한 불교적 고찰인 동시에 인식론입니다. 그 논리적 전개가 연기설이며 오온무아(五蘊無我)입니다.

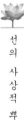

선
의

사
상
적

뿌
리

참고 　관련 항목은 '공' '연기법' '윤회와 해탈' '열반' 등입니다.

연기법

'연기' '연기법'은 '사성제' '삼법인' '무아' '중도' 등과 함께 부처님께서 깨달은 내용 가운데 하나입니다. 연기법에 대한 이해는 불교사상과 교리, 가르침 전반을 이해하는 데도 매우 중요합니다.

'연기(緣起)'란 '인연 생기(因緣 生起)'를 줄인 말로서 그 뜻은 '모든 것은 상의 관계', 또는 '모든 것은 인과관계에 의하여 생성·소멸한다'는 뜻입니다. 즉 '이것이 있으므로 저것이 있게 되었다'는 것으로서, 나를 포함한 이 세상의 모든 것(=諸法)은 독자적·독립적으로 성립·존재하고 있는 것이 아니라, 여러 가지 요소, 또는 여러가지 인연의 법칙에 의하여 생성·소멸하는 존재라는 것입니다.

모든 존재와 현상은 이와 같이 여러 요소들의 가(假)결합에 의하여 비로소 하나의 존재로 성립·탄생·소멸을 반복하고 있다는 것입니다. 그러므로 우리가 육근과 육식을 통하여 인식하는 세계를 비롯하여, 고뇌·괴로움·번뇌 망상 등도 모두 이와 같이 상호 의존관계에 따라서 발생했다가 소멸합니다.

연기론은 모든 현상과 존재는 본질적으로 고정 불변하는 실체가 없음을 나타낸 말로서 '공(空)'의 또 다른 호칭이기도 합니다. 즉 왜 공인가 하면, '연기의 법칙'에서 볼 때 고정 불변하는 실체가 없기 때문이라는 것입니다. 겉모양 즉 외형적으로는 있는 것 같으나 연기(인연)의 법칙에서 보면 속은 텅 비어 있다는 뜻입니다.

이와 같은 법칙과 이법(理法)을 '연기' 또는 '연기법'이라고 합니다. 그리고 그 학설을 '연기설', 그 논리를 '연기론', 그 법칙을 '연기의 법칙'이라고 합니다.

연기의 법칙에 대하여 《잡아함경》 10권과 12권(《대정신수대장경》 2권, p.67; 85 a 단)에서는 다음과 같이 설하고 있습니다.

이것이 있기 때문에 저것이 있고,

이것이 생기기 때문에 저것이 생긴다.

이것이 없기 때문에 저것이 없고,

이것이 사라지기 때문에 저것이 사라진다.

차유고피유(此有故彼有) 차기고피기(此起故彼起)

차무고피무(此無故彼無) 차멸고피멸(此滅故彼滅)

네 구 가운데 앞의 두 구(句) 즉 "이것이 있기 때문에 저것이 있다."는 말은 생성 과정에 대한 설명이고, 뒤의 두 구(句) 즉 "이것이 사라지기 때문에 저것이 사라진다."는 말은 존재의 소멸 과정에 대한 설명입니다.

우리나라 속담에 '독불장군'이라는 말이 있습니다. 그 말과 같이 우리의 삶도 따지고 보면 독자적으로는 살아갈 수는 없습니다. 현대는 인간관계가 매우 복잡하지만, 그래서 인간은 아주 골치 아픈 존재라고 하지만, 사람이 없다면 인간의 삶이란 존재할 수 없습니다. 치열한 경쟁 속에서도 서로 의존하며 살아가는 것이 인간의 사회입니다.

생각해 보면 나만 있고 타인은 없다면 매우 좋을 것 같지만 막상은 무료하여 살 수가 없습니다. 여자만 있고 남자가 없다면, 혹은 반대로 남자만 있고 여자는 없다면 모두가 우울증에 걸릴 것이고, 또 인류 자체가 존재할 수 없을 것입니다. 종교와 진리가 아무리 위대하다고 해도 인류가 없다면 무의미합니다. 학문도 사랑도 철학도 자연의 법칙도 모두 마찬가지입니다.

붓다는 《숫타니파타》에서 고통의 발생과 소멸, 니르바나에 이르는 길에 대하여 다음과 같이 설하고 있습니다.

"쾌 · 불쾌에 의하여 욕망이 발생한다"
"집착에 의하여 여러 가지 고(苦)가 생긴다"
"애집(愛執, 집착)을 절(切)하면 열반을 성취한다."

《숫타니파타》, 867 · 1050 · 1109)

즐거움과 괴로움(不快) 사이에서 욕망과 번뇌가 생기고 욕망으로부터 집착이, 집착으로부터 여러 가지 고(苦)가 발생한다는 것입니다. 그러므로 애착과 집착을 버리면 행복과 평온(열반)을 성취할 수 있다는 것입니다. 여기서 말하는 열반이 바로 선에서 말하는 깨달음입니다.

또 《중아함》은 연기를 진리와 동격으로 설하고 있습니다.

연기(緣起)를 보는 자는 법(法)을 보고, 법을 보는 자는 연기를 본다.

연기의 이치를 아는 자는 진리를 볼 수 있고, 진리를 아는 자는 연기의 이치를 알 수 있다는 가르침입니다. 연기=진리임을 밝힌 것입니다.

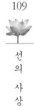

선
의

사
상
적

뿌
리

또 다른 경전에서는 "법을 보는 자는 곧 나(붓다)를 보고, 나를 보는 자는 곧 법을 본다."라고 설하고 있습니다. 여기서 '나(붓다)를 본다'는 말은 인격적인 붓다를 친견한다는 뜻이 아니라 진리를 깨달은 자, 즉 각자(覺者)가 된다는 뜻입니다.

연기론은 불교의 중요한 가르침이므로 반드시 잘 이해해 두어야 합니다.

참고 　관련 항목은 '무아' '공' '열반' 등입니다.

중도

중도란 '가운데 길'로서 '어느 한쪽에 치우치지 않은 생각' 또는 '양극단 어디에도 치우치지 않는 생각'을 뜻합니다. 부처님께서 깨달으신 내용 가운데 하나로서 '무아' '연기' '공' 등과 함께 불교의 중요한 가르침입니다.

부처님은 출가 후 처음에는 자이나교의 수행 방법인 고행을 택했습니다. 뼈만 남은 앙상한 고행상에서도 볼 수 있듯이 육체적인 고행을 통하여 깨달음을 얻고자 했습니다. 그러나 아무런 도움도 되지 못했습니다. 극단적인 고행은 별 의미가 없었던 것입니다.

또 당시 브라만교(힌두교)에서 행해지고 있던 신에 대한 절대적인 신앙이나 제사(祭祀) 중심주의, 그리고 향락(쾌락)주의 등 욕망에 탐닉하는 것도 올바른 길이 아님을 깨달았습니다.

그리고 '이 세상은 영원히 존재한다(有)'든가 '아주 없어
져 버린다(空無=텅 비어 아무것도 없음, 허무주의)'는 등 극
단적인 사고방식도 만연했는데, 그 역시 올바른 길이 아님
을 깨달았습니다. 체험과 경험을 통하여 깨달은 결과 중도
만이 가장 현명한 길임을 발견한 것입니다.

이와 같이 부처님의 중도 철학은 인도 종교 및 사상계와
큰 관련이 있습니다. 앞에서 설명한 바와 같이 당시 인도 사
회는 양극단에 빠져 있었습니다. 쾌락주의에 도취하여 술 ·
도박 · 섹스 따위에 탐닉하는 계층이 있는가 하면, 그것은
해탈과 거리가 멀다고 비판하면서 고행주의를 택하는 집단
(자이나교)도 있었고, 또는 이 세상은 영원히 존재한다(有)고
주장하는 학파와 죽으면 모든 것은 없어져 버린다(空無)는
주장 등 극단적인 사고가 만연했습니다.

그러나 극단적인 사고방식과 수행 방법으로는 니르바나
(열반=깨달음)에 도달할 수가 없을 뿐만 아니라, 올바른 삶
의 방법도 아니었습니다. 그리하여 석존은 고행주의와 쾌락
주의 등 극단적인 방법을 버리고 어디에도 경도되지 않는
중도를 택했습니다. 중도를 택하여 수행하면 어리석은 생각
(=無明)은 점점 없어지고 예지가 생겨나 니르바나(열반)에
도달할 수 있기 때문이었습니다. 부처님은 불교의 이상인
니르바나(열반=깨달음)에 도달하는 길이 바로 중도임을 깨

달은 것입니다.

그렇다면 중도적인 안목과 행동을 갖추자면 구체적으로 어떻게 생각하고 어떻게 행동해야 할까요?

부처님께서는 중도에 이르는 방법으로서, 바른 견해(正見, 제법 무아라고 보는 것)·바른 생각(正思惟)·바른 말(正語)·바른 행위=행동(正業)·바른 생활=생업(正命)·바른 노력(正精進)·바른 챙김=알아차림(正念)·바른 선정(正定) 등 팔정도(八正道)를 제시하고 있습니다. 이 여덟 가지는 붓다가 발견한 삶의 철학으로서 올바르게 생각하고, 올바르게 살아가는 실천철학입니다. 따라서 '중도'란 바로 '정도(正道)'인 것입니다.

중도의 철학은 선(禪)에서도 매우 중요시합니다. 선은 사상적으로는 공(空)에 뿌리를 두고 있지만 실천철학으로는 중도를 택하고 있습니다. 치우친 생각, 치우친 사고방식은 집착을 낳습니다. 어디에도 치우치지 않는 사고방식, 곧 무집착만이 깨달은 자가 걸어야 할 길이기 때문입니다.

음식도 편식하면 안 된다는 말도 있듯이 사고(思考)도 사회생활도 마찬가지입니다. 어느 한쪽에 치우치면 문제가 발생합니다. 중도에 입각하여 균형 잡힌 생각, 조화 있는 삶을 유지하는 것, 그것이 가장 올바른 삶의 철학입니다.

불이

큰 사찰에 가면 일주문과 천왕문을 지나 곧이어 '불이문'이 나옵니다. '불이법'으로 모든 번뇌를 씻어 버리고 깨달음을 이룬다고 하여 '해탈문'이라고도 합니다.

'불이(不二)'란 '둘이 아님' 즉 '하나(一)'라는 뜻으로 차별과 분별을 떠난 선의 세계를 의미합니다.

부처와 중생이 둘이 아니요, 번뇌와 보리가 둘이 아니며, 깨달음과 미혹의 세계, 선과 악, 유와 무, 삶과 죽음, 깨끗함과 더러움, 미인과 못난이 등 상대적·차별적인 모든 것이 둘이 아니라는 뜻입니다. 이 두 가지 대립적인 사고를 모두 부정·초월하는 것이 바로 '불이'의 정신입니다.

'불이'는 '공' '중도'와 같은 뜻으로서 《유마경》〈입불이법문품(入不二法門品)〉에 나오는 말입니다.

《유마경》의 주인공인 유마 거사는 거사의 신분이지만 깨달음의 경지가 부처님 10대 제자와 모든 보살들을 능가합니다.

다음은 《유마경》의 스토리입니다.

유마 거사가 병환으로 몸져 누워 있었습니다. 이 소식을 들은 부처님께서는 제자들에게 문병 갈 것을 권했습니다. 그런데 모두들 문병 가기를 두려워합니다. 그 이유는 유마 거사의 법력이 워낙 뛰어났기 때문입니다.

결국 문수보살이 대표가 되어 32명의 보살들과 함께 유마거사를 문병 갑니다. 유마 거사는 문병차 자신을 찾아온 32명의 보살들에게 '불이'에 대하여 질문합니다.

"여러분! 보살이 불이의 법문에 들어간다는 말이 있습니다. 깨달음을 추구하는 보살은 어떻게 '불이의 법문'으로 들어갑니까? 각자 생각하고 있는 대로 말씀해 주셨으면 합니다."

그러자 법자재보살에서부터 낙실보살에 이르기까지 여러 보살들이 '불이(不二)'에 관하여 이론을 제시합니다.

그 가운데 선의보살은 "생사와 열반은 서로 다른 두 개의 것입니다. 그런데 그 본질을 본다면 생사도 속박도 해방도 없으며 생하지도 멸하지도 않습니다. 바로 이렇게 이해하는 것이 불이법문에 들어가는 것입니다."라고 말합니다.

맨 나중에 문수보살은 다음과 같이 자신의 의견을 피력

합니다.

"그대들의 말씀은 모두 옳습니다. 그러나 그대들의 말씀에는 아직도 '둘'이라는 개념이 남아 있습니다. 불이(不二, 즉 하나)란 그런 것이 아닙니다. 불이의 문에는 법(진리)에 대하여 무어라 말하는 것도 없으며, 보여 주는 것도 없으며 아는 것도 없으며, 오직 말과 논의를 초월해 있는 것, 그것이 불이의 법문으로 들어가는 길입니다."

문수보살은 그 어떤 언어적 표현과 논의를 초월하는 것이 바로 '불이법문에 들어가는 길'이라고 말하고 있습니다. 그렇다고 다른 보살들의 말이 틀리다는 것은 아닙니다. 다만 문수보살은 한 차원 더 깊이 들어가서 그런 논의 자체를 뛰어넘어야만 불이의 세계로 들어간다는 것입니다.

이어 문수보살은 마지막으로 마이크를 유마 거사에게 돌려서 "거사님! 불이법문에 들어간다는 것은 어떤 것입니까?"라고 묻습니다. 문수보살의 질문에 대하여 유마 거사는 시종일관 아무런 대답도 없이 오직 침묵만 지키고 있는 것입니다.

일체 무언(無言).

이에 문수보살은 순간 힘차게 손뼉을 치면서 "이것이 바로 불이의 법문"이라고 극찬합니다. 매우 극적인 장면이 펼쳐지는데 이 장면이 《유마경》의 하일라이트입니다.

침묵으로 불이의 가르침을 보여 주었다고 하여 이것을 '유마의 일묵(一默)' 또는 '유마의 침묵'이라고 합니다.

유마 거사는 여러 보살들에게 '중생과 부처' '윤회와 열반' 등 상대적인 두 가지 사고를 초월하는 것이 바로 '불이법문에 들어가는 길'이라고 말하고 있는 것입니다. 거사의 신분으로서 부처님 다음 가는 보살들에게 설법하는 예는 이 경전이 처음입니다.

불교와 선에서는 차별과 분별로부터 번뇌가 발생한다고 보고 있습니다. 중생은 분별에 의하여 대상 세계를 차례로 분할하여 차별 세계를 만들어 냅니다. 너와 나를 구분하고 이것과 저것을 구분합니다. 대립적·배타적인 생각은 정신적·현실적 갈등을 초래하며, 투쟁과 괴로움을 낳습니다. 분열을 막고 둘을 하나로 합일시키는 것, 그것을 '불이(不二)' 또는 '불이법문'이라고 합니다.

선은 무분별과 무차별, 무집착을 표방합니다. 무차별과 무분별은 '하나(一)의 관점'이고 그 하나는 '불이(不二)'입니다. 선에서 분별심을 갖지 말라고 하는 것도 여기에 기인합니다. 모든 싸움도 결국 '둘(二)'로 나누는 데서 시작되지 않습니까. 우리가 불이의 참뜻만 깨우칠 수 있다고 해도 세상의 온갖 다툼은 절반 이상 사라질 것입니다.

열반

'열반(涅槃)'은 산스크리트어 '니르바나(nirvana)'의 한자 표기입니다. '니르(nir)'는 '꺼지다'는 뜻이고, '바나(vana)'는 '불'이라는 뜻으로, 이 두 단어를 합하면 '번뇌의 불이 꺼지다' '소멸되다'라는 뜻입니다.

열반은 이와 같이 '번뇌가 소멸되었다'는 뜻입니다. 그런 의미에서 '입멸(入滅)' 또는 '적멸(寂滅)'이라고도 합니다. 부처님 사리를 모신 곳을 '적멸보궁'이라고 하는 것도 여기에 근거합니다.

또 열반은 고승들의 입적(죽음)과 동의어로 사용되기도 합니다. '소멸되었다'고 하는 의미에서 볼 때, 번뇌가 소멸된 것이나 육체가 소멸된 것이나 같기 때문입니다. 삼법인 가운데 하나인 '열반적정(涅槃寂靜)'도 '번뇌가 소멸된 세계(=涅槃)는 평온·안온(寂靜)하다'는 뜻입니다.

그렇다면 열반의 세계는 어떤 세계일까요?

간단명료하게 설명한다면 우리의 마음속에 '탐욕(貪)의 불'과 '증오(瞋)의 불' '어리석음(痴)의 불'이 모두 꺼져 버린 평온한 상태가 열반입니다. 모든 욕망과 번뇌가 사라져 버린 마음 상태가 바로 열반의 경지입니다. 미망의 굴레에서 벗어 났다고 하여 해탈과 동의어로 사용되기도 합니다.

열반에는 두 종류의 열반이 있습니다. '유여의열반(有餘依涅槃)'과 '무여의열반(無餘依涅槃)'입니다. '유여의열반'은 줄여서 '유여열반(有餘涅槃, 불완전한 열반)'이라고도 하는데, 정신적으로는 열반을 성취했지만 육체를 가지고 있는 한 고통으로부터 완전히 벗어날 수는 없다는 뜻에서 이것을 '불완전한 열반'이라고 합니다.

'무여의열반'은 줄여서 '무여열반(無餘涅槃)'이라고도 하는데, 완전한 열반을 뜻합니다. '남아 있는 것이 없다'는 뜻으로 정신적인 번뇌와 육체적인 괴로움이 모두 소멸(열반)된 것을 뜻합니다. 다른 말로는 '반열반(般涅槃, 완전한 열반)'이라고 합니다.

부처님께서는 깨달음을 이룬 후 45년 동안 인도 전역을 다니면서 많은 중생을 교화하셨습니다. 그런데 80세에 이르러 고향 쿠시나가라로 가는 길목에서 제자 춘다가 올린 공양을 드시고 그만 모진 설사병을 만나게 됩니다. 심한 복통과 탈수 현상으로 열반 직전에 이른 석존께서는 아난다에게 물을 좀 달라고 하셨습니다.

그런데 마침 마차가 지나가서 물은 흙탕물로 변해 있었습니다. 아난다는 흙탕물이라서 지금 드실 수 없으니 좀 기다리셔야 한다고 말씀드리자 부처님께서는 목이 몹시 마르니 얼른 달라고 재촉하십니다. 탈수 현상에 극도로 목이 말랐던 것입니다.

이 장면은 석존의 최후 모습을 기록하고 있는 팔리어판 《대반열반경》의 내용인데 번역서를 통하여 이 장면을 읽으면서 마음이 찡했습니다. 정말 부처님은 인간적이고 솔직하신 분이라는 생각이 들었지요.

앞의 설명에서 볼 수 있듯이 모든 것을 초탈한 부처님이셨지만 육체적인 것은 어쩔 수 없었던 것입니다. 그 누구든 육체를 가지고 있는 한 일정 부분 생물학적인 고통은 피할 수 없으니까요. 그래서 후대의 학승들은 열반에도 유여의열반(불완전한 열반, 정신적인 열반)과 무여의열반(완전한 열반, 육체와 정신 모두의 열반)이 있다고 정리하게 된 것입니다.

참고 : 관련 항목은 '공'입니다.

진여

'진여(眞如)'란 범어 타타타(tathatā)의 한역(漢譯)으로서 그 뜻은 '있는 그대로' 라는 뜻입니다. '만유의 본체' '보편적 진리'를 의미하며 우리말로 옮긴다면 '사물의 참모습' '있는 그대로의 모습'이라고 할 수 있습니다.

'진여'라는 말은 불교에서는 참 많이 쓰는 말입니다. 진여와 동의어로는 '법성(法性)' '법신(法身)' '여래장(如來藏)' '불성(佛性)' 등이 있는데, 모두 진리의 대명사라고 보면 됩니다.

불교사전에서는 진여를 '여여(如如)' '여실(如實)'이라고 해석해 놓았는데, 대부분 '여여'를 '그대로'라고 번역하고 있습니다. 하지만 이것은 좀 추상적인 번역이고 '원래와 같다' '변함없이 똑같다'는 뜻이 근사치입니다. 그리고 '여실'이라는 말도 '사실 그대로' 또는 '있는 그대로'라는 뜻으로

'여여'와 같습니다.

'있는 그대로' 또는 '있는 그대로의 모습' 이란 모든 존재가 가지고 있는 각각의 모습 그 자체를 말합니다. 예컨대 나무는 푸른 것이 본색이고 물은 흐르는 것이 속성입니다. 사람은 평지에서, 새는 나무 위에 집을 짓고 삽니다. 그러나 물고기는 물속에서 삽니다. 이와 같은 자연의 법칙을 불교에서는 '사물의 참모습' 또는 '있는 그대로의 모습(如如, 如實)'이라고 합니다. '자연 그대로가 바로 진리의 모습' 이라는 뜻입니다.

'여여' '여실'을 다른 각도에서 설명하면 '불변(不變)'을 의미합니다. '변치 않음' '항상 그러함' 또는 '원래의 모습' 등을 뜻하는데, 진리란 변치 않아야지, 변하는 것은 진리가 아니기 때문입니다.

그렇다면 이 세상에 변치 않는 불변의 진리란 어떤 것이 있을까요? 무엇이 변치 않는 불변의 진리라고 말할 수 있을까요?

모든 현상과 존재의 진실한 모습은 나타난 현상 그대로입니다. 그것이 본모습이지만 그 존재의 귀결점은 결국 무상·무아·공(空)이라는 사실밖에 없습니다. 그것이 불변의 진리입니다.

모든 것은 생성과 소멸을 반복합니다. 변치 않는 것, 영원한 것은 아무것도 없습니다. 그래서 고타마 붓다는 연기의 법칙을 설했고, '무상' '무아'라고 정의했고, 나가르주나(용수)는 '공'이라고 정의했습니다.

《반야심경》의 가르침에서도 알 수 있듯이 '일체개공'은 불변의 법칙입니다. 그 법칙은 '불생(不生, 남도 없고)' '불멸(不滅, 멸함도 없고)'이고, '부증(不增, 더 많아지지도 않고)' '불감(不減, 줄어들지도 않음)'입니다. 그래서 진여(眞如)라고 합니다.

불교나 선을 이해하자면 무엇보다도 가장 중요한 것이 용어에 대한 개념을 확실하게 파악하는 것입니다. 진리(진여)의 세계는 언어 저편에 있지만, 그러나 언어를 통하지 않고는 진리의 세계를 설명할 수 없습니다.

그러므로 무상 · 무아 · 진여 · 공 · 불성 · 법성 · 법계 · 연기 · 중도 등 불교의 중요한 개념 20~30개 정도만 파악하면 모든 것은 다 이해할 수 있습니다.

만일 아무리 머리를 쥐어짜도 이해가 되지 않을 때는 우선 용어라도 잘 외워 두시기 바랍니다. 이해될 날이 반드시 올 것입니다.

법신

'법신(法身)'은 '보신(報身)' '화신(化身)'과 함께 부처님의 삼신(三身) 가운데 하나로서 '법신불'이라고도 합니다.

'법신'이나 '법신불'은 아주 많이 들어 본 말이지만 사실 이 말만큼 개념을 포착하기도, 설명을 하기도 어려운 말이 없을 것입니다. 법신에 대한 이해가 확실히 된다면 상당한 경지에 이르렀다고 해도 과언이 아닙니다.

'법신'의 어의(語義)는 '법을 핵심으로 한다.' 또는 '법을 몸통으로 한다.'는 뜻입니다. 법이 중심·핵심이 되고 있다면 그 나머지는 다 실체가 아니며, 허상에 지나지 않는다는 의미도 포함되어 있습니다. 여기서 '몸 신(身)'자는 육체를 의미하는 것이 아니고 '핵심' '알맹이'를 뜻합니다.

법신은 불교적 진리의 대명사입니다. '진리' 또는 '진리 그 자체'를 지칭하는 말로서 '진여' '법성(法性)' 등과 동의어입니다. 여기에 '불(佛)' 자를 붙여서 '법신불'이라고 하면, 그 뜻은 '진리불(眞理佛)' 또는 '진리가 주체가 된 부처님' '진리를 핵심으로 삼는 부처님'이라는 뜻입니다.

'법신'이라고 하면 부처님께서 깨달은 진리를 언어적으로 표현한 것이고 '법신불'이라고 하면 진리의 대명사인 법신을 인격화한 말입니다.

법신이나 법신불은 모두 '깨달음의 본체', '진리의 본체' '부처의 본체'를 가리킵니다. '모든 부처의 실체' 또는 '부처의 알맹이'라고 할 수 있습니다.

불교에서는 진리(법신)를 깨달으면 '부처가 되었다'고 합니다. '부처가 되었다'는 말은 바로 '깨달았다'는 뜻입니다. 우리가 석가모니 부처님을 '부처님'이라고 부르는 이유도 바로 그분이 진리를 깨달았기 때문입니다.

또 석가모니 부처님을 '화신불(化身佛)'이라고도 하는데, 그것은 법신 즉 진리를 깨달은 '법신의 화현(化現)'이라는 뜻입니다.

선
의

사
상
적

뿌
리

불성과 영혼

'불성(佛性)'이란 '깨달을 수 있는 '가능성' '속성' '자질' '바탕' '씨앗' 등을 뜻합니다. 붓다가 될 수 있는 '소질' '본성'을 뜻하며, 또는 여래(부처님, 깨달은 분)가 될 수 있는 씨앗을 간직하고 있다는 뜻에서 '여래장(如來藏)'이라고도 합니다.

일체중생은 누구를 막론하고 깨달을 수 있는 불성을 갖고 있다고 합니다. 누구나 다 불성을 갖고 있다는 말은 누구나 다 깨달을 수 있다는 뜻입니다. 지능지수나 빈부귀천에 관계없이 태생적으로 깨달을 수 있는 바탕을 갖고 태어난다는 뜻입니다. 그러므로 열심히 수행만 잘한다면 누구나 다 깨달을 수 있고 부처가 될 수 있는 것입니다.

이것을 '불성사상'이라고 합니다. 불성사상은 누구나 다 깨달을 수 있고, 깨달으면 부처님 같은 분이 될 수 있다는 개념으로서, 다른 종교에서는 찾아볼 수 없는 불교만의 특성이기도 합니다.

불성사상이 처음 등장하는 경전은 대승경전인 《대승열반경》입니다. 이 경전에서는 처음으로 "불신(佛身)은 입멸하지 않는다(佛身不滅=法身常住)."는 설과 함께 "미물을 포함한 일체중생에게는 다 불성이 있다(一切衆生 悉有佛性)."고 했습니다. 이 경전에 의하여 비로소 중생도 깨달아 부처가 될 수 있는 무한한 가능성을 발견하게 된 것입니다.

《대승열반경》에서는 불성을 다음과 같이 몇 가지로 정의하고 있습니다.

(1) 공(空)의 이치가 불성이다(空佛性說). ─일체개공의 이치를 깨닫는 것(《대승열반경》, 《대정장》 12권, p.523b).

(2) 연기(緣起)의 이치가 불성이다(緣起佛性說). ─연기의 이치를 깨닫는 것(같은 책, p.524a).

(3) 중도의 이치가 불성이다(中道佛性說). ─어디에도 치우치지 않는 중도의 이치를 깨닫는 것(같은 책, p.523b).

이상은 《열반경》에서 말하는 정의이므로 그 누구도 부인할 수 없습니다. 즉 '모든 것은 다 공하다'는 이치를 깨달아도 성불한 것이 되고, 모든 존재는 '이것이 있으므로 저것이 생기게 되었다'는 연기의 이치를 깨달아도 성불한 것이 됩니다. 또한 그 어디에도 치우치지 않는 '중도의 이치'를 깨달아도 성불한 것이 됩니다.

그리고 선에서는 앞의 세 가지 외에 하나를 더 추가하여 불성이란 '본래청정심(本來淸淨心, 본래 청정한 마음)'이라고 말하고 있습니다. 흔히 "마음이 곧 부처다(卽心是佛, 心卽是佛)." 또는 "마음 밖에 따로 부처가 없다(心外無佛)."는 말은 모두 '본래 청정한 마음(本來淸淨心)'이 곧 불성임을 가리키는 말입니다. 여기서 말하는 본래 깨끗한 마음이란 오염되지 않은 순수한 마음을 뜻합니다.

그런데 이상하게도 상당수의 불자들이 이와 같은 정의는 아랑곳하지 않고 불성과 영혼을 동일시하는 경우가 많습니다. 의외로 불성=영혼으로 보는 이들이 많습니다.

우리가 앞에서도 보았듯이 '불성'이란 바로 '각성(覺性)'으로서, '깨달을 수 있는 속성' '가능성' '자질' '바탕'을 뜻합니다. 그런데도 왜 영혼과 혼동 또는 동일시하는지 알 수 없습니다. 이것은 불교에 대한 기본적 지식이 부족한 탓이라고 봅니다.

이런 오류는 아마 불성에 대하여 설명할 때에 '깨달을 수 있는 속성'이나 '가능성' 또는 '자질'이나 '바탕' 등으로 설명하기보다는 추상적으로 "내 안에 있는 불성을 찾아라." "무엇이 보고 듣고 아는지 그놈을 찾아라." 또는 "불성은 모양도 색깔도 없고, 불에 타지도 않고 물에 젖지 않는다."는 표현이 영혼과 혼동하게 된 것이 아닌가 생각됩니다.

또 불성을 우리의 육체 속에 어떤 하나의 무형의 실체로서 존재하고 있는 것처럼 이해하는 것도 옳지 않습니다. 앞에서 보았듯이 《열반경》에서는 그 어디에도 불성을 영혼과 동일시하는 대목이 없습니다.

만일 영혼을 불성으로 본다면 불교에서 말하는 깨달음이란 결론적으로 영혼을 깨닫자는 것인데, 영혼의 어떤 점을 깨닫자는 것일까요? 영혼이 있는지 없는지, 아니면 영혼의 세계는 어떤 것인지, 그런 것을 깨닫자는 것밖에 더 될까요?

선방에서 하루 10여 시간 이상씩 참선을 하여 결국 그런 것을 깨닫자는 것이 되는데, 영혼의 세계를 깨달으면 열반의 경지를 얻는다는 것인가요? 영생불사(永生不死)라도 한다는 걸까요? 아니면 휴거가 일어나서 산 채로 하늘로 올라가기라도 할까요?

영혼이 있는지 없는지는 확언할 수는 없지만 불교에서 말하는 불성은 영혼과는 아무런 관련이 없습니다. 설사 영혼이 있다고 해도 '깨달을 수 있는 바탕'이나 '속성'을 뜻하는 불성과는 아무런 관련이 없습니다. 본질적으로 그 뜻이 다릅니다.

만일 영혼을 불성으로 본다면 부처님을 비롯한 달마 · 혜능 · 원효 등 역사상 위대한 고승들은 모두 다 고작해야 영혼의 세계를 깨달은 것에 불과하게 됩니다.

사실 영혼에 대해서는 누구보다도 무속인들이 더 잘 알고 있습니다. 그들은 신이나 영혼을 부리기도 한다고 합니다. 굳이 부처님 말씀이나 경전을 읽을 필요도 없이 그들을 찾아가 영혼의 세계에 대하여 묻는 것이 깨달음의 첩경이 될 것입니다. 고승의 법문이나 가르침을 받을 것 없이 그들을 찾아가 합장 배례하고 가르침을 청하는 것이 더 나을지도 모릅니다.

불성과 영혼을 동일시하는 이는 불교의 교리 · 사상 · 정신을 전혀 모르는 사람이라고 볼 수밖에 없습니다.

참고　관련 항목은 '열반' '공' '윤회와 해탈' '견성성불' '즉심시불' 등입니다.

윤회와 해탈

인간은 죽으면 어떻게 되는 걸까? 영혼도 육체와 함께 영영 사라질까, 아니면 영혼은 남아서 또다시 태어나게 될까?

사후에 대한 의문은 사람이라면 누구나 다 가질 수밖에 없는 주제입니다. 사후의 세계에 대해서는 현대에 이르기까지 수많은 철인(哲人)들이 탐구해 왔지만 아직 그 누구도 확언할 수 없는 미지의 세계입니다.

윤회와 해탈은 사실 고대 인도의 종교 철학에서 가장 많이 탐구했던 핵심 과제입니다.

인도인들은 인간은 죽으면 완전히 공허한 무(無)로 돌아가 버린다는 것을 좀처럼 납득하기 어려웠습니다. 초목도 봄이 오면 다시 소생하듯 인간도 무언가 영혼이라는 것이 남아서 다음 생을 되풀이할 것(윤회)이라고 믿었습니다. 생각을 거듭한 끝에 그들이 얻어 낸 결론은 '영혼은 절대 죽지 않는

다.'는 것이었습니다.

비록 육체는 죽어 없어져도 영혼은 남아서 언젠가는 다시 이 세상으로 되돌아온다고 생각했습니다. 이것이 동서양을 불문하고 아주 오랜 옛날부터 전해 내려왔던 윤회사상이며, 영혼불멸설입니다. 윤회사상은 인도의 모든 종교는 물론이고 불교를 비롯하여 이란의 조로아스터교, 그리고 희랍사상에도 정도의 차이는 있지만 모두 언급되어 있습니다.

인도에서 최초로 윤회 문제를 언급하고 있는 책은 초기 《우파니샤드》입니다. 이승에서 바르게 산 사람은 죽은 뒤에 화장을 하면, ①영혼은 연기(煙氣)를 타고 달 세계로 올라가 선업(善業)의 혜택을 누린 다음, ②비에 섞여 지상으로 내려와, ③곡식이나 채소나 등 음식물에 섞여, ④인간(남자)에게 섭취되어 정자(精子)가 되었다가, ⑤남녀관계에 의하여 다시 여성의 태내로 들어가 재생한다는 것입니다. 물론 악행을 많이 한 사람은 지옥이나 동물, 곤충 등으로 환생한다고 하지요. 이것을 '오화설(五火說)'이라고 부릅니다.

그런데 이 윤회사상을 액면 그대로 받아들일 때의 문제점은 인간을 비롯한 모든 생명체는 영원히 윤회의 구조에서 벗어날 수 없다는 것입니다. 설사 선행을 하여 인간이나 천상 세계에 태어나 한때 안락한 생활을 한다고 해도 언젠가는 또다시 죄를 짓고 지옥에 떨어지거나 축생이 될지 모르는 일이기 때문입니다. 구조적으로 삶과 죽음(윤회)이 되풀이 되는 윤회로부터 벗어날 수 없는 것입니다.

고대 인도의 철학과 종교의 과제는 생과 사(死)가 되풀이 되는 이 같은 구조적인 문제점을 해결하는 것[해탈]이었습니다. 이를 위하여 그들은 갖가지 지혜를 동원하여 사색을 거듭했습니다. 윤회에서 벗어나는 방법을 찾는 데 온 힘을 기울인 것입니다.

인도 힌두교의 성전(聖典)인 《우파니샤드》에서는 윤회에서 벗어나는 방법 즉 해탈의 방법으로서 브라흐만과 아트만의 본질이 동일함을 깨닫는 것이었습니다. 우주의 원리이자 주재자인 브라흐만과, 개체의 주재자인 아트만이 합일하면 윤회로부터 벗어난다는 것입니다. 이것을 힌두교에서는 '해탈'이라고 합니다. 그 방법은 '삼매'라고 하여 신체, 감각기관 등 모든 욕망을 컨트롤하여 명상(요가)을 통해 신심을 통일하고 오로지 브라흐만과 아트만에 집중하는 것입니다.

그리고 시바나 비시누 등 최고신을 내세우는 인도의 여러 학파에서는 '해탈'이란 그들이 생각하는 최고의 신(神)과 하나가 되는 것이라고 했습니다.

또 자이나교에서는 윤회로부터 벗어나려면 모든 업이 다 소멸되어야 한다고 했습니다. 과거 전생에서부터 쌓인 모든 업(業)이 다 소멸되어 버리면 다람쥐 쳇바퀴 같은 윤회로부터 벗어날 수 있다(해탈)는 것입니다. 그들은 그 방법으로 모진 고행을 실천함으로써 업장이 모두 소멸된다고 생각했습니다.

불교에서 말하는 윤회에 대한 해탈의 정의는 두 가지입니다.

하나는 앞에서 설명한 인도 일반의 윤회관이나 해탈관과 같이 물리적인 윤회, 즉 실존하는 생사윤회로부터 벗어나는 것을 말하고, 다른 하나는 정신적인 괴로움의 연속(즉 윤회)으로부터 벗어나는 것을 해탈이라고 합니다. 이 가운데 부처님께서 역설하신 것은 정신적 해탈로서 '모든 번뇌의 속박과 괴로움으로부터 벗어남'을 뜻합니다.

그러면 어떠한 방법으로 벗어날 수 있을까요? 벗어나는 방법에도 두 가지가 있습니다.

첫째, 수행을 하여 깨달으면 윤회의 굴레에서 영원히 벗어날 수 있다고 합니다. 수행을 통해 정신적인 윤회(괴로움의 연속)와 물리적인 윤회를 모두 벗어날 수 있다(해탈)는 것입니다.

두 번째는 전생에 지은 업이 모두 다 소멸되면 윤회로부터 벗어날 수 있다고 합니다. 이것은 단순히 물리적인 윤회로부터의 해탈로서 자이나교의 업장소멸론과 똑같습니다. 그런데 첫 번째 방법(깨닫는 것)은 영원히 윤회의 고리에서 벗어날 수 있지만, 두 번째 방법(업장소멸)은 선악의 업에 따라 지옥·아귀·축생·천상·인간·아수라 등 여섯 가지 (육도) 세계를 끊임없이 윤회한다고 합니다.

그렇다면 선(禪)의 해탈관은 어떨까요? 선의 해탈관은 번뇌 망상으로부터 벗어나는 것을 '해탈'이라고 합니다. 번뇌·괴로움 등 정신적인 윤회로부터 벗어나는 것을 뜻합니다. 수행을 통해 번뇌 망상 등을 제거하여 지극히 안온한 마음 상태를 얻는 것, 집착으로부터 벗어나는 것, 심적(心的)인 고통으로부터 벗어나는 것을 해탈했다고 표현합니다. 선에서 말하는 '생사윤회로부터 해탈'이란 바로 이것을 뜻합니다.

간화선에서는 그 방법으로 화두를 참구해야 한다고 말합니다. 하나의 화두에 집중(몰입)하여 모든 번뇌를 단절시키면 깨달음을 이루고 깨달음을 이루면 번뇌의 윤회로부터 해탈한다고 말하고 있습니다.

초기불전인 《자타카(전생 이야기)》 등 수많은 전생담에서도 볼 수 있듯이, 인도에서 부처가 되려면 수천 년 동안 태어남과 죽음을 되풀이하면서 수행해야 한다고 합니다. 생사윤회를 되풀이하면서 한 걸음 한 걸음 부처의 경지에 다가가서 500생 만에 드디어 부처가 된다는 것입니다. 상상도 할 수 없는 무한한 시간입니다.

　그러나 선에서는 당장에, 지금 이 자리에서, 또는 아무리 늦어도 금생에 반드시 깨달아서 '번뇌 망념이 생멸하는 정신적 윤회', '물리적인 윤회'로부터 해탈해야 한다고 합니다. 수 없는 생을 돌고 돌면서 죽고 살기를 반복할 것이 아니라, 금생에 깨달아서 윤회의 고리를 끊어 버리자는 것입니다. 과감한 '운명 뒤바꾸기 작업'이라고 할 수 있을까요? 이것이 선의 해탈관입니다.

　해탈은 심신(心身)의 자유이고 열반은 심신의 평화입니다.

참고 관련 항목은 '열반' '깨달음' 입니다.

4장

선 수행의 방법

좌선과 참선

'좌선(坐禪)'과 '참선(參禪)'은 같은 말일까요, 다른 말일까요?

먼저 좌선은 '앉아서 선(명상)을 하다'라는 뜻으로 결가부좌나 반가부좌 자세로 명상하는 것을 뜻하고, 참선은 '선(禪, 명상)에 들어가다' '선을 참구(參究)하다'라는 뜻으로 하나의 주제에 정신을 집중시키는 것을 뜻합니다. 좌선과 참선은 거의 같은 말인데 굳이 구분한다면 좌선은 앉아서 명상하는 것이고, 참선은 자세와 관계없이 명상하는 것이라고 할 수 있습니다.

좌선이나 참선은 모두 정신을 집중 · 몰입하는 삼매를 통하여 깨달음에 이르는 방법입니다. 삼매를 통하여 번뇌와 망상을 제거함과 동시에 본래 깨끗했던 마음(불성)과 지혜를 터득하는 것입니다. 분별의 세계로부터 무분별의 세계로,

중생의 세계로부터 부처의 세계로 들어가는 것입니다. 다만 정신을 어디에 두고 무엇을 집중하느냐, 그것은 각각의 수행법마다 조금씩 차이가 있습니다.

인도 초기불교에서 좌선은, 모든 것은 무상하고 무아임을 관찰하는 것입니다. 무상과 무아의 확인을 통하여 욕망(貪)·분노(瞋)·어리석음(痴)을 제거하여 마음의 평온을 찾는 것입니다. 그 외에도 호흡·죽음·자애 등 명상의 주제는 10여 가지가 됩니다.

인도 대승불교에서는 명상을 통하여 일체는 공(空)임을 깨닫는 것이었고, 중관철학에서는 중도를, 유식학에서는 모든 것은 심의식(心意識)의 작용임을 깨닫는 것이었습니다.

중국 선불교의 조사선이나 묵조선에서는 '지관타좌(只管打坐)'라고 하여 오직 가부좌하고 앉아서 삼매를 통하여 마음을 고요하게 하여 자신의 본래 청정한 마음을 통찰하는 것이었습니다.

그리고 간화선에서는 '무' '간시궐' '마삼근' 등 화두삼매를 통하여 깨달음에 이르는 방법을 택하고 있는데, 이것이 오늘날 우리나라에서 주로 수행하고 있는 선법입니다. 이 역시 자신의 본래 청정한 마음을 통찰하는 것입니다.

참선이나 좌선은 방법만 알면 혼자서도 충분히 할 수 있습니다. 그러나 혼자 수행한다는 것은 안목이 탁월하지 않으면 어렵기 때문에 처음에는 훌륭한 선지식이나 스승을 찾아가서 지도를 받는 것이 좋습니다. 선에 대한 지식도 없이 혼자서 참선을 하면 이상한 신비주의 같은 데로 흐르게 됩니다.

사실 오늘날 우리나라에서 선을 한다는 사람들 가운데 상당수는 선의 본래 목적과 수행 방법을 잘 모른 채 인도의 요가나 단전호흡, 기공, 양생술 등 도교적 수행과 혼동하는 사례가 많습니다.

참선수행(간화선)의 목적은 신체적 단련에 있는 것이 아니라, 화두참구를 통하여 번뇌와 망상 등 욕망을 제거하여 무집착, 무소유의 전인적인 인격을 완성하는 데 있습니다. 참선을 통하여 일체는 무자성, 공(空)임을 인식함과 동시에 자기 자신이 본래 부처였음을 확인하는 것입니다. 중도, 무집착을 실천하여 번뇌에서 해탈한 자유인이 되자는 것이 그 목적입니다.

참선이나 좌선을 할 때에는 먼저 반가부좌나 결가부좌 자세로 앉아서 호흡을 조절한 뒤에 허리를 쭉 펴고 등골을 바로 세웁니다. 그러고는 마음을 편안히 하고 정신을 곧게 세워 화두를 참구합니다. 처음에는 화두가 제대로 들리지 않지만 "왜 무일까?" "왜 마삼근일까?" 하고 의문사를 던지다 보면 점점 마음이 그곳에 집중하게 됩니다. 머리에 번뇌 망상이 끼어들 틈이 없게 되는 것입니다.

참선이나 좌선을 하면 우선 마음이 평온해지고 맑아집니다. 설사 화두를 제대로 들지(참구) 못한다고 해도 최소한 자기 자신을 돌아보는 시간적 여유를 갖게 됩니다. 욕망과 출세, 돈을 위하여 앞만 보고 달려왔던 자신의 존재에 대하여 "왜 사는가?"라는 강한 의문사를 던지게 됩니다. 자기 자신에 대하여 사색하는 기회를 갖게 되는데 그것이 발전하면 선으로 연결되는 것입니다.

참선은 일상생활 중 언제 어디서든 할 수 있으며, 어떤 방법이든 무방합니다. 그러나 앉아서 하는 것이 가장 좋기 때문에 좌선을 택합니다.

마음이 복잡할 때엔 만사를 제쳐 두고 묵묵히 좌선을 통하여 세상사를 잊어버리는 것입니다. 목계(木鷄, 나무 닭)나 반롱(半聾, 반귀머거리)이 되는 것입니다.

참고 관련 항목은 '좌선의 방법' '선의 의미' '삼매' 등입니다.

좌선의 방법

1. 환경과 장소

첫째, 가능하면 환경이 조용하고 아늑해서 마음 놓고 좌선할 수 있는 곳이 좋습니다.

둘째, 될 수 있는 대로 외부의 소음 즉 노랫소리, 이야기 소리 등 소리가 일절 들리지 않는 곳이 좋습니다.

셋째, 좌선 도중에 사람들이 출입할 염려가 없는 곳, 눈앞에 여러 가지 물건이 널려 있지 않은 곳이 좋습니다. 사람이 자주 출입하고 눈앞에 물건이 놓여 있으면 집중할 수 없기 때문입니다.

넷째, 등불을 너무 밝거나 어둡지 않게 조정하십시오. 너무 밝으면 눈이 피로하고 어두우면 졸음이 오기 때문입니다.

다섯째, 방 안은 덥지도 춥지도 않아야 합니다. 더우면 공기가 탁해서 잠이 오고, 추우면 추운 데 신경이 뺏기기 때문입니다. 그러나 더운 것보다는 좀 추운 것이 낫습니다.

2. 음식과 몸 관리

첫째, 잠이 부족할 때나 극도로 피로할 때, 술을 마셨을 때는 참선을 피해야 합니다. 앉아 있어 봐야 잠이 올 가능성이 크기 때문입니다.

둘째, 음식을 너무 많이 먹었을 때, 배가 고플 때는 피해야 합니다. 포식한 후 좌선을 하면 위장병 등의 발병 원인이 되고, 배가 고프면 배고픔에 신경이 가서 방해가 되기 때문입니다.

음식은 70~80퍼센트 정도만 섭취해야 합니다. 배가 부르면 졸음이 오고 소화도 잘 안 되고 속도 거북하기 마련입니다. 일상생활에서도 배가 부르면 속이 답답한데, 더구나 좌선할 때 속이 불편하면 앉아 있을 수가 없습니다. 또 가능한 한 소화가 잘되는 음식이 좋습니다. 채식을 하면 정신도 맑아지고 위장에 부담을 주지 않습니다.

143

선 수 행 의 방 법

셋째, 식후에는 충분한 휴식을 취한 후 좌선에 들어가야 합니다. 최소한 1시간 정도 지난 뒤에 좌선하는 것이 좋습니다.

넷째, 옷은 아주 편안한 옷이라야 합니다. 좌선을 하는 데는 통이 넓은 한복이 가장 좋습니다. 너무 두꺼운 옷은 좋지 않으며, 허리끈은 꼭 조이지 않고 여유 있게 매야 합니다. 집에서 참선을 할 때는 가장 간편하고 편안한 옷을 고르면 됩니다.

3. 몸을 바로 잡는 법

첫째, 좌선에 알맞은 자세를 잡기 위하여 준비운동을 합니다.

둘째, 앉은 채로 상체를 천천히 좌우로 흔들어서 허리 운동을 합니다. 그다음엔 상체를 앞뒤로 흔듭니다. 처음에는 머리가 바닥에 닿을 정도로 흔들다가 점차로 약하게 흔듭니다. 중심에 오면 천천히 조용히 멈춥니다.

셋째, 머리에서부터 목의 근육, 양어깨 순서로 힘을 빼며 내려가서, 마지막에는 몸의 어느 부분에도 힘을 주어서는 안 됩니다. 다만 단전(배꼽 아랫부분)에는 기운을 좀 주십시오. 보통 단전에 힘을 주라고 합니다. 그러나 너무 억지로 많은 힘을 주면 좋지 않습니다.

4. 좌선할 때에 앉는 법

첫째, 길이가 1미터 이상 되는 참선용 방석(좌복)을 한 장 깔고 그중 3분의 1 정도를 접어서 엉덩이에 받칩니다. 큰 좌복이 없을 때에는 좌복 두 개를 구해다가 하나는 깔고 하나

는 접어서 엉덩이에 받치면 됩니다. 그러면 뒤가 약간 더 높아서 좌선하기에 좋습니다. 그런 다음 허리를 곧게 펴십시오. 허리가 구부러지면 허리병도 생기고 오래 앉아 있을 수도 없습니다. 좌복의 뒤가 높으면 저절로 허리가 잘 펴집니다. 높이는 적당히 조절하십시오.

그다음에는 결가부좌와 반가부좌 중에서 하나를 택하면 됩니다.

결가부좌는 다리를 영어의 X 자 모양으로 하는데, 두 다리를 X 자 모양으로 만들자면 먼저 오른쪽 다리를 들어 안으로 당겨서 왼쪽 다리 위에 올려놓습니다. 그러고는 왼쪽 다리를 들어 안으로 당겨서 오른쪽 다리 위에 올려놓으면 양쪽 다리가 X 자 모양이 됩니다.

결가부좌를 하면 앞뒤 좌우 어느 쪽으로도 쏠리거나 넘어지지 않아서 좋은데, 문제는 10대, 20대 때부터 늘 결가부좌를 해 왔다면 몰라도 50대 이후에는 뼈가 굳어서 이 자세로 참선하기가 거의 불가능합니다. 자칫 무릎 관절에 큰 상처를 입어서 관절염의 원인이 되는 때도 많습니다. 실제 선방에서도 결가부좌 상태로 계속 좌선하는 예는 거의 없습니다.

반가부좌는 똑바로 앉아서 왼다리를 오른쪽 허벅지 위에 올려놓는 자세입니다. 이렇게 하는 것이 반가부좌의 정식 자세지만 반대로 오른쪽 다리를 왼쪽 허벅지 위에 올려놓아도 관계없습니다. 좌선 도중 다리가 아플 때는 오른쪽 다리와 왼쪽 다리의 위치를 번갈아 가며 바꿔 앉아도 좋습니다. 좌선하기에 좋은 자세, 가장 무난한 자세가 반가부좌입니다.

결가부좌나 반가부좌를 할 때에는 반드시 두 무릎이 바닥(좌복)에 닿아야 합니다. 무릎이 바닥에 닿지 않으면 자세가 안정되지 않기 때문입니다. 다음은 엉덩이가 좀 밖으로 나오도록 허리를 쭉 펴고 상체를 똑바로 세워야 합니다. 두 무릎과 청량골(등뼈의 끝 부분)이 바닥에 닿게 되면 피라미드 꼴이 됩니다. 이것이 가장 좋은 좌법입니다.

5. 손

먼저 왼손을 오른손 위에 얹습니다. 그리고 양 엄지손가락을 살며시 맞대어서 연결한 다음 아랫배 쪽으로 끌어당깁니다. 맞댄 양 엄지손가락이 배꼽과 일직선이 되게 해야 합니다. 양 엄지손가락이 떨어지지 않게 맞대고 있으면 첫째는 정신이 흐트러지지 않고 두 번째는 졸음을 막는 역할을 합니다. 또 몸이 좌우로 기우는 것을 막는 역할도 합니다. 그러나 두 손을 모아서 자연스럽게 해도 관계없고 두 손을 벌려서 무릎 위에 올려놓아도 무방합니다. 여하튼 자신이 정신을 집중하기에 가장 좋은 자세면 됩니다.

6. 눈

눈은 너무 크게 뜨지도, 너무 작게 뜨지도 말아야 합니다. 눈을 크게 뜨면 시야에 보이는 것이 많아서 정신이 집중되지 않고, 작게 뜨거나 감으면 잠이 옵니다. 눈을 반 정도만 뜨고 시선은 앞 50센티에서 1미터 사이의 방바닥에 자연스럽게 던져둡니다. 그리고 나서 화두를 참구하는 사람은 화두를 참구하고 위빠사나 수행을 하는 사람은 위빠사나 수행을 하면 됩니다.

좌선의 방법을 기록한 《좌선의(坐禪儀)》에는 "눈을 반쯤 떠서 졸음을 피하라(目須微開 免致昏睡)."고 권하고 있습니다. 또 좌선 도중 눈을 감는 것은 잘못된 것이라고 비판하고 있는데 그것은 잠이 오기 때문입니다. 졸음이 오면 무기력한 상태가 되고 정신이 멍해지는데 그것을 '혼침(昏沈)'이라고 합니다. 좌선에서는 아주 금기시하는 사항입니다.

7. 입

입은 굳게 다물고 아랫니와 윗니를 맞물어 사이가 벌어지지 않도록 합니다.

8. 호흡 조절

좌선에서 호흡은 무엇보다도 중요합니다. 마음이 안정되

려면 먼저 호흡이 조절되어야 합니다. 호흡은 아주 조용하고 가늘게 해야 합니다. 호흡이 짧거나 거칠어도 정신 집중이 되지 않습니다. 호흡을 할 때에는 아랫배 즉 단전까지 내려가도록 합니다. 그래야 호흡이 길어서 정신 집중이 잘됩니다. 숨을 쉬고 있는지, 쉬지 않고 있는지 분간할 수 없을 정도가 되어야 합니다. 좌선에서 마음의 안정, 정신 집중 여부는 호흡 조절에 달렸습니다.

9. 경행하는 법

경행(經行)이란 오래도록 좌선을 하여 피로했을 때, 또는 몹시 잠이 올 때 일어나서 걷는 것을 말합니다.

걸을 때는 시선을 직선으로 하지 말고 아래로 좀 내리는 것이 좋고, 호흡은 한 호흡에 두 걸음 정도가 좋습니다. 조용히 걷되 몸을 좌우로 흔들어서는 안 됩니다. 호흡과 걸음이 엇박자가 나지 않도록 걸어야 편합니다.

경행할 때엔 손이 너무 내려가지 않도록 아랫배쯤에서 두 손을 마주 잡습니다. 마주 잡는 법은 좌우 팔을 몸 앞쪽으로 당기고 왼손을 오른쪽 손바닥 안에 넣으면 됩니다. 여럿이 좌선할 때에는 자신만 혼자서 단독으로 경행해서는 안 됩니다. 또한 경행 시간에는 가능한 한 잡담을 하지 말아야 합니다. 잡담을 하면 정신이 흩어지고 화두가 이어지지 않기 때문입니다.

10. 좌선을 마칠 때

좌선을 마치고 일어설 때는 천천히 일어서야 합니다. 갑자기 일어서면 건강에 나쁜 영향을 주기 때문입니다. 좌선을 마쳤다고 해서 화두를 완전히 놓는 일은 없어야 합니다. 좌선할 때처럼 집중은 하지 못한다고 해도 여전히 화두의 끈을 붙들고 있어야 합니다. 이렇게 계속 유지해야만 다음 시간에 별다른 마음의 준비 없이도 곧바로 화두를 참구할 수 있습니다. 항상 머리에서 화두가 떠나지 않아야 합니다. 면면히 이어져야만 좋은 효과를 볼 수 있습니다.

11. 좌선의 시간

현재 우리나라 선원에서 하루 좌선 시간은 보통 8시간에서 12시간 정도입니다. 새벽 3시에 일어나서 죽비 3배로 예불을 한 다음 3시 30분부터 5시30분까지 좌선합니다. 아침 공양 후에는 오전 8시에서 11시까지, 점심 공양 후에는 오후 2시부터 5시까지 합니다. 저녁 공양 후에는 저녁 7시부터 9시까지입니다. 대략 하루에 적게는 8시간에서 많게는 12시간까지 좌선합니다. 선원에 따라 조금씩 차이가 있으며 동안거, 하안거 때도 시간을 조정합니다.

선 수 행 의 방 법

선원에서 좌선하는 시간은 앞에서 보았듯이 하루에 네 번입니다. 한 번에 약 50분 정도 앉고 10분가량 걷습니다. 걷는 것을 '포행' 또는 '경행'이라고 합니다.

혼자 좌선할 때도 대략 40분 좌선, 10분 정도 경행이 좋습니다. 더 앉아 있어도 관계없지만 1시간 이상을 초과하면 초점이 흐려지기 마련입니다. 잠시 쉬었다가 하는 것이 더 효과적입니다.

좌선은 날마다 꾸준히 하는 편이 좋습니다. 시간의 길고 짧음보다는 얼마나 화두에 집중하느냐, 얼마나 정신이 맑은 상태에서 화두를 참구하느냐가 더 중요합니다.

12. 기타 주의 사항

첫째, 정해진 시간에 일정한 장소에서 좌선하는 습관을 길러야 합니다. 정해진 시간과 정해진 장소에서 참선을 하게 되면 마음이 안정되어 화두참구(정신 집중)가 더 잘되고 응집력도 더욱 강해집니다.

둘째, 가능한 한 텔레비전이나 비디오 또는 신문이나 잡지 등은 보지 말아야 합니다. 참선을 하면 여섯 가지 감각기관에 남아 있는 사물의 잔영(殘影)들이 하나둘씩 지워지게 되는데, 텔레비전이나 비디오 등을 보면 이 사물의 잔영이 더 쌓이게 됩니다. 그렇게 되면 선 공부는 자연히 뒤로 처지거나 제자리걸음을 할 수밖에 없습니다.

셋째, 너무 나태해도 안 되지만 그렇다고 조급한 마음도 갖지 말아야 합니다. 나태하면 무기력해지고 조급하면 상기증(上氣症, 머리 위로 열이 올라와 머리가 아픈 증세)이 생깁니다. 선원에는 '상기병'이라는 것이 있는데 이것은 화두를 너무 강하게 들거나 조급증을 갖게 되면 일어나는 병을 말합니다. 의학적으로 말하자면 머리가 아픈 고질적 두통인데, 이것은 좌선을 잘못한 결과입니다.

넷째, 지나치게 좌선의 좌법과 규칙, 형식에 얽매여도 안 되지만 그렇다고 규칙을 무시해서도 안 됩니다. 대중처소에서 규칙을 지키지 않으면 타인의 수행에 피해를 줍니다. 혼자 참선할 때에도 규칙을 지키는 것이 좋습니다.

기타 '화두의 역할과 기능' '화두를 참구하는 방법' '선병(禪病)' '경계(境界)' '마(魔)' 등에 대해서는 관련 항목에서 자세히 설명해 놓았습니다. 이것은 참선을 하기 전에 반드시 숙지해야 할 사항들입니다.

참고   '좌선의 방법'은 석지현 지음 《선》(민족사)에서 상당 부분 참고 인용했음.

5장

선의 종류

여래선

'여래선(如來禪)'이란 '여래의 말씀' 즉 '부처님이 설한 경전에 의거하여 깨닫는 선'이라는 뜻입니다. 다른 말로는 '여래청정선(如來淸淨禪)' 또는 '최상승선(最上乘禪)'이라고도 합니다.

여래선은 자신의 마음이 본래 청정하여 번뇌가 없으며, 이 마음이 본래 부처(진리)와 다름이 없다는 이치를 깨닫는 선 공부법입니다. 따라서 그 지향하는 바는 조사선이나 묵조선, 간화선과 별 차이가 없습니다.

여래선을 '의리선(義理禪)'이라고도 합니다. '의리선'이란 학문적·교학적, 또는 언어적·논리적인 방법을 통하여 이해하는 선이라는 뜻입니다. 경전이나 언어문자, 뜻풀이 등에 의존하여 이해하는 선이라는 뜻인데, 이와 같은 정의는 후대에 성립한 조사선과 간화선 쪽에서 내린 정의로서 종래의 선을 폄하하기 위한 의도가 강합니다.

하여튼 조사선과 간화선에서는 종래의 선을 '여래선'이라고 명명했고, 실참보다는 교리에 의거하여 이치로 이해하는 선이라고 규정했습니다. 문자나 뜻풀이에 얽매여 있다고 비판한 것입니다.

조사선

　조사선(祖師禪)에서 '조사(祖師)'라는 말은 보리달마 (?~528 혹은 536)를 가리킵니다. 달마조사가 처음 중국에 선을 들여왔기 때문에 그를 '조사'라고 지칭하게 된 것입니다. 표면적으로는 '달마의 선'이라는 뜻을 갖고 있지만 역사적으로 본다면 달마와는 큰 관련이 없습니다.

　조사선은 육조혜능(639~713) 때부터 시작되고 있지만, 조사선 사상을 구체적으로 확립시킨 사람은 혜능의 손제자인 마조도일(馬祖道一, 709~788) 선사입니다. 그 후 백장(749~814), 황벽(?~850), 임제(?~867) 등에 의하여 크게 발전했습니다. 이 시대를 조사선의 전성기라고 할 수 있습니다.

　조사선은 경전보다는 육조혜능 등 역대 선종 조사들이 남긴 말씀과 어록(《육조단경》 등)을 중시합니다. 경전이나 언어문자 등에 얽매이지 않고 곧바로 '자신의 마음이 부처임'을 깨닫는 선법입니다.

　조사선에서는 언어문자(경전)를 무시, 혹은 경시했는데 그 대표적인 말이 바로 '불립문자(不立文字) 교외별전(敎外別傳) 직지인심(直指人心) 견성성불(見性成佛)'입니다. 즉 "선은 불법의 진수로서 언어문자나 경전(敎)에는 없는 것이다. 경전 밖에 별도로 전해 오는 진리로서 곧바로 인간의 마음을 직시하여 견성성불하게 한다."는 것입니다.

이것을 간단하게 요약하면 '네 마음이 곧 부처(卽心是佛)'라는 뜻입니다.

조사선을 상징하는 말 가운데 '평상적인 마음이 바로 진리(平常心是道)'라는 말이 있습니다.

'평상심'이란 '평상적인 마음'이라는 뜻이지만 여기서 말하는 '평상적인 마음'이란 다름 아닌 '번뇌 망상이 없는 마음' '차별과 분별이 없는 마음' '집착 없는 마음' 입니다.

참고로 조사선에서는 화두를 들지 않습니다. 화두 없이 묵묵히 좌선을 통하여 마음을 쉬어 자기 자신이 본래 깨달은 존재(부처)임을 자각합니다. 불성을 갖고 있는 부처임을 인식하는 것입니다.

참고 관련 항목은 '여래선' '묵조선' '간화선' '즉심시불' '평상심시도' 등입니다.

간화선

'무' '간시궐' '마삼근' '정전백수자' 등 화두참구를 통하여 깨달음에 이르는 선 공부법을 '간화선(看話禪)' 또는 '화두선(話頭禪)'이라고 합니다.

간화선은 1130년경 중국 송대의 유명한 선승 대혜(大慧, 1089~1163) 선사에 의해 성립되었습니다. 그 이전엔 중국의 '전통적인 선'이라고 할 수 있는 조사선이 있었고 동시대에는 굉지정각(1091~1157) 선사가 만든 묵조선이 있었습니다.

간화선에서 '간(看)'은 '주시하다' '참구하다'는 뜻이고, '화(話)'는 '화두(話頭)'를 가리킵니다. 즉 '화두를 참구한다(看話)'는 뜻입니다. '참구한다'는 말은 '탐구한다'는 뜻인데 그 방법이 요즘처럼 분석·분별적인 것이 아니라, 그와 정반대로 무분별 즉 직관적인 방법으로 참구하는 것입니다(자세한 것은 '화두를 참구하는 방법' '화두의 역할과 기능' 등을 참고하십시오.).

간화선의 완성자인 대혜 선사는 자신의 편지글 《서장》에서 "일체의 사량분별심과 차별심을 버리고 오로지 그곳에서 무자화두를 참구하라."고 말하고 있습니다. 또 "무자화두를 참구할 때에는 '있다' '없다'의 상대적인 '무'로 생각하거나 참으로 없는 '무'로 생각하거나 현묘한 이치나 심오한 도리가 들어 있는 '무'로 생각하지 마라."고 합니다.

뿐만 아니라 "머리를 굴려서 갖가지로 억측하거나 천착하지도 말고, 일체의 언어문자나 사량분별심을 버리고 오로지 무 자만 생각하라."고 말하고 있습니다.

화두참구를 통하여 분별 망상을 버리고 근원적인 자기의

본래심 즉 본래 청정한 마음(불성)을 깨닫도록 가르치고 있습니다.

간화선은 중국에서 생긴 지 약 60~70년 후 우리나라에 들어왔습니다. 고려 때 선승 보조국사 지눌(1158~1210)이 선수행의 중요한 방법으로 도입했는데, 그 후 진각 · 나옹 · 태고, 서산 · 경허 · 한암 등 여러 선승들이 계승 · 발전시켰습니다.

간화선은 오늘날 한국불교의 정체성이라고도 할 수 있습니다.

참고 관련 항목은 '조사선' '여래선' '묵조선' '화두와 공안' '화두의 역할과 기능' '화두를 참구하는 방법' '사구와 활구' 등입니다.

묵 조 선

'묵조선(默照禪)'에서 '묵(默)'은 묵묵히 말을 잊고 모든 번뇌와 망상을 끊은 채 마음을 오롯이 하여 좌선하는 것을 뜻하며, '조(照)'는 지혜로써 본래 깨끗한 마음(本來淸淨心)을 관조함을 뜻합니다.

묵조선은 중국 송대의 선승 굉지정각(宏智正覺, 1091~1157) 선사에 의해 성립되었습니다. 묵조선은 중국 전통선인 조사선과 같이 참선할 때 화두를 사용하지 않습니다. 앞에서 설명한 바와 같이 그냥 묵묵히 앉아서 모든 생각을 끊고 본래 청정한 자신의 마음(本來淸淨心)을 관조하는 방법을 통하여 깨달음에 이르는 선 공부법입니다. '오로지 묵묵히 앉아 있는다.'고 하여 '지관타좌(只管打坐)'라고 하는데 명칭만 다를 뿐 조사선과 차이가 없습니다.

비슷한 시기에 대혜종고 선사에 의해 성립한 간화선은 화두참구를 통하여 깨닫는 선법이었습니다. 묵조선(화두 없음)과 간화선(화두참구)은 수행 방법상의 차이로 인하여 심하게 싸웠습니다.

간화선의 대표자 대혜 선사는 묵묵히 앉아만 있는 방법으로는 깨달을 수 없다고 하여 "묵조는 삿된 선(默照邪禪)이다." "묵조는 빈둥빈둥 놀기만 하는 무사선(無事禪)이다." 또는 "싸늘한 재처럼 아무런 지혜 작용이 없는 고목사회선(枯木死灰禪)이다." "어리석은 선(痴禪)이다." "맹목적인 선(盲禪)이다." 등등 강하게 비판했습니다.

이러한 비판에 대해 굉지정각 선사는 "간화선은 깨달음을 기다리는 대오선(待悟禪)이다." "공안(화두)과 깨달음에 얽매여 있다."라고 비판했습니다.

또 그는 '묵조명(默照銘)'이라는 글을 지어 "묵조선만이 지혜 작용을 활발하게 할 수 있으며, 자연스럽게 마음의 근본을 꿰뚫어 비출 수 있게 하는 것으로 부처와 조사들이 전해 온 참된 선법"이라고 주장했습니다.

또 그는 "묵조선의 수행법은 마음을 '무심(無心, 무번뇌심, 무분별심)' '무사(無事, 무번뇌사)'하게 하는 것이다." "담담하고 묵묵히 좌선에 전념하는 그 모습이 바로 선이다." 또는 "일체의 사량분별을 뛰어넘어 묵묵히 좌선하면 저절로 불성(자성, 본성)이 드러난다."고 했습니다.

'묵묵히 앉아 있는 그 자체가 바로 선'이라는 말에서 알 수 있듯, 묵조선은 번뇌 망상이 없는 무심한 상태가 바로 깨달음이고 선이라고 했으며, 조용하고 사색적이며 개인주의적이며 시적(詩的)이며 문학적이었습니다.

반대로 간화선에서는 깨닫기 위해서는 반드시 화두가 있어야 한다는 것이었고, 와일드하고 적극적이었습니다. 문자와 지식, 지성을 부정했고 무심과 무사를 강하게 비판했습니다.

묵조선을 '조동선(曹洞禪)'이라고도 하는데 오늘날 한국에는 없고 중국, 일본에만 남아 있습니다. 고려 중기에 잠시 들어왔다가 간화선에 밀려 뿌리를 내리지 못했습니다.

남종선과 북종선

선의 초조(初祖)는 잘 아는 바와 같이 보리달마(?~528?)입니다. 달마 이후 그의 선맥은 2조 혜가, 3조 승찬, 4조 도신, 5조 홍인(弘忍, 601~674) 때까지는 하나의 계통이었습니다.

그런데 5조 홍인 선사 때에 이르러 신수와 혜능 두 제자에 의하여 남종선(南宗禪)과 북종선(北宗禪)으로 갈라졌습니다. 남종선의 대표자는 육조혜능(六祖慧能, 638~713)이었고 북종선의 대표자는 대통신수(大通神秀, 606~706)였습니다. 혜능은 양자강 남쪽(강남)에서 활동했기 때문에 '남종선'이라고 했고, 신수는 양자강 북쪽 즉 당시 수도인 낙양에서 활동했기 때문에 '북종선'이라고 했습니다.

남종선과 북종선의 사상적인 차이는 돈오(頓悟)와 점수(漸修)에 있습니다. 돈오란 한 번에 모두 깨달아 마친다는 뜻이고, 점수는 점진적으로 수행하여 깨닫는다는 뜻입니다. 남종선은 돈오를 지향했고 북종선은 점수를 지향했는데, 이와 같은 사상적인 차이로 인하여 결국 두 갈래로 나누어지게 된 것입니다.

이후 북종선은 별로 발전하지 못했으나 남종선은 혜능 선사의 후계자인 청원행사, 남악회양, 하택신회 그리고 석두희천, 마조도일, 백장선사, 황벽, 임제 등 유명한 선승들이 속속 배출되면서 중국선을 휩쓸게 되었습니다.

원래 이 돈오 사상은 육조혜능보다 300년 정도 앞서 활동했던 도생(道生, 355~433) 스님이 처음으로 주장했습니다. 그는 〈돈오성불론〉이라는 글에서 종래의 수행 방법인 점수를 비판하면서 돈오를 주장했습니다. 그러나 그 당시는 호응을 얻지 못했습니다. 오히려 배척을 받았습니다.

그 후 혜능 선사 이전까지는 차츰차츰 닦아서 깨달음의 극처에 도달한다는 점수(漸修)가 대세였는데, 혜능 때에 이르러 비로소 '한 번에 닦아 마친다.'고 하는 돈오사상이 새롭게 각광을 받으면서 자리 잡게 된 것입니다.

오가칠종

중국의 선종은 보리달마 이후 한 계통으로 내려오다가 5조 홍인의 제자 신수와 혜능에 의해 남종선과 북종선으로 갈라졌고 이어 남종선에서 다시 다섯 문파로 갈라졌습니다. 즉 임제종, 조동종, 위앙종, 운문종, 법안종입니다. 그리고 이 가운데 임제종에서 황룡파와 양기파 두 파로 갈라졌습니다. 이것을 '5가7종(五家七宗)'이라고 합니다.

6조 혜능(慧能, 638~713)의 제자 중에는 청원행사(靑原行思, ?~740)와 남악회양(南嶽懷讓, 677~744)이 대표적이었는데, 청원의 문하에서는 석두희천(石頭希遷, 700~790)이, 남악의 문하에서는 마조도일(馬祖道一, 709~788)이 각각 출현하여 나름대로 가풍을 내세웠습니다.

청원—석두의 계통에서 조동종(曹洞宗), 운문종(雲門宗), 법안종(法眼宗)이 성립하고, 남악—마조의 계통에서 임제종(臨濟宗)과 위앙종(潙仰宗)이 성립했습니다. 이후 임제종은 송나라 시대에 황룡파(黃龍派)와 양기파(楊岐派)로 갈려 크게 융성했습니다.

혜능의 제자 청원과 남악을 두 축으로 하여 '5가7종'이 형성되었는데 모두가 육조혜능(남종선) 계통입니다. 육조혜능의 남종선이 중국의 선불교를 석권했음을 알 수 있습니다. 오가(五家) 가운데는 임제종이 가장 번성했고 황룡파와 양기파 중에서는 양기파가 번성했습니다. 시대적으로는 당대(唐代)에 5종이, 송대에 2파가 형성되었습니다. 각 종파의 성립자를 살펴보면 다음과 같습니다(도표 참조).

(1) 위앙종(潙仰宗) : 육조혜능의 4대 법손인 위산영우(潙山靈祐, 771~853)와 그 제자인 앙산혜적(仰山慧寂, 803~887)에 의해 성립.

선
의
종
류

(2) 임제종(臨濟宗) : 육조혜능의 4대 법손인 황벽희운(黃檗希運, ?~850)의 제자 임제의현(臨濟義玄, ?~867)에 의해 성립.

(3) 조동종(曹洞宗) : 육조혜능의 5대 법손인 동산양개(洞山良价, 807~869)와 그 제자인 조산본적(曹山本寂, 840~901)에 의하여 성립.

(4) 운문종(雲門宗) : 운문문언(雲門文偃, 864~949)에 의하여 성립. 육조혜능의 7대 법손이자 청원행사(靑原行思, ?~740)의 6대 법손.

(5) 법안종(法眼宗) : 법안문익(法眼文益, 885~958)에 의하여 성립. 육조혜능의 9대 법손이자 청원행사의 8대 법손.

(6) 임제종 황룡파 : 황룡혜남(黃龍慧南, 1002~1069)에 의하여 황룡파가 성립(송대).

(7) 임제종 양기파 : 양기방회(楊岐方會, 992~1049)에 의하여 양기파(楊岐派)가 성립(송대).

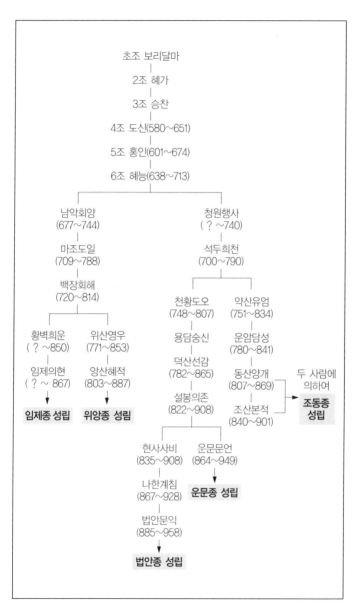

선의 종류

염불 선

염불과 선(禪)을 함께 수행하는 것을 '염불선(念佛禪)'이라고 합니다. 학술적인 용어로는 '선정쌍수(禪淨雙修)'라고 합니다. '선(禪)'은 '선정(禪定)'의 줄인 말이고, '정(淨)'은 '정토(淨土, 극락)'의 줄인 말입니다. '쌍수(雙修)'는 두 가지를 함께 닦는다는 뜻으로 참선과 염불을 병행하여 수행하는 것을 말합니다.

염불선(念佛禪)에 대해서는 아직 구체적인 연구가 이루어지지 않았지만 당 말 송초의 선승 영명연수(永明延壽, 904~975) 선사에 의하여 시작되었습니다. 그 후 원대와 명대, 청대에 크게 번성했는데, 오늘날 중국의 불교도 선과 정토가 혼합된 형태이므로 '염불선'이라고 할 수 있습니다. 우리나라 선승 중에도 선과 염불을 병행한 분들이 있습니다. 근래에는 몇 년 전 입적하신 태안사 조실 청화 스님이 염불선을 행하신 분입니다.

선은 화두나 참선을 통하여 깨달음에 이르는 방법이고, 염불은 아미타불 염송을 통하여 정토(극락)에 왕생하는 것입니다. 선은 자력(自力, 자기의 능력)에 의하여 깨닫는 것이고, 정토는 타력(他力) 즉 염불에 의하여 극락에 왕생하는 것인데 이것이 결합하여 염불선(念佛禪=禪淨雙修)이 되었습니다.

염불선을 만든 쪽은 정토 계통의 염불승들이 아니라 선승들입니다. 선승들로서는 화두참구를 통하여 깨달으면 될 터인데 왜 선과 염불을 접목시켜 염불선을 만든 것인지 의아합니다. 필자가 생각하기에 다음과 같은 몇 가지 이유 때문이라고 생각합니다.

첫째, 참선에서 오는 신앙심의 결여를 염불을 통하여 보완하고자 했다고 보입니다. 사실 선승들은 염불을 하지 않습니다. 경전도 읽지 않습니다. 오히려 이 두 가지를 경멸하거나 무시하는 편입니다. 그러다 보니 점점 신앙심이 부족해집니다. 신앙심의 결여는 개인적이든 집단적이든 문제가 되었을 것입니다. 이런 점을 보완하고자 선과 염불을 병행한 것 같습니다.

둘째는 선승들의 자기 확신이 부족했다고 보입니다. 몇십 년 참선을 해도 아무런 진전이 없자 염불을 통해 사후 극락왕생이라도 해야 한다는 생각에서 염불을 병행하지 않았나 생각됩니다.

셋째는 송나라를 무너뜨린 원나라는 몽골족으로서 티베트의 라마교를 믿었습니다. 티베트 불교는 학문적으로는 중관이지만 신앙적으로는 주술적인 불교로서 말하자면 염불(정토)이었습니다. 이 영향으로 더욱더 염불선을 지향하게 되었다고 보입니다.

염불선의 수행 방법은 참선하는 사이에 염불을 병행하는 것입니다. 즉 참선 시간 외에는 염불(아미타불 염송)을 하는 것입니다.

또 염불을 통하여 마음을 가라앉힌 다음 참선을 하는 방법도 있습니다. 참선하는 사람이 마음이 산란한 상태에서 화두를 들기란 쉽지 않습니다. 그때는 마음속으로 아미타불 염불을 하여 산만한 마음을 정돈합니다. 그런 다음 화두를 참구하는 것입니다. 흩어진 마음을 가라앉히는 데는 염불이 더 효과적인 때도 있습니다. 특히 초심자에게는 매우 좋은 방법입니다. 따라서 염불과 참선은 잘 활용하면 상호 보완 작용을 합니다.

염불선은 중국 원(元), 명(明), 청(淸) 시대에 크게 발전했습니다. 원대의 선승 고봉원묘, 몽산덕이, 중본명본 등은 '선정일치(선과 염불의 일치)' '선정쌍수(선과 염불의 겸수)'를 주장했는데, 특히 명대에는 '염불시수(念佛是誰, 염불하는 자는 누구인가?)'라는 화두를 만들어 참구했습니다. 이것은 선에서 말하는 '이뭣꼬'와 같은 것입니다. 그 밖에 일념으로 '아미타불'이나 '관세음보살'을 불러서 마음의 평온을 찾는 것도 화두의 일종이라고 할 수 있습니다.

대승선

대승선은 대승불교를 지칭합니다. '대승선(大乘禪)'은 나와 객관 세계가 모두 공(我法二空)임을 깨닫는 것입니다. 나의 실체도 공이지만 객관적 존재의 실체도 모두 공임을 인식하여 일체개공의 이치를 깨달아 갑니다. 대승불교는 자신의 구제나 깨달음보다는 타인의 구제, 타인의 깨달음을 우선시합니다.

소승선

소승선(小乘禪)은 소승불교를 지칭합니다. 소승불교는 제행무상과 제법무아의 이치를 깨닫는 선입니다. 즉 무상관을 닦는 것입니다. 소승불교는 타인의 구제보다는 자신의 구제를 우선시합니다. 소승이라는 말은 대승불교와 비교해서 교리적 사상적으로 '저급하다' 또는 '열세에 있다'는 의미인데 이것은 대승불교도들이 얕잡아 붙인 호칭입니다.

외도선

　인도불교에서는 불교 이외의 모든 종교를 '외도(外道)'라고 불렀습니다. 마치 오늘날 자기 종교가 아닌 타 종교를 '이교도'라고 지칭하는 것과 같다고 할 수 있습니다.

　외도선(外道禪)은 천상에 태어나기를 추구하는 것으로 불교 이외의 여러 종교 집단을 통칭하는 말입니다. 더 구체적으로는 기원전 5~6세기에 활동했던 산자야 벨라타풋타(회의론자), 아지타 케사캄발리(쾌락론자), 마칼리 고살라(숙명론자), 푸라나 캇사파(무도덕론자), 파쿠타 카차야나(감각론자), 니간다 나아타풋타(고행주의자) 등 자유사상가 6인을 지칭합니다. 불교에서는 이 6인을 '육사외도(六師外道, 여섯 명의 외도)'라고 부르고 있습니다. 육사외도가 바로 외도선입니다.

　이들의 수행법은 모두 요가가 중심이 되어 있는데, 사상적으로 불교와 달랐기 때문에 비판적 관점에서 외도선이라고 부르는 것입니다.

범부선

평범한 범부, 평범한 중생(인간)이 추구하는 것을 '범부선(凡夫禪)'이라고 합니다. 즉 선행(善行)을 하면 그 공덕으로 천상에 태어나고 악행을 하면 그 과보로 지옥에 떨어짐을 믿는 사람들의 수행을 말합니다.

이상과 같이 선의 종류에 대하여 간략히 설명했는데, 대승선·소승선·외도선·범부선은 인도의 종교와 불교를 선의 입장에서 분류한 것일 뿐입니다.

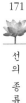

6장

선어(禪語)와 선구(禪句) 풀이

개구 즉착

선승들의 법문을 듣다 보면 종종 "입만 벙긋했다 하면 벌써 어긋났다." "말하는 그 순간 이미 틀렸다." 또는 "입을 열면 그 즉시 진리와는 어긋났다."는 말씀을 자주 듣게 됩니다.

이것을 한자로는 '개구즉착(開口卽錯)', 또는 '개구즉실(開口卽失)'이라고 합니다. '개구(開口)'는 '입을 열다' 즉 '말을 하다'는 뜻이며, '즉(卽)'은 '즉시'이고, '착(錯)'은 '틀렸다' '어긋났다'는 뜻입니다.

선의 세계, 깨달음의 세계는 언어 저쪽에 있다고 합니다. 언어나 문자로는 표현할 수 없다고 합니다. 표현할 수 없는 것을 표현했기 때문에 '틀렸다' 또는 '어긋났다'고 하는데, '어긋났다'는 것은 '핵심에서 빗나갔다.' '정곡을 찌르지 못했다.'는 뜻입니다.

선은 어떤 것도 개념화하지 않습니다. 개념화한다는 것

은 그 자체가 이미 자신의 주장을 세우는 것이나 다름없고 자신의 주장을 세운다는 것은 결국 중도에서 이탈하여 집착하고 있는 것이나 마찬가지라고 할 수 있습니다. 그러므로 그 누구든 "이것이 바로 선(禪)이다."고 단언한다면 그것은 이미 선의 본질에서 벗어난 것이 됩니다.

예컨대 가을 사과는 맛도 좋지만 향도 대단합니다. 코 가까이에 대고 냄새를 맡으면 금세 침이 입 안에 가득 고입니다. 이 사과 향을 뭐라고 표현할 수 있겠습니까? 산성 맛이지만 새콤하지도 달콤하지도 않습니다. 그렇다고 새콤달콤하다고 할 수도 없습니다. 갖가지 수사로 표현해 본들 근사치에 불과할 뿐, 정확한 표현이라고 할 수는 없습니다.

선의 세계도 그와 같이 언어나 문자로는 100퍼센트 표현할 수 없다는 것입니다. 언어로는 표현할 수 없는 것임에도 불구하고 표현했기 때문에 '틀렸다'고 합니다. 그것을 '개구즉착' 또는 '개구즉실'이라고 합니다.

선
어
와
선
구
풀
이

참고 관련 항목은 '언어도단' 입니다.

견성성불

'견성성불'이란 '성품' 즉 '불성을 보아서 부처가 되었다.'는 말로서, 이 말은 곧 '진리를 깨달았다'는 뜻입니다. 즉 본래 자기 자신에게 내재해 있는 깨끗한 본성(=불성)을 되찾아서 깨달음을 이루었다는 의미지요. 과거형(이루었다)이든 현재형(이루다)이든 상관이 없습니다.

《대승열반경》에서는 "일체중생은 모두 다 불성을 갖추고 있다."고 했습니다. 그러므로 누구든 열심히 수행하면 다 깨달음을 이룰 수 있다는 뜻입니다.

그렇다면 '불성'이란 구체적으로 어떤 것을 말하는 것일까요? 불성에 대하여 경전에 나타난 것을 정리해 보면 3~4가지로 압축됩니다. '공(空)의 이치가 불성이다' '연기(緣起)의 이치가 불성이다' '중도(中道)가 불성이다' 등입니다.

즉 모든 것은 다 근본적으로 공(空)하다는 이치를 깨달아도 부처가 된 것(성불)이고, 모든 존재는 상의 관계에 의해서 생성과 소멸을 반복한다는 연기의 법칙을 깨달아도 부처가 된 것이며, 그리고 어디에도 치우치지 않는 중도의 이치를 깨달아도 부처가 된 것입니다.

이상과 같이 볼 때 '불성'이란 다름 아닌 각성(覺性)입니다. '각성'이란 '깨달을 수 있는 속성' '가능성' '바탕' 등을 말합니다. 즉 부처가 될 수 있는 속성이나 가능성, 또는 깨달을 수 있는 바탕을 '불성'이라고 합니다.

불성에 대한 정의가 이와 같이 분명함에도, 사실 꽤 많은 사람들이 불성을 영혼과 동일시하는 경우가 많습니다. 교리적 바탕과 이해가 부족하기 때문에 혼동하는 것인데, 지식을 보다 철저히 해야 합니다. 섣부른 지식은 모두를 잘못된 길로 가게 합니다.

177

선
어
와
선
구
풀
이

참고 관련 항목은 '불성과 영혼' '불립문자, 교외별전, 직지인심, 견성성불' 입니다.

기연

'기연(機緣)'이란 '계기(契機)' '동기(動機)'라는 뜻입니다. 즉 깨달음을 얻게 된 '동기' '계기'를 '기연'이라고 합니다.

부처님께서는 수행한 지 6년 만인 35세에 되던 해 새벽 무렵에 반짝이는 별을 보고 깨달으셨다고 합니다. 저는 10대 때 이 말을 듣고 반짝이는 별 속에 진리가 숨어 있다고 생각했습니다. 그러나 반짝이는 별 속에 진리가 있거나, 깨닫게 하는 키포인트가 있는 것이 아닐 것입니다. 오래도록 수행하다가 때마침 새벽녘에 반짝이는 별을 보자 그 순간 깨닫게 된 것인데, 이것이 바로 기연입니다.

중국의 선승 가운데 향엄(香嚴, ?~898) 선사라는 분이 있습니다. 어느 날 선원에서 풀을 베다가 기왓조각이 있어서 멀리 대나무밭으로 던졌는데, 마침 그 기왓장이 '딱!' 하고 대나무에 부딪히는 소리에 깨달았다고 합니다.

또 '여사미거 마사도래' 화두로 유명한 영운 선사는 봄에 복사꽃이 피는 것을 보고 깨달았다고 하며, 우리나라 근대의 선승인 한암(1876~1951) 스님은 맹산 우두암에서 부엌에서 혼자 불을 붙이다가 깨달았다고 합니다. 이런 것을 모두 '기연(機緣)'이라고 합니다. 말하자면 깨닫게 된 '계기' 또는 '동기'를 말합니다.

수행을 오래도록 하면 거의 깨닫기 일보 직전까지 도달합니다. 큰 풍선이 터지기 직전 상태와 같다고 보면 됩니다. 이때 저명한 고승의 말 한마디나 어떤 일을 계기로 순간적으로 깨닫게 됩니다. 말하자면 때마침 그 일을 계기로 깨닫게 된 것입니다.

동기나 계기는 깨달음을 얻는 데도 중요하지만 다른 일에도 매우 중요합니다. 성공한 사람들을 보면 대부분 어떤 계기나 동기가 있습니다. 어떤 사람은 유명한 영화나 연극 또는 책을 보다가 감동을 받아 생각을 바꾸는 예도 있고, 또 어떤 사람은 스승의 말 한마디에 분발하여 유명한 예술가나 학자, 정치인이 되기도 합니다. 무엇인가 일가(一家)를 이룬 사람은 대부분 동기나 계기가 있습니다.

사람은 충격을 받아야 생각이 넓어집니다. 충격은 안일한 생각, 정체된 생각에서 벗어나서 분발심을 갖게 합니다.

선어와 선구풀이

더 나아가 한 인생을 전환시키는 결정적인 역할을 하기도 합니다. 말하자면 기연은 참선자로 하여금 깨닫게 하는 충격의 선물이라고나 할까요?

끽다거

"차 한잔 마시게(喫茶去)."

중국의 유명한 선승인 조주(778~897) 선사는 신참이든 고참이든 수행승들이 찾아오면 언제나 이렇게 물었습니다.

"자네, 혹 이곳에 와 본 적이 있는가?"

"없습니다."

"그래, 그러면 차나 한잔 마시게(喫茶去)."

다음 날 또 한 명의 신참승이 찾아왔습니다.

"자네, 전에 이곳에 와 본 적이 있는가?"

"예, 있습니다."

"그래, 차나 한잔 마시게(喫茶去)."

절 살림을 맡고 있는 원주 스님이 옆에서 그 광경을 보고 있자니 가관이었습니다. 와 본 적이 있다고 해도 '차 한잔!', 없다고 해도 '차 한잔!' 이었습니다. 원주는 입이 몹시 근질거렸습니다. 해서 조주 선사에게 따졌습니다.

"아니, 노사. 노사께서는 처음 왔다는 사람에게도 '차나 한잔', 이미 와 본 적이 있다는 사람에게도 '차나 한잔 마시라'고 하시니 이것은 너무나 모순입니다."

조주 선사는 원주를 불렀습니다.

원주가 "예." 하고 대답하자 조주 선사는 "자네도 차나 한잔 마시게."라고 했습니다. 와 본 적이 있어도 '차 한잔', 없어도 '차 한잔', 그리고 그것이 못마땅해서 참견하는 원주에게도 '차 한잔' 이었습니다.

그런 일이 몇 년 계속되자 조주의 '끽다거'는 일약 중국 천하에 화제가 되었습니다.

왕초보 선박사 되다

"끽다거(喫茶去)"

우리 말로는 '차나 한잔 마시게.'라는 의미인데, 이것이 무엇을 뜻하는 것일까요?

우선 젊은 수좌들이 먼 길을 마다하지 않고 당대의 선장(禪匠) 조주 선사를 찾아왔을 때에는 무언가 분명히 묻고 싶은 말이 있었을 것입니다.

"선사, 무엇이 선(禪)의 진리입니까? 교시를 바랍니다."

이런 말이 아니었을까요?

하지만 선의 세계는 언설로 표현할 수 있는 세계가 아닙니다. '개구즉착(말을 하는 그 순간 이미 틀렸다.)'이라는 말도 있듯이 표현하는 그 순간 이미 그것은 틀린 말인 것입니다.

끽다거에 대한 해석도 여러가지입니다.

① 중국에서 차는 다반사(茶飯事)라는 말에서도 알 수 있듯이 일상의 하나입니다. 따라서 '차나 한잔 마시게'는 '선'이란 '보편적인 일상 속에 있는 것'이라는 뜻. ② 조주 선사가 수행자에게 '여기 와 본 적이 있는가' 하고 물었을 때 두 수행자는 각각 '있다' '없다'라고 대답했는데 그렇다면 '유(有)'와 '무(無)'에 떨어졌기 때문에 '정신 차리라'고 책망하는 의미에서 '차나 한잔 마시게'라고 했다. 그 외에도 더 있을 수 있습니다. 필자는 두 가지 해석은 모두 다 맞는 해석이라고 봅니다.

그런데 말입니다, 우리가 여기서 생각해 봐야 할 것은 만일 조주 선사의 말에 대하여 그중 누구 하나라도 침묵으로 일관했다면 조주 선사는 어떻게 했을까요? 그래도 '차나 한잔 들라'고 했을까요? 역시 '차 한잔 하시오'라고 말했을 것입니다. 이때 차는 핀잔이나 꾸지람의 차가 아니라 지음자로서 나누는 차일 것입니다.

각설하고, 조주 선사가 내미는 연두색 차 한잔을 그야말로 아무런 토를 달지 않고 무심히 마실 수 있다면 그는 이미 '좌선의 일'은 마쳤다고 할 수 있습니다. 알아차리는 자는 깨달은 것이고, 모르는 자는 하는 수 없이 더 참구해야 합니다. '끽다(喫茶)'는 '차를 마시라'는 뜻이고, 거(去)는 명령형 어조사입니다.

참고 관련 항목은 '다선일여' 등입니다.

날마다 좋은 날
(日日是好日)

　　일일시호일(日日是好日)은 '날마다 좋은 날'이라는 뜻입니다. 이 말은 선어록의 백미 《벽암록》에 나오는 말로서 화두이기도 합니다.

　　먼저 글자부터 풀이해 보겠습니다. 선어(禪語)라고 해도 1차적으로 언어적인 문제가 해결되지 않으면 해석이 불가능합니다. 설사 해석한다고 해도 그것은 사구적(死句的)인 해석에도 못 미치는, 엉터리 해석이 됩니다.

　　한문에서는 똑같은 글자가 겹치면 복수를 뜻합니다. 그러므로 '일일(日日)'은 '날마다'이고 '호일(好日)'은 '좋은 날' '길일(吉日)' 또는 '생일(生日)'을 가리킵니다. '시(是)'는 '바로 무엇무엇이다.'는 뜻입니다. 즉 '날마다 좋은날(즐거운 날)' 또는 '날마다 생일'이라는 뜻입니다.

　　이 말은 당 말(唐末)의 유명한 선승 운문(雲門, 864~949)

선사가 한 말인데, 그가 말하는 '날마다 좋은 날'이란 어떤 날일까요? 일진(日辰)이 좋은 날일까요, 운수가 좋은 날일까요?

사실 '날마다 좋은 날'이란 생일도 길일도 운수가 좋은 날도 아닙니다. 운문 선사가 말하는 '날마다 좋은 날'이란 바로 '근심 걱정이 없는 날' '번뇌 망상이 없는 날' '마음이 평온한 날'을 뜻합니다.

무엇보다도 우리가 진정으로 '날마다 좋은 날'을 맞이하자면 먼저 근심·걱정·불안·슬픔 등 번뇌가 없어야 합니다. 욕망과 돈으로부터 떨어져 있어야 합니다.

운수나 재수, 일진(日辰) 등에 좌우되고, 함께 놀아 줄 친구가 있어야 하고, 주식 값이 올라야 한다면 그것은 타자에 복속된 즐거움일 뿐 주체적인 즐거움은 아닙니다. 그것은 참다운 좋은 날이 아닙니다.

또 날마다 좋은 날이 되자면 시간 시간을 좋은 시간으로 만들어야 합니다. 매시간마다 좋은 시간으로 만들어서 하루 24시간을 모두 좋은 시간으로 만들어야 합니다. 한 달, 1년, 10년을 모두 좋은 날로 만들어야 합니다.

다음은 '날마다 좋은 날'과 관련된 고사(故事)입니다.

옛 중국 선원에서 정기적인 설법은 1·5·10·15·20·

25일로서 한 달에 여섯 번 있었습니다. '일일시호일'은 운문선사가 15일(보름날)에 행한 설법입니다. 그는 보름날 대중을 모아 놓고 다음과 같이 말했습니다.

"그대들에게 오늘(15일) 이전의 일에 대해서는 묻지 않을 것이다. 그러나 오늘(15일) 이후의 일에 대하여 한마디씩 게송(시구)을 지어 제출하도록 하라."

대중은 저녁 늦게까지 끙끙거렸으나 아무도 제출하는 사람이 없었습니다. 하루가 흘러 다음 날 운문선사는 다시 대중을 모아 놓고 다음과 같이 설했습니다.

"일일시호일(日日是好日)이니라."

이 법어의 구성을 보면 "15일 이전의 일에 대해서는 묻지 않겠으나 15일 이후의 일에 대해서 한마디씩 말해 보라."는 말은 문제를 제기하는 제시어입니다. 시험문제의 지문과 같습니다. 그리고 '날마다 좋은 날(日日是好日)'은 답입니다. 말하자면 운문 선사는 스스로 문제를 제시한 다음 답까지 한 셈입니다. 혼자 차(車) 치고 포(包) 친 격입니다.

'날마다 좋은 날'이란 앞의 설명과 같이 근심 걱정 등 번뇌 망상이 없는 날을 뜻합니다. '공(空)의 상태', '깨달은 상태' '무집착의 상태'를 '날마다 좋은 날'이라고 표현한 것입니다.

187

그런데 "15일 이전과 15일 이후의 일에 대해서 한마디씩 해 보라."는 것은 무슨 뜻일까요? 이 선문답의 키포인트는 바로 '15일 이전'과 '15일 이후'에 있습니다.

앞에서 운문 선사가 이 법어를 한 날은 보름날(15일)이었 다고 했는데, 한 달 가운데에서 15일은 반을 뜻합니다. 반은 이분법적인 사고로서 차별과 분별을 뜻합니다. 차별과 분별 은 중생의 세계입니다. 깨달음의 세계는 무차별·무분별입 니다. 중도가 되어야 하고 공(空)이 되어야 합니다. 그런데 둘로 나눈다면 그것은 분별로서 중도와 공이 될 수가 없습 니다.

운문 선사가 말한 '15일 이전'과 '15일 이후'는 사실 제 자들에게 던진 함정이고 트릭입니다. 대중은 분명 15일 이 전과 15일 이후의 의미를 따지게 될 것입니다. "무슨 뜻으로 15일 이전과 15일 이후에 대하여 물은 것일까?" 하고.

그러나 이것은 함정일 뿐 의미가 있는 것이 아닙니다. '15일 이전'과 '이후'를 나누어 '차별과 분별'이라는 함정 을 만든 것입니다.

참고 관련 항목은 '평상심시도'입니다.

냉난자지

'냉난자지(冷暖自知)'는 선어록 속에 많이 등장하는 말입니다. '물이 얼마나 차갑고[冷] 뜨거운 지는[暖] 직접 손을 대 봐야 알 수 있다[自知]'는 뜻으로, 선의 세계를 알고자 한다면 직접 수행을 통하여 체득해야 한다는 뜻입니다.

예컨대 붉게 타오르는 저녁노을을 보면 우리는 깊은 감상에 젖습니다. 그러나 말로는 뭐라고 표현하기 어렵습니다. 그저 '아름답다'는 말 외에 적당한 단어가 떠오르지 않을 것입니다.

이와 같이 우리는 아무리 말을 잘하고 표현력이 뛰어나다고 해도 어떤 사물에 대하여 설명하라고 하면 100퍼센트 정확하게 설명할 수는 없습니다.

그 이유는 표현력에는 한계가 있기 때문입니다.

한 예로 불교의 탄생지 인도는 여름이 되면 찜통이나 다름없다고 합니다. 45도에서 50도를 오르내린다고 합니다. 가만히 앉아 있어도 땀이 줄줄 흘러내리는 기온입니다. 하지만 실제로 갔다 오지 않은 사람은 잘 알 수 없습니다. 그저 우리나라 여름과 비교하여 짐작만 할 뿐입니다.

또 남극의 겨울은 영하 40도 이하라고 하지만 우리는 잘 모릅니다. 우리나라는 아무리 추워도 영하 20도 밑으로 내려가 본 적이 드물기 때문입니다. 그냥 우리나라의 겨울과 비교하여 상상할 뿐입니다. 얼마나 춥고 더운지 확실히 알자면 가 봐야 합니다. 거기 가서 살아 보기 전에는 단지 상상에 그치고 맙니다.

선의 세계는 무심(無心), 무애, 무집착의 세계라고 하지만 직접 체득하기 전에는 알 수 없습니다. 여러 선사들이 남긴 말씀이나 어록을 통해서 무집착의 세계를 상상할 뿐 디테일한 부분까지는 느낄 수도 설명할 수도 없습니다. 그러므로 선의 세계를 알고자 한다면 직접 그 세계로 들어가서 체험하고 체득해 봐야 합니다. 그것을 뜻하는 말이 '냉난자지(冷暖自知)'입니다. 직접 수행해 보라는 메시지가 담겨 있습니다.

선은 지성이나 지식의 세계가 아니고 체득의 세계입니다. 관념이나 추상의 세계가 아니고 체험의 세계입니다. 그러므로 체험을 동반하지 않은 선은 살아 있는 것이 아닙니다. 체득이 없는 것은 관념일 뿐이니까요.

일반적인 지식도 경험이 결여된 지식은 미완의 지식이나 마찬가지입니다. 임상시험을 거치지 않은 지식은 완전한 지식이 아닙니다. 확신을 하려면 관념을 떠나 직접 수행을 통하여 체득해 보아야 합니다.

다선일여

중국인들이 차를 마시기 시작한 것은 꽤 오래되었습니다. 아마 《다경》을 지은 육우(陸羽, ~804) 때부터 일반화되지 않았을까 생각합니다. 아주 흔한 일을 '다반사(茶飯事)'라고 하듯이 그들에게 차는 일상사의 하나입니다. 선승들도 마찬가지였을 것입니다.

특히, 당 말(唐末)의 조주(778~897) 선사는 워낙 차를 좋아해서 찾아오는 사람마다 차를 대접했습니다. 말하자면 차(茶) 법문을 한 것입니다. '끽다거(喫茶去)'라는 화두가 생겨나기도 했으니까요.

'다선일여(茶禪一如)'란 '차(茶)와 선의 세계는 같다.'는 뜻입니다. 다른 말로는 '다선일미(茶禪一味)'라고도 합니다. A라는 음식과 B라는 음식이 맛이 같다면 이해가 되지만, 차와 선의 맛이 같다면 좀 이해하기 어려울 것입니다. 도대체

차 맛이 어느 정도이기에 선이나 진배없다는 것일까?

먼저 차에 대한 기초적인 이야기를 해 볼까 합니다.

우리가 흔히 말하는 '작설차(雀舌茶)'는 찻잎이 참새(雀) 혓바닥 정도만 했을 때 따서 만든 '차(茶)'라는 뜻입니다. 작설차에는 곡우 전에 따서 만든 우전차(雨前茶)와 세작(細雀, 작은 잎), 중작(中雀, 보통), 대작(大雀, 큰 잎) 등 세 종류가 있는데, 우전차와 세작이 가장 맛이 좋다고 합니다.

우전차나 세작(작은 잎)을 70~80도의 물에 우리면 향과 빛깔과 맛이 아주 그윽합니다. 한 모금 입에 머금으면 무어라 표현하기 어려운 은근한 느낌이 듭니다. 그저 '오!' 하는 감탄사밖에는 별달리 표현할 것이 없습니다. 직접 달여서 마셔 보는 수밖에 없는데, 이때 앞에서 설명한 '냉난자지(冷暖自知)'라는 표현이 매우 적절할 것입니다.

커피를 좋아하는 분들은 괜한 호사를 부린다고 타박할 수도 있겠습니다. 그런데 차향은 우전차나 세작에만 있는 것이 아니라, 우리가 즐겨 마시는 커피에도 있습니다. 원두 커피를 잘 내려서 한 모금 마시면 커피 향이 입 안에 가득하지요. 그 커피 향을 뭐라고 표현하시겠습니까? 느끼기는 해도 막상 뭐라고 표현하기 어려울 것입니다. 역시 냉난자지라는 말을 써야 하겠지요.

'다선일미(茶禪一味)' '다선일여(茶禪一如)'란 앞에서도 설명했지만 '차와 선'이 같다는 뜻입니다. 차와 선이 무엇이 같은지에 대해서는 여러 가지 해석이 있습니다. 선도 청정을 추구하고 차도 청정을 추구하므로 청정성이 같다 등등. 그러나 필자는 다선일여의 일여(一如)란 '심오함'을 뜻한다고 봅니다. 선의 세계도 그윽(심오)하고, 차의 세계도 그윽함(심오)이 같다고 봅니다. 차의 향도 그윽하고 선의 세계도 그윽해서 뭐라고 표현할 수 없기 때문에 '일미', 또는 '일여'라고 한다고 봅니다. 또는 적멸(寂滅)이라고 말할 수도 있을 것입니다. 물론 '청정'도 틀린 것은 아니라고 봅니다.

이쯤에서 차시(茶詩)를 한 수 감상해 볼까 합니다.

조주 선사는 찾아오는 사람마다 차를 권했네.

하지만 그는 한 방울도 입에 댄 적이 없네.

조주가 수없이 차를 달여 마셨지만 차향은 여전히 남아 있고

육우가 수없이 달여 마셨지만 양(量)은 조금도 줄지 않았네.

　　趙州道箇喫茶去

　　一滴何曾濕口脣

　　趙州喫去尙留香

　　陸羽煎來不減量

이 시(詩)는 차의 세계와 선의 세계를 잘 표현하고 있는 시입니다.

1, 2구에서 조주 선사는 많은 사람들에게 차를 권했지만 정작 그는 한 방울도 입에 댄 적이 없다는 것은 무심, 무집착의 세계를 나타내고 있습니다. 찾아오는 사람마다 차를 대접했다면 당연히 그 역시 차를 마셨을 것입니다. 하지만 단 한 잔도 마신 적이 없다는 데서 무심·무집착·몰종적의 극치를 볼 수 있습니다. 만일 조주 선사가 '한 잔'이라도 마셨다는 생각이 남아 있다면 그의 '끽다거'는 깨달음을 이루는 화두가 될 수 없었을 것입니다. 물론 '선시'라고도 할 수 없습니다.

3, 4구는 더욱 좋습니다. 선승 조주와 다성(茶聖) 육우가 평생 끓여 마셨는데도 여전히 차향은 남아 있고, 또 양(量)도 전혀 줄지 않았다는 데서, 마치 《반야심경》에 나오는 "모든 존재의 공한 모습은 더하지도 않고 줄어들지도 않는다(諸法空相 不增不減)."는 구절을 연상케 합니다. 선의 묘미는 이런 데 있는 것이 아닌가 생각됩니다.

선
어
와
선
구
풀
이

돈오와 점수

차례차례 수행의 단계를 밟지 않고도 단번에 모두 다 깨달아 버리는 것을 '돈오(頓悟)'라 하고, 수행의 단계를 밟아서 점차로 깨달음에 도달하는 것을 '점수(漸修)'라고 합니다.

돈오는 처음 깨닫는 순간이 돈오입니다. 공간적인 개념으로서 자기 자신이 '본래 부처'였다는 사실, 모든 것은 '공'이라는 사실을 인식하는 순간 곧 인식의 전환이 바로 돈오입니다.

반면 '점수(漸修)'란 하나하나 깨달아서 완벽한 깨달음에 이르는 것을 말합니다. 차츰차츰 깨달아서 마침내는 완전한 깨달음에 이르는 것을 뜻합니다.

돈오와 점수의 뜻은 이상과 같습니다. 그런데 오늘날 이른바 돈오점수 논쟁과 결부시켜 이야기할 때는 그 개념이 좀 다릅니다.

돈오는 곧 돈오돈수(頓悟頓修)를 지칭하는 말로서 수행하여 한 번에 완전히 깨달으면 더 수행할 것이 없다는 뜻이고, 점수는 곧 돈오점수(頓悟漸修)를 가리키는 말로서, 설사 깨달았다고 해도 그것은 완전한 깨달음이 아니므로, 처음 깨달음을 토대로 하여 점진적으로 더 수행해야만 완전한 깨달음에 도달할 수 있다는 뜻입니다.

고려시대의 유명한 선승 보조국사 지눌(1158~1210)은 자신의 글 〈수심결〉에서 돈오와 점수에 대하여 다음과 같이 말하고 있습니다.

깨달음으로 들어가는 길에 두 가지가 있다. 즉 '돈오'와 '점수'이다. 돈오는 자신의 성품이 바로 법신(진리)이며 부처(진리)라는 사실을 깨닫는 것(인식)이고, 점수는 비록 자신의 성품이 본래 부처와 다름없음을 깨달았지만 평소에 익혀진 육체적 습관은 단번에 제거할 수 없으므로 돈오를 바탕으로 더 닦아서 그 깨달은 바를 완벽히 하는 것이다.

선어와 선구풀이

'돈오'란 자신의 성품이 본래 부처(진리)였음을 깨닫는 것(인식)이고 '점수'는 비록 자신의 성품이 본래 부처였음을 인식(돈오)했지만, 아직 육체적인 습관(버릇)이 남아 있으므로 시간을 두고 더 수행해야만 완전한 깨달음에 도달할 수 있다는 것입니다. 즉 점수란 깨달은 바를 더욱 숙련시키는 작업이라는 뜻입니다.

이렇게 본다면 돈오와 점수는 별개의 것이 아닌 상부상조의 관계로서 깨달음을 더욱 완벽하게 하는 작업이라고 할 수 있습니다.

그런데 1980년대 초 이 문제와 관련하여 격렬한 논쟁이 벌어졌습니다. 즉 깨달으면 더 이상 닦을 것이 없다는 '돈오돈수(頓悟頓修)'와 깨달은 뒤에도 세속적인 습관들을 제거하기 위해서는 더 닦아야 한다는 '돈오점수(頓悟漸修)'에 관한 논쟁입니다.

돈오점수설을 주장했던 분은 고려시대의 선승 보조국사 지눌(1158~1210)이었고, 새롭게 돈오돈수설을 주장한 분은 근래 한국의 선승 성철(性徹, 1911~1993) 스님이었습니다. 성철 스님은 자신의 저서 《선문정로(禪門正路)》(1981년)에서 보조국사의 돈오점수설은 '선문(禪門)의 사설(邪說)'이라고 강하게 비판했습니다.

먼저 이해를 돕기 위하여 두 설을 논쟁 중심으로 간략히 정리해 보겠습니다.

돈오점수설(보조지눌의 견해) : 수행을 하여 단번에 깨달았다(頓悟)고 해도 그것은 자신이 본래 부처였음을 인식한 것에 불과한 것이므로 더 닦아야 한다는 주장입니다. 즉 육체적인 욕구, 욕망 등 평소에 길든 인간적 습관(습기, 버릇)은 깨달음과 동시에 모두 제거될 수는 없는 것이므로 깨달은 뒤에도 더 수행(=漸修)해야만 비로소 완전한 깨달음에 도달할 수 있다는 것이지요. 불완전한 깨달음인 돈오를 완전한 깨달음으로 승화시키자면 점수 즉 보임(보림)을 해야 한다는 것입니다.

돈오돈수설(성철 스님의 견해) : 깨닫는 것(頓悟)과 동시에 정신적인 번뇌 망상은 물론, 육체적 욕구, 욕망, 습관(습기) 등 세속적인 것들이 죄다 말끔히 제거된다(頓修)는 주장입니다. 즉 깨달았다면 더 이상 닦을 필요가 없다는 것입니다.

이 두 선승의 주장은 일정 부분 모두 타당성을 갖고 있습니다. 보조국사는 이치(논리적)로 보면 돈오돈수가 맞지만, 수행자가 보편적인 인간, 즉 중생이라는 점을 고려할 때 '돈오돈수' 보다는 '돈오점수' 가 더 옳다는 생각이었고, 성철 스님이 돈오돈수설을 주장한 것은 보편적인 인간보다는 특수한 사람의 관점에서 말한 것으로서, 깨달은 뒤에 또 닦는다는 것은 철학적·논리적으로 말이 안 된다는 견해입니다. 그렇다고 성철 스님이 돈오점수를 이해 못 한 것도 아니고 보조지눌이 돈오돈수를 몰랐던 것도 아닙니다.

그런데 이 두 주장을 면밀히 검토해 보면 무엇보다도 '돈

선어와 선구 풀이

오'에 대한 개념에서 서로 차이가 있음을 알 수 있습니다. 즉 보조지눌은 처음 깨달은 것, 즉 깨달음의 첫 단계(초견성)를 '돈오'라고 규정했고(그러므로 더 닦아야 한다는 것이고), 성철 스님은 깨달음의 최종 단계, 즉 완벽한 깨달음에 도달한 증오(證悟)의 단계를 '돈오'로 본 것입니다. 이 논쟁은 이와 같이 돈오에 대한 개념상의 차이에서 발생한 것입니다.

이 논쟁이 큰 파장을 몰고 온 것은 무려 800년 동안 한국 선불교에 지대한 영향을 미친 보조지눌의 돈오점수설을 당시(1981) 종정인 성철 스님이 강한 어조로 비판했기 때문이었습니다.

성철 스님은 보조국사가 깨달은 것은 진정한 돈오가 아니라 깨달음을 이해한 정도 즉 해오(解悟)에 불과하다고 했습니다. 이해한 것과 체득한 것은 다르다는 것입니다. 반면 보조국사는 돈오돈수도 있지만 중생의 입장에서는 돈오점수가 더 옳다는 주장입니다.

이후 이 문제는 많은 학자들과 스님들이 참여하여 10년 이상 열띤 논쟁을 벌였습니다. 그럼에도 어느 것이 옳다는 결론은 내리지 못했습니다만, 깨달음과 수행에 대한 매우 진지한 토론이었습니다.

참고 관련 항목은 '보임' '수행의 정의'입니다.

무심·무념·무사

　일반적으로 세상사에 조금도 관심이 없는 것, 아무런 생각이 없는 것을 '무심(無心)'이라고 합니다. 반면 '유심(有心)'이라고 하면 그것은 어디엔가 마음을 두고 있는 것, 또는 관심을 두고 있는 것이라고 할 수 있습니다.

　선(禪)에서는 '마음을 무심하게 가지라'고 합니다. 어디에 마음을 두면 그곳에 구속당하기 때문입니다. 비록 사랑하는 사람이지만 마음을 빼앗기면 그 사람으로부터 헤어날 수 없습니다. 더구나 마음을 빼앗아 간 사람이 그다지 좋지 못한 사람이라면 번민은 이루 말할 수 없을 것입니다.

　일반적으로 '무심'이라고 하면 보통 무관심 정도로 해석합니다. 그러나 선에서 말하는 '무심(無心)'이란 그런 것이 아니라 '분별이나 차별이 없는 마음(無分別心)'·'번뇌가 없는 마음(無煩惱心)'·'집착이 없는 마음(無執着心)'·'조작이 없는 마음(無作爲心)'을 뜻합니다. 분별심과 차별심, 집착심과 조작심이 있다면 그것은 무심의 경지가 아닙니다. 근심·걱정·불안·초조 등 번뇌가 있다면 그 또한 무심의 상태가 아닙니다. 사물이나 현상에 대해서도 집착하지 말아야 하지만 어떤 주의(主義)나 주장에도 집착하지 않아야 합니다. 그것이 선에서 말하는 무심입니다.

비근한 예로 우리는 어쩌다 재미있는 드라마가 있어 한두 번 보게 되면 계속 보아야 하는 중독증 같은 것이 생깁니다. 특별히 재미가 있는 것도 아닌데도 습관적으로 보았기 때문입니다. 또 재롱을 떠는 강아지라도 있으면 꼼짝없이 거기에 얽매이며, 작은 화초라도 기르면 늘 그 화초가 마음에 걸려 멀리 여행을 하기도 쉽지 않습니다.

선어록에서는 종종 "만물에 무심하고 일체처(一切處) 일체사(一切事)에 무심하라."고 합니다. 모든 대상(만물)은 물론, 어느 곳(일체처), 어떤 일(일체사)에 대해서도 무심해지라는 것입니다. 그렇다고 멍청해지거나 백치가 되라는 것은 아닙니다. 묘방은 관심을 두더라도 그 순간에 그치고 개의치 말아야 합니다. 즉 자신이 어떤 일을 하고 있으면서도 그것을 의식하지 못하는 상태가 진정한 '무심의 경지'입니다.

'무념(無念)'도 무망념(無妄念)의 준말로서 무심과 같은 뜻입니다.

'무사(無事)'는 글자 그대로 해석하면 '아무 일이 없다.'는 뜻입니다. 이것은 '별 탈 없다'는 뜻이 아니고, '근심 걱정해야 할 일'·'번뇌할 일'이 없다는 뜻입니다. '무번뇌사'의 줄임말이라고 생각하면 됩니다.

무사는 '마음속에 한 일도 없다'라고 하는 '심중무일사(心中無一事)'와도 같은 말이고, '마음속에 한 물건도 없다'는 '심중무일물(心中無一物)', 그리고 '일 없는 사람이 가장 존귀한 사람'이라고 하는 '무사시귀인(無事是貴人)'과도 같은 말입니다. 여기서 '일물(一物)'이라든가 '일사(一事)'는 모두 다 번뇌 망념이나 분별심, 집착하는 마음을 가리킵니다.

무엇에 관심을 둔다, 또는 누구에게 관심을 둔다는 것은 좋은 일입니다. 하지만 지나치면 양자 모두의 신심(身心)을 피곤하게 합니다. 때로는 굳이 마음을 쓰지 않아도 될 일에 과도하게 신경을 쓰는 사례가 많습니다. 관심이 지나치면 집착을 낳고 집착이 지나치면 괴로움을 낳습니다.

'무심' '무념' '무사' '무상(無相)'은 모두 공(空)의 다른 명칭입니다.

선 어 와 선 구 풀 이

무위진인

'무위진인(無位眞人)'은 '아무런 구속 없는 사람이 참사람'이라는 뜻으로 중국의 유명한 선승 임제(?~867) 선사의 말씀입니다.

어느 날 임제 선사가 법상에 올라가 대중에게 말했습니다.

"적육단(赤肉團) 위에 한 무위진인(一無位眞人)이 있다. 그는 항상 그대들의 면문(面門)으로 출입하고 있다. 아직 보지 못한 사람은 직접 확인해 보라."

《임제록》 3단

'적육단'은 '붉은 고깃덩어리'라는 뜻으로 우리의 육체를 뜻합니다. '무위(無位)'는 '일정한 위치나 맡고 있는 지위가 없다'는 뜻으로 시간과 공간의 제약에서 벗어난 자유인을 뜻합니다. 대통령이든 장관이든 맡은 직책이 있다면 비록 고위직이라도 그 사람은 그 자리에 구속될 수밖에 없습니다. 생각도 역시 마찬가지입니다. 그러나 아무런 직책도 집착하는 것도 없으면 그는 해탈한 사람입니다. '진인(眞人)'은 '참사람'이라는 뜻으로 여기서는 법신·불성·본래면목 등과 동의어로 쓰이고 있는데 문장에 따라서는 깨달은 사람을 지칭하기도 합니다. '면문(面門)'은 얼굴을 가리킵니다.

이상은 글자 해석인데 그 뜻은 "너의 육체 속에 무애자재한 참사람(無位眞人; 법신·불성·진리·부처)이 있다. 항상 그대의 얼굴로 들락날락하고 있는데, 아직 그 참사람을 보지 못한 사람은 똑똑히 보고 똑똑히 보라."는 뜻입니다.

'진인'이나 '무위진인'은 《장자》에 나오는 말로서 도가적인 용어입니다. 그러나 임제 선사는 부처·진여·법성·불성·법신·마음·주인공·본래면목 등과 같은 의미로 쓰고 있습니다. 즉 깨달은 사람, 무애자재한 사람, 해탈한 사람을 가리키는데, 비록 표현은 인격화되어 있지만 사실 어떤 인격체를 가리키는 것이 아니라 깨달은 사람을 뜻하는 말입니다.

그런데 이 '무위진인'이라는 말은 자칫하면 우리 육체 속에 어떤 주재자나 영혼 같은 존재가 있으므로 그것을 확인해 보라는 말로 혼동할 가능성이 있습니다. "무위진인(眞人=眞如法身, 불성)이 항상 그대의 얼굴로 출입하고 있다."고

205

선
어
와
선
구
풀
이

한다면, 우리는 무언가 주재자나 아트만 같은 것이 있으므로 그것을 확인해 보라는 말로 이해할 수 있습니다. 그러나 절대 그런 것을 지칭하는 말이 아닙니다.

이 말은 자신의 주재자이자 육체를 컨트롤하고 있는 청정한 마음(불성)을 확인해 보라는 뜻입니다. 마음의 실체, 마음이 곧 부처라는 사실을 안다면 깨달은 것이나 마찬가지라는 뜻입니다.

임제 선사는 진여·법신·법성·불성·부처, 그리고 깨달은 자를,《장자》에 나오는 무위진인에 비유함으로써 오랫동안 도가적 용어에 익숙해 있는 중국인들에게 선을 이해시키고자 했던 것입니다. 그들의 머릿속에 이미지화되어 있는 '무위진인'이라는 말을 통하여 깨달은 사람의 세계를 설명하고자 했던 것입니다.

《장자》에는 '진인'을 여러 형태로 표현하고 있습니다.

"진인은 생활이 풍성해도 그다지 좋아하지 않았다. 그렇다고 역경이 다가와도 싫어하지도 않았다. 자신이 이 세상에 태어났다고 해도 기뻐 날뛰지 않았고, 또한 죽음이 당도해 와도 거부하지 않았다. 유연히 왔다가 유연히 떠나갈 뿐이다."

"진정한 진인은 잠을 자도 꿈이 없고 잠에서 깨어나

도 근심이 없다."

장자의 말과 같이 우리는 근심·걱정 등 번뇌 망상에 시달리다 보면 꿈속에서도 고역을 치릅니다. 때론 악몽을 꾸면서 소리를 지르는 사람도 있고 식은땀을 흘리는 사람도 있습니다.

꿈은 모두 허망한 것입니다. 그런데도 사람들은 좋은 꿈을 꾸면 좋아하고 나쁜 꿈을 꾸면 온종일 불안해합니다. 인생이라는 것이 좋은 일도 있고 나쁜 일도 있지만 좋지 못한 일이 90퍼센트쯤 됩니다. 그러므로 불쾌한 꿈을 해석해 보면 대체로 90퍼센트 안에 해당됩니다.

어리석은 중생은 이처럼 꿈도 사실로 간주합니다. 그런데 하물며 현실을 모두 허망한 것으로 보라는 말이 어떻게 납득이 가겠습니까? 대부분 웃기는 얘기라고 하겠지요.

진인이나 무위진인은 밖에 있는 것이 아닙니다. 자기 자신에게 있습니다. 그러므로 진인(부처)을 밖에서 찾을 필요가 없습니다. 생각을 바꾸어 자기 자신의 마음을 관찰해 보기 바랍니다.

지금은 열반하신 분이지만, 백양사 고불총림의 방장을 지낸 서옹 큰스님은 항상 '참사람 운동'을 주창했습니다. 그

207

선어와 선구풀이

'참사람'이 바로 임제 선사가 말하는 '무위진인'입니다.

무위진인은 '부처' '깨달은 자'입니다. 깨달은 자는 어디에도 구속되지 않아야 합니다. 번뇌로부터도 슬픔과 괴로움으로부터도 구속되지 않아야 합니다.

참고 관련 항목은 '수처작주, 입처개진' '임제 선사'입니다.

방

　선승들이 법문을 시작하기 전에 의례적으로 하는 격식이 있습니다. 법상에 앉아 잠시 침묵하고 있다가 주장자를 높이 들어 천천히 좌우로 한 번 흔든 다음 그야말로 가슴이 철렁할 정도로 '쫭!' 하고 내려치는 것입니다.

　'무슨 말씀을 하실까?' 하고 시선을 집중하고 있던 대중은 순간 깜짝 놀랍니다. 초심 불자 중에는 그 소리에 심장이 멈추는 듯한 느낌을 받았다고 하는 이도 있습니다. 고요(靜) 속의 울림이라고나 할까요? 일순간에 좌중을 압도하는 이 묵직한 막대기를 '방(棒)'이라고 합니다.

　선원에서 '방(棒)'은 '할(喝)'과 함께 주로 제자를 훈육하는 도구로 사용합니다. 수행자의 잘못된 생각을 꾸짖을 때, 고정관념을 타파시킬 때, 번뇌 망상과 사량분별심, 알음알이를 갖지 말라고 질책할 때, 그리고 정신 차리라는 의미로

'방'을 사용합니다. 또는 언어문자로 표현할 수 없는 선의 경지를 표현할 때도 '방'을 사용합니다. 선의 세계는 언어도 단의 세계이므로 무언의 방법을 통하여 스스로 깨닫게 하기 위해서입니다.

그렇다면 법문을 하기 전에 '꽝!' 하고 내려치는 것은 어떤 의미일까요? 일차적으로는 시선과 정신을 집중시키는 역할을 하지만, 본뜻은 '이것이 무슨 뜻인지 알겠는가?' 이런 뜻입니다. 물론 안다면 그 사람은 선의 이치를 깨달았다고 할 수 있겠지요.

'방(棒)'은 '봉'이라고도 발음합니다. 주장자나 몽둥이 같은 것으로써 '치다' '때리다'는 뜻이지만 그러나 실제로 몽둥이로 치는 것은 아니고 주장자 같은 것으로 가볍게 어깨를 '탁' 친다거나 땅바닥을 치는 것을 말합니다. 야구방망이나 큰 몽둥이 같은 것으로 친다면 때론 골절상을 입게 됩니다.

선어록을 읽다 보면 종종 '일돈방(一頓棒)' '삼돈방(三頓棒)' 또는 '삼십돈방(三十頓棒)'이라는 표현을 볼 수 있습니다. 여기서 '돈(頓)'은 횟수를 말하는데 일돈방은 한 번이고, 삼돈방은 세 번입니다. 그렇다면 삼십돈방이라고 한다면 30번을 치는 것이 되는데 이렇게 많이 친다면 그것은 제자를 훈육하는 교육적 차원의 '방'이 아니라 상대방을 두들겨 패는 '몽둥이'가 됩니다. 그러므로 30돈방을 실제 때린 숫자로 이해하면 안 됩니다. 알음알이나 번뇌 망상이 워낙 많아서 '30방쯤 맞아야 한다.' 또는 '한참 더 공부해야 한다.'는 뜻입니다.

'방'을 가장 많이 쓴 스님은 당 말의 선승 덕산(德山, 782~865) 화상입니다. 그는 수행자들을 지도할 때 걸핏하면 '방'을 사용하여 '덕산방'이라는 별칭이 붙을 정도였는데, 수행자에게 문제가 있으면 사정없이 후려쳤다고 합니다. 이역시 '인정사정을 두지 않고 즉석에서 질책했다.'는 뜻이지, 실제로 사정없이 후려쳤다고 생각하면 안 됩니다.

처음 '방'을 쓴 선승은 의외로 육조혜능 선사입니다. 《육조단경》에 보면 다음과 같은 대화가 실려 있습니다.

혜능 선사가 제자 신회를 향하여 주장자로 땅바닥을 세 번 내려쳤다.(이것이 무슨 뜻인지 알겠느냐는 의미임).
그러자 제자 신회가 여쭈었다.
"화상께서는 지금 좌선하고 계신데 앞이 보입니까? 안 보입니까?"
스승 혜능이 말했다.
"내가 주장자로 너를 쳤는데 아픈가, 아프지 않은가?"
신회가 대답했다.
"아프기도 하고 아프지 않기도 합니다."

《육조단경》〈남돈북점(南頓北漸)장〉

　　이 선문답의 핵심은 스승 혜능이 제자 신회에게 "내가 주장자로 너를 쳤는데 아픈가, 아프지 않은가?"에 있습니다. 물론 이 장면에서도 스승 혜능이 주장자로 신회를 친 것이 아니라, 신회가 앉아 있는 방바닥을 '쾅, 쾅, 쾅' 세 번 내려친 것입니다. '아프냐?'고 물었다고 하여 때린 것이라고 해석하면 큰 착각입니다. 비록 방바닥을 쳤지만 신회의 마음에 와 닿는 울림은 직접적으로 맞은 것 이상입니다.

　　'방'은 하나의 화두입니다. 덕산 화상이 즐겨 사용했다고 하는 '방' 역시 정신을 차리게 하기 위한 수단이면서도 화두의 역할을 하고 있습니다.

　　여기에 개인적인 감정은 전혀 들어 있지 않습니다. 액션은 매우 거칠어도 마음속으로는 이 방의 의미를 깨달아서 훌륭한 선승이 되어 주길 바라는 마음일 것입니다. '방'은 깨달음을 이루게 하는 무언의 교육 방법입니다.

왕 초보 선박사 되다

참고 　관련 항목은 '할' 입니다.

할

　선승들은 "무엇이 부처(진리)입니까?" 하고 질문을 받으면 이론적인 대답 대신 가슴이 철렁할 정도로 큰 소리(할= 喝)를 지르는 때가 많습니다. 또 법문을 마칠 때도 '할(喝)' 하고 소리를 지릅니다. 도대체 그 소리가 무슨 뜻일까요?

　'할'은 큰 소리로 고함치는 것을 말합니다. '할'이라고 표기하지만 원래 발음은 '갈'로서 그냥 호통치는 소리를 가리킵니다. 큰 소리로 고함쳐서 상대방으로 하여금 알음알이와 분별심을 끊고 깨달음을 이루게 하기 위한 것입니다. 말하자면 깨달음을 얻게 하기 위한 교육 수단이지요.

　따라서 음성 그 자체에는 아무런 의미가 없습니다. 쓸데없이 알음알이를 내거나 망상 피우지 말라는 의미이므로 '악' '억' '꽥' 해도 상관없습니다. 우리말에 '일갈(一喝, 꾸짖다)하다'는 말이 있는데 어의상으로는 같습니다.

선문답에서 '할'은 여러 가지 의미로 사용됩니다. 대체로 화두와 같은 역할을 하면서도 때론 제자가 잘못 수행하고 있음을 질타하고자 할 때, 알음알이 등 분별심을 갖지 말라고 할 때 사용하는데, 때에 따라서는 칭찬하는 의미의 '할'도 있고, 단순히 상대방의 말을 잘 알아들었다는 의미의 '할'도 있습니다. 어떤 의미의 '할'인지는 앞뒤 문장과 분위기를 보고 파악해야 합니다.

수행승에게 '할'을 사용하여 그들로 하여금 깨달음의 길로 들어서게 했던 분은 중국의 유명한 선승 임제의현(臨濟義玄, ?~867)입니다. '임제할'이라는 별명이 붙을 정도로 자유자재로 '할'을 사용했던 그는 '방(棒)'을 잘 사용했던 덕산 선사와 함께 기봉(機鋒, 선의 액션)의 쌍벽을 이룬 선승입니다.

'할'의 종류에 대하여 《임제록》의 한 장면을 보도록 하겠습니다. 참고로 '할'에 번호 ⑴ ⑵를 붙여서 구별하도록 하겠습니다.

(원 문)

上堂. 有僧出禮拜, 師便喝⑴. 僧云, 老和尙莫探頭好. 師云, 爾道落在什麼處. 僧便喝⑵. 又有僧問, 如何是佛法大意. 師便喝⑶. 僧禮拜. 師云, 爾道好喝也無. 僧云, 草賊大敗. 師云, 過在什麼處. 僧云, 再犯不容. 師便喝⑷.

(번 역)

임제 선사가 법문을 하기 위하여 설법당으로 올라가자 어떤 스님이 나와서 합장했다. 임제 선사가 곧바로 '할'(1)을 하자 그 스님이 말했다. "노화상(임제)께서는 '할'로 사람을 탐색하지 마십시오." 임제 선사가 말했다. "그대는 내가 '할'을 한 이유를 아는가?" 그 스님이 곧바로 '할'(2)을 했다.

또 어떤 스님이 질문했다. "어떤 것이 불법의 대의(大意)입니까?" 임제 선사가 곧바로 '할'(3)했다. 그 스님이 합장하니 임제 선사가 말했다. "그대는 나의 이 할(喝)에 대하여 어떻게 생각하는가?" 그 스님이 말했다. "산적(제가)이 대패했습니다." 임제 선사가 말했다. "허물(잘못)이 어느곳에 있느냐?" 그 스님이 "두 번 다시 과오를 범하지 않겠습니다."라고 말하자 임제 선사가 곧바로 '할'(4)했다.

앞의 선문답에서 (1) (2) (3) (4)로 표기하고 있는 바와 같이 '할'은 모두 네 번 나옵니다. 그런데 그때마다 '할'의 의미가 조금씩 다릅니다.

(1)번 할은 합장에 대한 감사 표시입니다. "나는 별일 없네. 그대도 잘 있는가?" 정도가 되겠지요. 물론 더 심층적으

로 해석한다면 합장에는 "노화상은 여전히 본래면목의 자리를 잘 지키고 있습니까?"라는 뜻도 들어 있습니다.

(2)번 할은 반대로 그 스님이 임제 선사에게 던진 할입니다. 임제 스님이 "그대는 내가 '할'을 한 이유를 알고 있는가?"라고 물은 데 대한 대답입니다. 물론 알고 있다는 뜻입니다.

(3)번 할은 또 다른 어떤 스님이 임제 선사에게 "어떤 것이 불법의 대의(大意)입니까?" 하고 묻자 임제 선사가 '할'했는데, 여기서 '할'은 "바로 이 할이 그대가 묻는 불법의 대의(大意)일세."라는 뜻을 담고 있습니다. 이것은 화두, 선의 진리를 표출하고 있는 할입니다.

(4)번 할은 임제 선사가 '할'을 한 것인데 말하자면 그대가 과오가 어디에 있는지 잘 알고 있다니 다행이라는 뜻의 '할'입니다.

이와 같이 '할'에도 '긍정적인 할'과 '부정적인 할' '대답하는 할' '질타하는 할' 등 여러 가지 유형이 있습니다. 그러나 주로 잘못된 생각이나 망상을 꾸짖을 때, 사량분별심을 갖지 말라고 질책할 때, 그리고 언어로 표현할 수 없는 선의 이치를 드러낼 때 '할'을 사용합니다.

'할'은 임제 선사가 많이 썼지만 사실 처음 '할'을 사용한 사람은 마조 선사입니다. 제자 백장 스님과의 선문답에서 처음으로 '할!'을 사용했는데, 마조 선사의 '할'에 백장 선사는 사흘 동안 귀가 멀었다고 합니다. 충격이 컸다는 것으로 결국 깨달았다는 뜻인데 사흘 동안이나 귀가 멀었다고 하니 중국 사람들의 뻥도 어지간하지요?

'할'은 상대가 미워서 소리 지르는 것이 결코 아닙니다. 말투는 거칠어도 훌륭한 수행자가 되어 깨달음을 성취하기를 바라는 마음에서 나오는 소리입니다. 덕산의 '방'도 같은 의미입니다.

선
어
와
선
구
풀
이

참고 관련 항목은 '방' '선문답과 법거량' '알음알이와 분별심' 등입니다.

방하착

9세기경 중국에 엄양(嚴陽) 스님이라는 분이 있었는데, 인품이 매우 훌륭해서 '엄양 존자'라고 불렸습니다. 엄양 존자가 어느 날 선승 조주(778~897) 선사를 찾아가서 물었습니다.

"선사, 한 물건도 가지고 오지 않았을 때는 어떻습니까 (一物不將來時如何)?"

그의 질문에 조주 화상은 다음과 같이 대답했습니다.

"놓아 버려라(放下着)."

애당초 한 물건도 가지고 온 것이 없다고 했는데 무엇을 놓아 버리라고 하는 것인지, 이치에 맞지 않는다고 생각한 엄양 존자는 다시 질문했습니다.

"이미 한 물건도 가지고 오지 않았는데 무엇을 내려놓으라는 것입니까?"

"그렇다면 다시 짊어지고 가거라(擔取去)."

조주 화상은 그를 완전히 코너로 몰아붙였습니다.

'방하(放下)'는 '내려놓다' 또는 '놓아 버리다'라는 뜻이고, '착(着)'은 '방하'를 강조하기 위한 명령형 어조사입니다. 즉 '집착하는 마음을 놓아 버리라.'는 뜻입니다.

엄양 존자와 조주 선사 사이에 벌어진 선문답을 보면 곧 육탄전이라도 벌어질 듯한 기세입니다. 내려놓을 것이 하나도 없다는데 도로 짊어지고 가라고 했으니, 엄양 존자는 진퇴양난에 빠졌다고 할 수 있습니다.

이 선문답의 핵심은 물론 '방하착'에 있지만 그보다 더 흥미진진한 대목은 "이미 한 물건도 가지고 오지 않았는데 또 무엇을 또 내려놓으라는 것이냐?"는 엄양 존자의 반문과 "다시 짊어지고 가라(擔取去)."는 조주의 악담 같은 답어입니다.

선어와 선구 풀이

이제 여기서 구체적으로 생각해 봐야 합니다. '내려놓을 것이 하나도 없다'는데 조주 선사는 무엇을 짊어지고 가라고 한 것일까요?

여유를 갖고 조근조근 풀어 보도록 합시다.

이 선문답을 자세히 분석해 보면 엄양 존자는 자신은 이미 모든 집착을 놓아 버렸다는 생각 아래 조주 선사에게 묻고 있는 것입니다. 말하자면 "이 정도면 수행이 된 것이 아니냐?"는 전제하에 다짜고짜로 "한 물건도 가지고 오지 않았을 때에는 어떻습니까(一物不將來時如何)?" 하고 물은 것입니다. 여기서 '여하(如何)'는 '어느 정도냐'는 의미로서 자신의 수행이 '이만하면 된 것이 아니냐?'는 뜻입니다.

그러나 백전노장인 조주 선사가 보기엔 그는 아직 여전히 집착하는 마음이 남아 있었던 것입니다. 아직 완전히 내려놓지 못한 것이 하나 있음을 발견한 것이지요. 그것은 다름 아닌 '한 물건도 가지고 온 것이 없다'고 하는 그 생각(관념)이었습니다. 그 생각은 놓아 버리지 못했던 것입니다.

조주 화상이 그를 향하여 '방하착(放下着)하라'고 한 것은 바로 '한 물건도 가지고 오지 않았다'고 하는 그 의식마저 놓아 버리라는 것입니다. 그런 의식까지 버린 상태가 되어야 비로소 무집착이고 무념 무일물의 상태라는 것입니다. 여기서 말하는 '한 물건(一物)'이란 물질적인 것을 뜻하는 것이 아니라, 번뇌 망상과 고정관념을 가리킵니다.

예컨대 어떤 훌륭한 사람이 스스로 자기 자신을 훌륭한 인물이라고 생각한다면 그는 아직 훌륭한 사람이 아닙니다. 정말로 훌륭한 사람은 자신이 훌륭하다는 것을 모릅니다. 오히려 부족하다고 생각합니다. 그래서 훌륭한 것입니다.

무엇이든 내려놓지 못한 채 지니고 있는 것은 무거운 짐을 지고 서 있는 것이나 마찬가지입니다. 짐은 어떤 짐이든 마음을 억누릅니다.

　방하착은 무소유, 무집착을 상징합니다. 물질적인 것은 물론이고 어떤 고정관념이나 집착심, 그리고 선입견도 갖지 말아야 합니다.

선
어
와
선
구
풀
이

참고 관련 항목은 '본래무일물' '공' '날마다 좋은 날' '평상심시도' 등입니다.

백척간두 진일보

'척(尺)'은 길이나 높이를 나타내는 단위입니다. 우리말로는 '자(尺)'라고 하는데, 1척이 대략 30.3센티미터이므로 100척이면 약 30미터가 됩니다.

'백척(百尺)'이나 '백화(百花)' 등에서도 볼 수 있듯이 중국 사람들은 많은 것을 표현할 때는 주로 '백(百)'이라는 숫자를 즐겨 씁니다. 예컨대 중병에 걸려 갖가지 약을 써도 통하지 않을 때는 '백약(百藥)이 무효(無效)'라고 합니다. 이때 '백약'은 실제 백 가지 약을 뜻하는 것이 아니라 '갖가지 약'을 뜻합니다. '백화(百花)가 만발했다.'는 말도 '백 가지 꽃이 피었다'는 뜻이 아니라 '갖가지 꽃이 다 피었다.'는 뜻입니다. 그러므로 여기서 '백척'은 '아주 높음'을 상징합니다.

'간두(竿頭)'는 빨랫줄을 높이 올리는 긴 막대기를 가리킵니다. 요즘엔 대부분 주거 공간이 아파트고 생활 특성상

플라스틱이나 쇠로 만든 접이식 빨래 건조대를 사용하지만, 옛날에는 빨래를 빨랫줄에 널어서 말렸습니다. 이때 빨랫줄이 축 늘어지는 것을 방지하도록 줄 한가운데를 높이 받쳐 주는 막대기가 있는데 이것이 바로 '간두'입니다. '진일보(進一步)'는 '한 걸음 더 나아간다'는 뜻입니다.

'백척간두 진일보(百尺竿頭 進一步)'는 '백 척이나 되는 높은 장대 위에서 한 걸음 더 나아가라.'는 뜻입니다. 물론 이 말을 액면 그대로 받아들인다면 아마 그날 올라간 사람은 모두 제삿날이 똑같을 것입니다.

그렇다면 이 말은 무엇을 뜻하는 말일까요?

백 척이나 되는 높은 곳(백척간두, 장대)은 최고봉 즉 깨달음의 세계를 뜻합니다. 고봉정상(高峰頂上, 높은 봉우리 정상)'이나 '독좌대웅봉(獨坐大雄峰, 홀로 대웅봉에 앉다)'이라는 선어에서도 볼 수 있듯이 '깨달음의 세계'를 최고봉이라고 합니다.

따라서 '백척간두'나 '고봉정상'에 올라갔다면 그는 이미 '깨달은 사람' '목적지에 도달한 사람'인데, 여기서 한 걸음 더 나아가라는 것(進一步)은 도대체 무슨 뜻일까요? 이 말은 깨달음의 세계에 머무르지 말고 한 번 더 전진하라는 뜻입니다. 깨달았다고 하는 그 자리에 안주하지 말라는 것입니다.

선의 목표는 깨달음입니다. 그러나 깨닫고 나서 그 세계에 안주하면 그 역시 집착입니다. 공(空)이 아닙니다. 선의 기준점은 공·중도·불이(不二)·무집착·무분별 등에 있기 때문입니다.

예컨대 아름다운 꽃을 보고 나서 그 꽃밭에서 살고자 한다면 그것은 결국 자신을 구속하는 것으로서 집착에서 벗어나지 못한 것입니다. 깨달음도 마찬가지입니다. 자전거가 계속 굴러야 넘어지지 않듯이 깨달음도 그 세계에 안주하면 그 역시 집착에 지나지 않습니다. 무엇이든지 집착은 선의 세계가 아닙니다.

백척간두 진일보가 의미하는 바는 '깨달음을 얻은 후에는 깨달았다는 그 생각마저도 버려야 한다.'는 뜻입니다. 깨달았다는 생각이 있는 한 아직 덜 깨달은 것이라는 뜻이지요. 깨달았다는 생각마저 버릴 때 비로소 완전한 깨달음을 성취할 수 있습니다.

선어 가운데 '현애살수(懸崖撒手)'라는 말이 있습니다. '절벽에서 잡고 있는 손을 놓으라'는 뜻인데, 백척간두 진일보와 같은 말입니다. 집착한다면 그것은 아직 미완의 깨달음입니다.

또 하나의 예를 들어 보겠습니다. 학자로서 자신의 학문에 만족하면 그는 더 이상 발전할 수 없습니다. 기업도 어느 정도 성공했다고 생각하면 그 기업은 그 자리가 무덤이 됩니다. 수행자로서 자신의 경지가 최고라고 생각한다면 그것은 진정한 깨달음을 성취한 것이 아닙니다. 아직 덜 깨달은 것입니다.

백척간두 진일보의 또 다른 의미는, 깨달음을 이룬 후에는 부처의 세계에 머물지 말고 다시 중생의 세계로 내려와야 한다는 가르침이기도 합니다. 중생의 세계로 내려와서 중생을 제도해야 한다는 것입니다. 가장 최고의 목표인 깨달음을 성취하여 성인(부처)이 되었다면, 그다음에 해야 할 일은 중생 속으로 내려와서 고통에 허덕이는 사람들을 교화해야 합니다. 그것이 진정한 부처다운 삶입니다.

선
어
와
선
구
풀
이

참고 관련 항목은 '살불살조'입니다.

보고 듣고 아는 그놈은 누구인가

"보고 듣고 아는 이놈이 뭔지 찾아보라." 또는 "어떤 놈이 보고 듣고 아는지 그놈을 찾으라."고 합니다. 그놈을 찾으면 '깨달은 것' '부처가 된 것'이라고 합니다. 틀린 말은 아니지만 이 말처럼 많은 문제점을 안고 있는 말도 없습니다.

우선 이 말은 듣는 사람으로 하여금 '영혼을 찾으라.' '영혼을 깨달으라.' 또는 '영혼을 알면 그것이 바로 깨닫는 것'이라는 말로 오해할 소지가 크다는 것입니다. 실제 그렇게 이해하고 있는 사람도 많습니다. 고백한다면 필자 역시 처음엔 그렇게 이해했습니다. '보고 듣고 아는 이놈'이라고 한다면 우리는 우선 자신의 내면에 있는 어떤 주재자나 영혼 같은 존재를 상정할 수밖에 없습니다.

"보고 듣고 아는 이놈이 뭔지 찾아보라."는 말의 원문은 '견문각지(見聞覺知)'입니다. '견문각지'란 눈으로 사물을 보고(見), 귀로 소리를 듣고(聞), 코로 냄새를 맡고, 혀로 맛을 알고, 육체로 촉감을 느끼고, 생각(뜻)으로 모든 사물을 인식(=覺知)하는 주체를 가리키는 말로서, 안(眼)·이(耳)·비(鼻)·설(舌)·신(身)·의(意)의 6식(六識) 작용을 가리킵니다. 즉 심의식(心意識)이 객관세계와 접촉하는 것을 총칭하는 말이 견문각지입니다.

이 말(보고 듣고 아는 그놈이 뭔지 찾으라)은 '자신의 내면에 있는 어떤 주재자나 '영혼'을 찾아보라'는 뜻이 아닙니다. '마음을 찾으라'는 뜻입니다. 영혼이나 주재자 같은 것을 찾으라는 말로 해석하면 그는 선의 정신을 잘 모르는 사람입니다. 불교사상에 대한 이해, 선사상에 대한 이해가 부족한 사람입니다.

여기에 대해서는 사실 당대(唐代)부터 많은 선승들이 문제점을 지적해 왔습니다. 남양혜충(?~775), 현사사비(835~908), 대혜종고(1089~1163) 선사 등은 "보고 듣고 아는 주제(견문각지의 주제)를 자기로 착각하지 마라."고 비판하고 있습니다. 그 이유는 자칫하면 영혼이나 아트만 등을 찾으라는 말로 오해할 소지가 있기 때문입니다.

즉 '견문각지'란 단순히 우리의 감각기관인 안(눈)·이

선어와 선구풀이

(귀) · 비(코) · 설(혀) · 신(육체) · 의(의식)가 그 대상인 물체(색) · 소리(성) · 냄새(향) · 맛(미) · 촉감(촉) · 존재(법)와 만나서 발생하는 것으로서 정신 현상일 따름이라는 것입니다. 6식, 분별의식(분별심), 중생심에 불과하다는 것입니다.

선수행의 목적은 영혼을 찾기 위하여 수행하는 것이 아닙니다. 선은 수행을 통하여 희로애락이 교차하는 이 마음의 존재, 또는 청정한 본심을 회복하자는 것입니다. 번뇌 없는 깨끗한 마음을 갖자는 것입니다.

어떤 이들은 깨달으면 영혼의 세계도 알 수 있고 윤회의 세계도 알 수 있다고 하는데 이 역시 선의 정신이나 선수행과는 조금도 관련이 없는 말입니다. 그것은 한마디로 삿된 말입니다. 깨달음이란 영혼이나 윤회 등의 문제와는 별개의 문제입니다.

만일 선수행의 목적이 영혼의 존재를 찾는 데 있다면 부질없이 화두를 들고 선방에 앉아 있을 필요가 없습니다. 차라리 무당한테 가서 영혼의 세계, 영혼의 실체에 대하여 가르침을 받는 것이 더 첩경일 것입니다. 굳이 부처님 말씀을 듣거나 참선을 하거나 경전을 읽을 필요가 있겠습니까?

참고 관련 항목은 '불성과 영혼' '윤회와 해탈' '본래면목' '견성성불' '깨달음' 등입니다.

본래면목 (=본지풍광)

우리는 간혹 예의를 차리지 못했을 때, 또는 사람으로서 해야 할 도리를 못했을 때 "면목(面目)이 없습니다."라고 합니다. '내놓을 얼굴이 없다.'는 뜻인데 선에서 말하는 '본래면목'과 일맥상통하는 말이기도 합니다.

'본래면목(本來面目)'을 우리말로 정확히 표현하기란 참으로 어렵습니다. 우리는 어떤 사물을 보고 느낄 수는 있지만 그것을 언어로 표현하려면 쉽지 않습니다. 설사 표현한다고 해도 흡족하지 못할 때가 많습니다.

'본래면목'이라는 말도 그 가운데 하나가 아닐까 생각합니다. 갖가지 언어적 수사를 동원하여 근사치에 가깝도록 표현해 보고자 합니다만, 과연 이해하기 쉬울지는 의문입니다. 설명이 좀 복잡합니다만, 차분히 읽어 주시기 바랍니다.

'본래면목'이란 '본모습' '본얼굴' 정도가 될 것입니다.

선어와 선구풀이

또는 '본래 가지고 태어난 순수한 모습' 혹은 '전혀 꾸미지 않는 모습'이라고 할 수 있습니다. '조금도 때가 묻지 않은 순진무구한 모습'이고, '인위적인 조작을 가하지 않은 자태'라고 할 수 있습니다.

철학적으로 표현하면 '본래적 자기' '진정한 자기' '진실한 자기 자신의 모습' 또는 '자기 자신의 정체성'이라고 할 수 있습니다.

선에서 말하는 '본래면목' 역시 앞에서 말한 철학적 개념과 같습니다. 선의 언어나 방식으로 설명한다면 사람마다 본래 갖추어져 있는 '심성' '본성' '불성'으로서 진실한 자기 자신의 참모습을 가리킵니다. 그 본성은 티 없이 깨끗합니다. 좀 어려운 말입니다만 '진여자성(眞如自性, 불변의 본성)'과 동의어입니다.

'본래면목'이라는 말은 때론 그 의미가 전변(轉變)하여 '너의 진실한 모습은 무엇이냐?' '너의 참모습은 무엇이냐?' 또는 '깨달음을 얻었다면 그 깨달은 것을 내놓아 보라'는 뜻으로 쓰이는 때도 있습니다.

또는 "영원히 변치 않는 '나(我)'란 무엇인가?" "무엇이 선의 진리인가?" "무엇이 부처인가?"라는 말과 동의어로 쓰일 때도 있습니다. 선어 가운데 '본지풍광(本地風光, 본래의 모습)'이라는 말이 있는데 같은 말입니다.

'본래면목'이라는 말 앞에는 항상 '부모미생전'이라는 수식어가 붙습니다. 즉 '부모미생전(父母未生前) 본래면목'이라고 하는데, 또 여기엔 상투적으로 '무엇이냐?'는 물음표(?)가 붙어서 '부모로부터 태어나기 이전 나의 본래면목은 무엇이냐?'라고 묻는 정형구를 이룹니다.

부모미생전 본래면목에 대하여 설명하도록 하겠습니다. '부모'는 우리를 낳아 준 부모님을 가리킵니다. '미생전(未生前)'은 '아직 부모한테서 태어나기 이전'을 말합니다. 부모한테서 태어나기 이전이라고 한다면 무슨 태생적인 것을 가지고 이야기하는 것 같지만 전혀 아닙니다.

'부모미생전'이란 '분별 이전' '분별의식이 생기기 이전'을 말합니다. 분별의식이 생기기 이전인 '근원' '본질' 등을 뜻합니다. 본래면목은 '본래 나의 모습'으로서 참모습 또는 근원적인 자기 자신을 가리킵니다. 즉 '분별심이 생기기 이전 너의(나의) 참모습은 무엇이냐'는 뜻입니다.

본래면목은 화두입니다. 우리나라에서도 이 화두를 참구하는 분들이 많습니다.

그런데 의외로 '부모미생전 본래면목'을 영혼으로 착각하는 분들이 많습니다. 본래면목은 앞에서도 설명했듯이 '본래적인 나(我)'를 가리키는 말인데, 여기에 '부모로부터 태어나기 이전'이라는 말이 붙으니까 영혼이라고 혼동하는 것 같은데, 이것은 아직 선에 대한 안목이 열리지 못했기 때문입니다.

거듭 설명하지만 '부모미생전 본래면목'이란 '분별 이전' '번뇌 망상이 일어나기 이전'이고 본래면목은 '진실한 나의 모습' 또는 '본래적 자기(我)'를 뜻합니다. 두 어휘가 결합된 말로서 근원적인 자기에 대한 강한 반문입니다. '나(너)의 본모습은 무엇인가?' '나(너)의 실체는 무엇이냐?' 또는 '나(너)는 누구냐?'고 묻는 말입니다. 다른 사람이 묻는 것이 아니라 스스로 묻는 것(自問)입니다. 자문과 반문을 통하여 자기 자신을 성찰하는 것입니다.

참고 관련 항목은 '주인공' '불성과 영혼' 입니다.

본래무일물

아무것도 가지고 있지 않은 것을 '무일물(無一物)'이라고 합니다. 부모로부터 물려받은 재산도 집도 돈도 없는 빈털터리가 무일물입니다. 그러나 선에서는 이 말만큼 깨달음의 상태를 훌륭하게 나타낸 말도 드뭅니다.

'본래무일물(本來無一物)'이란 우리말로 풀이하면 '본래 한 물건도 없다' 또는 '본디 아무것도 없다.'는 뜻으로 청정한 마음 상태, 텅 빈 공(空)의 상태를 가리키는 말입니다. 말하자면 번뇌가 하나도 남아 있지 않은 상태로서 깨달은 상태, 진리와 합일된 상태입니다.

그런데 우리가 이 말의 뜻에 대하여 주의해야 할 것은 번뇌가 있었는데 수행에 의하여 제거되었다는 뜻이 아니라 '애당초 번뇌란 없었다.' 또는 '본질적으로 번뇌는 없다'는 뜻입니다.

선의 특징은 이와 같이 본질적으로 번뇌가 없다는 관점에서 출발하고 있습니다. 이것이 다른 수행법과의 차이점입니다. 반대로 '한 물건(번뇌)'이라도 갖고 있다면 그것은 아직 무일물의 상태, 무소유의 상태가 되지 못한 것입니다.

그렇다면 왜 번뇌가 생기게 된 것일까요? 번뇌가 생기게 된 것은 사치·허영·시기·질투 등 갖가지 욕망과 무지로 말미암아 이물질(오염)이 끼어들어 왔기 때문입니다. 깨끗한 연못이 홍수 때문에 흙탕물이 된 것입니다. 그 이물질을 제거하는 작업이 바로 수행이고, 이물질이 제거된 상태가 바로 깨달음입니다. 옷에 달라붙어 있는 먼지를 제거하는 작업(세탁), 그것이 수행이고, 그 먼지를 완전히 제거한 상태, 그것을 깨달음이라고 합니다.

본래무일물은 육조혜능(六祖慧能, 638~713) 선사가 처음 쓴 말입니다. 선사가 입산하여 행자의 신분으로 있을 때 어느 날 스승 오조홍인(五祖弘忍, 601~674)이 모든 대중을 모아 놓고 다음과 같이 말했습니다.

"여러분 중에 뛰어난 사람을 정하여 내 법을 계승시키고자 하니, 각자 오도송을 하나씩 지어 바치라."

당시 자타가 공인하는 수제자는 대통신수(大通神秀, 606~706)였습니다. 그는 스승 홍인에게 다음과 같은 시를 지어 바쳤습니다.

몸은 곧 보리를 기르는 나무이고　　　　(身是菩提樹)

마음은 맑은 거울의 받침대와 같다　　　(心如明鏡臺)

그러므로 항상 부지런히 닦아서　　　　(時時勤拂拭)

먼지가 묻지 않게 해야 한다　　　　　 (莫使有塵埃)

　육체는 깨달음(보리)을 기르는 나무와 같고 마음은 깨끗한 거울과 같다. 그러므로 항상 더러워지지 않도록 털고 닦아서 번뇌의 먼지가 끼지 않도록 해야 한다는 뜻입니다.

　이 게송은 다음날 대중에게 공개되었습니다. 육조혜능은 이 게송을 보고 본질에 어긋나는 시구라고 픽 웃었습니다. 애당초 번뇌란 없는 것, 즉 본래무일물인데, 먼지가 묻지 못하도록 털고 닦을 것이 없다는 것입니다. 육조혜능은 다음과 같은 게송을 지어 법당 벽에다 붙였습니다.

선어와 선구 풀이

보리란 나무는 본래 없는 것이고　　　　(菩提本無樹)

명경 역시 본래 받침대(臺)가 없는 것이다 (明鏡亦非臺)

본래 한 물건(번뇌)도 없는데　　　　　 (本來無一物)

어디에 티끌이 있다고 하는가　　　　　 (何處有塵埃)

　혜능은 신수의 게송을 완전히 깔아뭉개 버렸습니다. 오조홍인은 혜능의 게송을 보고 그가 크게 깨달았음을 알았습니다. 그리하여 아직 행자에 불과한 혜능(노행자)에게 법을 전했습니다.

그러면 이 두 게송의 차이점은 무엇일까? 신수는 번뇌가 일어나는 현상적인 측면에서 옳은 것이고, 혜능은 '본래무일물'이라고 하는 본질적인 측면에서 옳은 것입니다. 신수의 견해는 수행을 통하여 먼지(번뇌)를 제거해야 한다는 것이고, 혜능은 본래무일물이므로 애당초 먼지가 없다는 것입니다.

혜능과 신수의 게송을 잘 살펴보면 두 말이 다 옳습니다. 다만 신수의 견해를 지지하게 되면 깨달음이란 끊임없이 닦아야 하는 것이 되고, 혜능의 입장을 지지하게 되면 '본래 부처인데 닦을 것이 뭐 있느냐?' 식으로 오만한 생각에 빠질 수 있습니다. 수행 자체를 부정하게 될 위험성이 큽니다.

여담입니다만, 우리는 돈이나 명예, 지위를 얻으려고 애를 씁니다. 욕망이란 허망하다는 사실을 잘 알고 있으면서도 그것을 얻고자 갖가지 수단과 방법을 동원합니다. 급기야는 해서는 안 될 짓도 서슴없이 합니다. 삶의 가치가 오로지 출세이기 때문입니다. '무소유' '본래무일물'이라는 사실을 인식하여 집착으로부터 좀 떨어져 살아가는 것, 그것이 지혜이고 선(禪)이 아닐까요?

참고 관련 항목은 '심외무불 심외무법 심외무물'입니다.

불립문자 교외별전 직지인심 견성성불

　"불립문자(不立文字) 교외별전(敎外別傳) 직지인심(直指人心) 견성성불(見性成佛)"이라는 말은 선불교의 특징을 잘 나타낸 말입니다. 이 긴 문장을 우리말로 옮기면 다음과 같습니다.

　"선은 문자를(에) 의존하지 않는다. 선은 부처님께서 경전 외에 별도로 전해 준 진리로서, 곧바로 그 사람의 마음을 가리켜 본성을 보아 깨달음(부처)을 이루게 한다."는 뜻입니다.

　먼저 4구로 이루어져 있는 이 말을 한 구절씩 나누어 설명한 다음 전체의 뜻을 알아보도록 하겠습니다.

　불립문자(不立文字) : '문자를(에) 의존하지 않는다.' '문자에 집착하거나 얽매이지 않는다.' 또는 '문자를 중시하지 않는다.' 는 뜻입니다.

　교외별전(敎外別傳) : 주어가 빠져 있는 문장이지만 '선

(禪)은 경전 외에 별도로 전한 진리'라는 뜻입니다. 즉 선은 부처님께서 6년간 수행 끝에 깨달으신 내용으로서 경전에는 수록되지 않은 진수라는 것입니다. 이것을 가섭존자에게 전해 주었다고 합니다. 이 과정을 서술하고 있는 고사를 '염화미소(拈花微笑)' 또는 '염화시중(拈花示衆)'이라고 부릅니다. 물론 역사적 사실이 아닌 픽션입니다.

직지인심(直指人心) : 글자 그대로 해석한다면 '바로 사람의 마음을 가리켜서'라는 뜻입니다. 앞의 두 구절에 비해 불완전한 문구이지만, 전체적으로 본다면 이 말은 '그대의 마음이 바로 진리임으로 그 마음을 깨달아야 한다.' 라는 뜻입니다.

견성성불(見性成佛) : '본성을 보아 부처를 이룬다.' 는 뜻입니다. '성(性)'은 '본성' '불성'을 뜻하는데, 여기서 '본성' '불성'이란 '청정한 마음' '부처의 성품'을 가리킵니다. '네 마음이 바로 부처(卽心是佛)' 라는 말과 동의어입니다.

이 네 구절을 요약한다면 '선의 진수는 문자에 있지 않다. 선은 경전 밖에 별도로 전해 준 진리로서, 곧바로 그 사람의 본성을 보아 깨달음(부처)을 이루게 한다.' 는 뜻입니다.

그런데 이 말은 앞에서도 언급했지만, 선의 특징을 잘 나타내고 있는 말이면서도 한편으로는 많은 문제점과 오해를 불러일으키는 말이기도 합니다. 우선 이 말 속에는 경전과 교학을 무시하고자 하는 의도가 강하게 드러납니다. 선은 경전에서는 일절 언급하지 않은 진수라는 것 자체가 바로 선은 우수하고 경전은 지말에 불과하다는 인상을 주고 있기 때문입니다.

그렇다면 이 말은 사실일까요? '불립문자, 교외별전, 직지인심, 견성성불'이라는 말은 언제부터 생긴 말일까요?

이 말이 처음으로 선어록에 등장하는 것은 선의 초조 달마가 입적한 지 400년 정도 지난 9세기 초입니다. 즉 당나라 덕종 연간(779~805)에 편찬된 선의 역사서《보림전》에 처음 등장합니다. 선이 한창 부흥하던 당 말(唐末) 시기에 선종에서 창안해 낸 말로서, 선의 우월성을 강조함과 동시에 화엄종 등 기존의 교종을 폄하하기 위한 것이라고 할 수 있습니다.

그중 특히 '불립문자(不立文字)'라는 말은 그 의미가 매우 다양하게 확대해석되어 "깨달음의 경지는 언어문자로는 표현할 수 없다." 또는 "경전이나 책은 일체 보지 마라."는 등 여러 가지로 사용되었습니다. "깨달음의 경지는 언어문자로는 표현할 수 없다."는 해석은 맞지만, "책을 보지 마라."는 해석은 불교 전반에 걸쳐 미치는 악영향이 대단히 큽니다. 가장 큰 문제는 경전과 책, 교학과 학문을 무시하는 바람에 한국불교 자체가 무지한 불교로 전락하고 있다는 점입니다.

선어와 선구풀이

오늘날 한국 선불교를 본다면 무엇이 선이고 깨달음인지, 그리고 어떻게 수행해야 하는지, 체계적인 수행 방법도 모르고 참선을 한다고 앉아 있는 형국입니다. 학문적·사상적 바탕도 없이 막연히 선을 논하고 있습니다. 이런 상태로는 일평생 참구해도 깨달을 수 없습니다.

선의 실천철학은 중도입니다. 그런데 경전과 교학을 무시하고 오로지 선에만 치우쳐 있는 것은, 바로 선의 실천철학인 중도로부터 이탈해 있는 것입니다. 편견은 독선과 아만만 기를 뿐 깨달은 자의 원만한 모습이 아닙니다. 중도적인 관점에서 수행해야만 안목 있고 지혜로운 각자(覺者)가 될 수 있습니다.

참고 관련 항목은 '사교입선'입니다.

사교입선

'사교입선(捨敎入禪)'을 글자 그대로 풀어 보면 '교학(경전)을 버리고 선으로 들어가다.'는 뜻입니다.

오늘날 이 말은 앞의 해석처럼 '교학(경전)은 보잘것없고 선이 우월하다.'는 식으로 사용되고 있습니다. 교학과 경전을 경시, 무시하고 선의 우월성을 강조하는 말로 쓰이고 있는데, 잘못된 해석입니다.

원래 '사교입선(捨敎入禪)'은 '일정한 교리 연구를 다 마치고 난 다음에는 선수행을 해야 한다.'는 뜻입니다. 경전이나 교학을 무시하는 용어가 아니라, 화두참선을 하기 전에 반드시 경전을 탐구하여 기초를 쌓은 다음에 선으로 들어가야 함을 강조하는 말입니다.

그러나 선승들은 대부분 교학을 무시하는 용어로 해석하고 있으며, 교학을 연구하는 당사자들도 그렇게 해석하는 때가 많습니다. 원뜻이 전하는 메시지나 시사하는 바는 무시하고 글자 그대로 '부처님 말씀이나 경전, 교학을 버리고 오로지 참선 공부만 해야 한다.'고 해석하고 있는 것입니다. 그렇게 해석하면 그것은 큰 잘못입니다. 그것은 '부처님 말씀을 믿지 마라' 또는 '경전을 무시하라' '경전을 내다 버려라' 는 말이 되는데, 이런 망언이 어디에 있겠습니까. 이것을 과연 불제자로서 올바른 생각이라고 할 수 있을까요?

경전이나 교학은 부처님께서 깨달으신 세계, 진리의 세계를 언어문자로 기록한 것입니다. 그러므로 선수행을 하더라도 경전은 항상 중시해야 합니다.

경전은 깨달음을 이루게하는 안내서입니다. 이정표이고 지침서입니다. 그런데 경전과 교학을 모두 버린다면, 이정표도 지도도 안내서도 없이 깨닫겠다는 것인데 불가능한 말입니다. 예컨대 운전면허를 취득하고자 해도 책을 보든 학원을 가든 둘 중 하나를 택해야 하는데, 깨달음을 얻겠다는 사람이 아무런 지침서도 없이 터득한다는 것은 어불성설입니다.

언어는 의사소통의 도구입니다. 언어에는 표면적인 뜻도 있고 이면의 뜻도 있습니다. 선에서 사용하는 말은 대부분 언어나 문자 이면의 뜻을 담고 있는 때가 많습니다. 그러므로 무엇을 말하는 것인지 잘 파악해야 합니다. 그것이 관건입니다.

거듭 강조하거니와 이 말은 참선을 하기 전에 먼저 교학적인 바탕을 튼튼히 한 다음에 선으로 들어가야 한다는 뜻입니다. 부처님 말씀 즉 경전과 교학을 통하여 기초와 정견(正見)을 갖춘 다음 선수행을 해야 소기의 효과를 얻을 수 있다는 뜻입니다. 개인이나 집단의 이기주의에 빠져서 본래의 의미를 악용하지 말아야 할 것입니다.

살불살조

"부처를 만나면 부처를 죽이고 조사를 만나면 조사를 죽여라(살불살조, 殺佛殺祖)."

이 말은 중국의 유명한 선승 임제의현(?~867)의 말씀입니다. 임제 선사의 말씀은 이처럼 항상 다소 과격하고 파격적입니다. 초상화를 보면 무섭게 생겼는데 아마 타고난 기질도 좀 와일드했던 것 같습니다.

제가 열여덟 살 무렵 월정사에서 하안거를 할 때입니다. 하안거를 시작하는 날(음력 4월 15일, 결제일)에는 으레 산내 대중이 모두 모여 조실스님으로부터 법문을 듣습니다. 그런데 탄허 스님께서 하안거 법어를 하시다가 "부처를 보면 부처를 죽이고 조사를 보면 조사를 죽여라."고 말씀하시는 것입니다. 그 말씀을 듣는 순간 깜짝 놀라지 않을 수 없었습니다. 아니, 부처를 만나면 부처를 죽이고 조사를 만나면 조사를 죽이라니(殺佛殺祖)! 불제자로서 어떻게 부처님도 죽이고 조사 선지식도 죽일 수가 있을까? 가슴이 쿵쿵거렸습니다.

당시 미니스커트가 막 유행하여 젊은 아가씨들이 짧은 치마를 입고 절에 오면 나도 모르게 가슴이 쿵덕거렸는데, 이번에는 그와는 다른 것이었습니다. 부처도 죽이라는 말에서 그만 충격을 받아 가슴이 쿵덕거린 것입니다.

부처를 만나면 부처를 죽이라니! 그것이 정말 가능한 일일까요?

그러나 다른 사람도 아닌 임제 선사의 말씀이고 또 탄허 스님께서 하신 말씀이므로 무언가 다른 뜻이 들어 있을 거라고 생각했습니다. 그 후 김동리의 소설 〈등신불〉을 읽다가 단하천연 선사가 추워서 법당에 모셔져 있는 목불(木佛)을 쪼개서 아궁이에 불을 땠다는 고사를 읽고 나서야 겨우 이해하게 되었지만 속 시원한 이해는 아니었습니다. 지금 생각해 보면 이해도 안 되었는데 억지로 이해한 척한 것뿐입니다.

245

선어와 선구풀이

"부처를 보면 부처를 죽이고 조사를 보면 조사를 죽여라(殺佛殺祖)."

무슨 말일까요? 정말로 부처를 보면 부처도 죽이고 조사를 보면 조사도 죽이라는 말일까요? 이 말은 '부처나 조사라는 권위와 명칭, 형상에 사로잡히지 마라.' 는 뜻입니다.

즉 거기에 집착해서는 안 된다는 뜻입니다. 형상이나 권위에 사로잡히면 진실을 볼 수가 없기 때문입니다. 또한 이 말은 '백척간두 진일보'와 동의어로서 '부처나 조사가 깨달은 경지에도 머물지 마라.'는 뜻이기도 합니다.

《금강경》에 이런 말씀이 있습니다.

약이색견아(若以色見我), 이음성구아(以音聲求我)
시인행사도(是人行邪道) 불능견여래(不能見如來)

번역을 한다면 '만약 겉모양이나 형상·모습, 그리고 음성에서 여래(진리)를 찾으려고 한다면 그는 잘못된 길을 가고 있는 사람이다. 그는 결코 여래(진리)를 만날 수 없을 것(깨달을 수 없을 것)이다.' 라는 뜻입니다.

이 말에서도 볼 수 있듯이 수행자가 형상과 이름 등 겉모습에 얽매여 버린다면 결코 진실을 볼 수 없습니다. 화려하게 화장을 하면 원래 얼굴을 알 수 없는 것과 같다고 할 수 있습니다.

한 예로 제자가 자신의 목표를 스승에 둔다면 그는 스승 이상의 경지를 뛰어넘을 수 없습니다. 자식이 아버지를 이상적인 목표로 생각한다면 그는 아버지보다 더 큰 인물이 될 수 없습니다. 그렇다고 스승이나 아버지의 가르침을 따르지 마라, 또는 스승이나 아버지를 무시하라는 말이 아닙니다. 부처나 스승의 자리에 안주하면 그 역시 집착이기 때문입니다.

거듭 설명하지만 선의 사상적 토대는 '공(空)' '중도' '무집착' 등입니다. 고정된 관념이나 개념, 가치관을 부정합니다. '이것이 최고의 깨달음'이라는 것은 없습니다. 최고의 깨달음은 다름 아닌 그 어디에도 집착하지 않는 것 즉 무집착입니다.

"부처도 죽이고 조사도 죽이라."는 말을 윤리나 도덕적인 기준으로 해석하면 그것은 잘못된 해석입니다. 액면 그대로 부처님도 죽이고 조사도 죽여야 한다고 받아들인다면 커다란 착각입니다.

선어 가운데 "부처의 경지도 뛰어넘고(超佛) 조사의 경지도 뛰어넘으라(越祖)."라는 말이 있는데, 그 말과 같은 말입니다.

참고 관련 항목은 '백척간두 진일보'입니다.

수처작주 입처개진

'어느 곳이든 가는 곳마다(隨處) 주인공이 되면(作主), 그 곳은(立處) 모두 진리가 된다(皆眞).'

이 선어는 중국의 유명한 선승 임제의현(?~867) 선사의 말씀으로서 《임제록》에 있는 말입니다. '무위진인(無位眞人, 아무런 지위가 없는 사람이 참다운 사람)'이라는 말과 함께 임제의 선(禪)을 대표하는 말이기도 합니다.

우리는 모두 '마음'을 갖고 있습니다. 그 마음은 나의 소유이므로 내 맘대로 할 수 있습니다. 하지만 정작 우리는 내 마음을 내 맘대로 하지 못하고 있습니다. 늘 감정에 이끌려 주인공다운 삶을 살아가지 못하고 있습니다. 번뇌와 번민 속에서 이방인이 되어, 객(客)으로 살아가고 있습니다. "번민이 깊게 몰려와 일신(一身)을 감돌고 있다."라는 어느 시인의 독백처럼, 번민은 항상 우리 곁을 떠나지 않습니다.

그런데 번민은 조용할수록, 한가할수록 더 찾아옵니다. 여행을 하면 잊는다 하기에 여행을 했더니 여수(旅愁)가 되어 찾아오고, 좀 잊어 볼 요량으로 술이라도 한잔할라치면 한숨이 되어 찾아옵니다. 만사가 번민으로 둔갑합니다.

이처럼 우리는 번뇌 망상에 고역을 당하고 있는데도 아무런 문제의식이나 자각의식이 없습니다. 오히려 삶이란 본래 그런 것이 아니냐는 식이 우리의 생각입니다.

'수처작주 입처개진'

그러나 어느 곳이든지 자신이 주인공이 된다면 '현재 서 있는 그곳은 다 참되고 진실한 곳'이 됩니다. '깨달음의 주체자가 된다면 현재 있는 그곳은 모두 다 아름다운 진리의 세계'가 됩니다. 자신이 삶의 주체가 되면 번뇌는 객(客)이 될 수밖에 없습니다. 이것이 '수처작주, 입처개진'의 효과입니다.

삶의 주관자(주인, 주인공), 생활의 주관자, 인생의 주관자가 되자면 무엇보다도 먼저 긍정적인 생각(시각), 적극적인 생각을 가져야 합니다. 긍정적인 생각으로 살면 비록 육체는 바빠도 마음은 활기차고 생명이 흐릅니다. 하루가 짧고 피곤하지 않습니다. 그러나 부정적인 시각으로 살면 모든 것이 부정적으로 보입니다. 모든 것이 자신을 비웃는 것

선어와 선구풀이

처럼 보입니다.

　대체로 사람들은 여건을 탓합니다. 그러나 여건을 탓하는 것은 결국 남을 원망하는 것이나 마찬가지입니다. 그러므로 여건이나 환경을 탓하지 말고 그것을 극복·개척하는 것입니다. 우울한 일은 셀 수 없이 많습니다. 흔한 일에 너무 상심할 필요가 없습니다. 대신 하루를 잘 활용하여 마음은 좀 한가롭게, 육체는 좀 바쁘게 살아야 합니다. 그렇다고 매일 매일 지친 삶을 살라는 얘기는 아닙니다.

　생활 습관이 인생을 좌우한다는 말도 있습니다. 저녁에 TV 보는 시간을 줄여서 1시간만이라도 자신의 생활을 아름답게 가꾸는 데 활용해 보십시오. 어느 분야든 5년만 집중하면 노하우가 쌓여 새로운 가능성을 발견하게 됩니다. 기존의 전공 말고 또 다른 전공이 하나 더 생기게 되는 것입니다. 그 사람의 가치는 100퍼센트 증가합니다. 진실을 만날 수 있고 예술을 창조할 수도 있습니다.

　수처작주 입처개진은 번뇌에 속박된 삶을 살지 말고 자신이 주체가 되어 살라는 뜻입니다. 깨달음의 주인공이 되라는 뜻입니다. 구속 없는 자유인이 되라는 뜻입니다. 그러면 그 자리가 바로 참된 곳이라는 뜻입니다.

왕초보 선박사 되다

250

참고 관련 항목은 '무위진인' '임제 선사' 입니다.

심우도=십우도

자기 자신의 마음을 찾는 과정을 잃어버린 소를 찾는 데 비유한 그림이 있습니다. '소(牛)를 찾는(尋) 그림'이라는 뜻에서 '심우도(尋牛圖)'라고 하고 또는 10장으로 그려져 있다고 하여 '십우도(十牛圖)'라 하기도 하지요. 마음 즉 본래 깨끗한 마음(本來心)을 되찾는 과정을 소와 수행자의 관계로 설명한 것인데, 이것은 깨달음을 얻는 과정을 10단계로 나누어 설명한 그림이기도 합니다.

선에서 소는 항상 어리석은 마음에 비유됩니다. 아마 집에서 기르는 동물 가운데 소가 가장 우직하기 때문이 아닌가 생각됩니다. 그리고 풀은 번뇌에 비유됩니다. 소가 풀을 뜯어 먹기 위하여 자꾸만 풀밭으로 들어가려고 하듯, 중생의 마음도 끊임없이 번뇌를 쫓아다니기 때문입니다. 여기서 수행자는 나 자신이면서도 감정을 컨트롤하는 이성(理性)이기도 합니다.

법당 벽화를 장식할 만큼 대표적인 선화(禪畵)인 심우도를, 다른 말로는 '목우도(牧牛圖)'라고도 합니다. '소(마음)를 기른다.'는 뜻이지요. 고려시대의 유명한 선승 보조국사 지눌(1258~1210)은 자신의 호를 '소(마음)를 기르는 사람'이라는 뜻에서 '목우자(牧牛子)'라고 했습니다.

다음은 소를 주제로 한 선시입니다.

소를 타고 소를 찾네.

우습구나.

소를 탄 자여,

소를 타고서 소를 찾다니.

매우 풍자적입니다. 이 시구에서도 볼 수 있듯이 수행자가 소(마음)를 타고 있으면서 또 소(마음)를 찾고 있으니 조롱당하고도 남을 만합니다.

심우도는 송나라 때 확암(廓庵) 선사가 그린 심우도와 보명(普明) 선사가 그린 심우도가 있습니다. 우리나라에는 두 가지가 다 들어와 있지만 확암의 심우도가 훨씬 더 많이 알려져 있습니다. 그림을 보면서 설명하도록 하겠습니다.

제1도 심우(尋牛); 소를 찾아 나서다.

그림에서도 볼 수 있듯이 어떤 사람(수행자)이 숲 속에서 사방을 두리번거리면서 열심히 무엇을 찾고 있습니다. 소(마음)를 찾고 있는 것입니다. 그러나 소는커녕 소꼬리도 보이지 않습니다. 언제쯤 보일까요?

제2도 견적(見跡); 소의 발자국을 발견하다.

좌측 아래쪽에 보면 소 발자국이 보입니다. 아직 소를 발견하지는 못했지만 발자국은 발견한 것입니다. 마음의 자취가 보이기 시작한 것입니다. 깨달음이 무엇인지 어렴풋이 감지되는 순간입니다.

제3도 견우(見牛); 소를 발견하다.

이제 비로소 소를 발견했습니다. 소 엉덩이가 보입니다. 다시 말하면 마음의 실체를 발견한 것입니다. 수행자가 소를 막 붙잡으려고 하는 순간입니다. 기회는 많지 않습니다. 절대 이 순간을 놓치면 안 됩니다.

제4도 득우(得牛); 소를 얻다.

드디어 소를 붙잡았습니다. 마음을 찾은 것입니다. 이 단계 즉 그림 3, 4도가 선에서 말하는 견성(見性)의 단계입니다. 그런데 소가 달아나려고 합니다. 마음이 자꾸 밖을 향해 달립니다. 번뇌 망상을 쫓아갑니다. 길을 잘 들여야 합니다. 수행자와 소의 힘겨루기가 시작된 것입니다.

제5도 목우(牧牛); 소를 기르다.

난폭한 소를 채찍으로 길들이고 있는 모양입니다. 수행자가 아무리 소(마음)를 찾았다고 해도 잘 기르고 보호하지 않으면 또 달아날 수가 있기 때문입니다. 이 과정을 선에서는 보임(補任) 즉 깨달음을 단련·숙련시키는 과정이라고 합니다. 숙련시켜서 완전히 자기 것으로 만들어야 합니다.

제6도 기우귀가(騎牛歸家); 소를 타고 집으로 돌아가다.

소가 아주 잘 길들었으므로 이제는 소를 타고 집으로 돌아갑니다. 고삐를 놓아도 달아나지 않습니다. 여기서 집이란 안락한 곳으로 깨달음의 세계, 본성입니다. 소 등에 타고 멋들어지게 쾌재의 나팔을 불고 있습니다. 멋있군요.

선어와 선구 풀이

제7도 망우존인(忘牛存人); 소는 없고 사람만 있다.

이제 완전히 소에 대한 염려는 잊어버린 것입니다. 이제는 "소가 달아나지나 않을까, 도망갈까?" 등의 염려는 하지 않아도 됩니다. 완전히 자기화되었으므로 소에 대한 생각은 놓아 버린 것입니다(忘牛). 하지만 '마음을 찾았다' '깨달았다' 는 생각은 여전히 남아 있습니다(存人). 이것마저 없어져야 합니다.

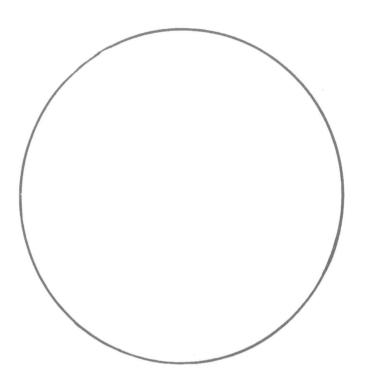

제8도 인우구망(人牛俱忘); 사람과 소를 모두 잊다.

제7도의 '망우존인(忘牛存人)'의 과정을 지나서 이제는 소에 대한 생각은 물론이고 소(마음)를 찾았다는 생각도 잊은 상태입니다. 깨달았다는 생각마저 잊어버린 것입니다. 완전히 체화된 것이지요. 둥근 원 하나만 있습니다. 원은 완전을 뜻합니다. 장자에서 말하는 물아양망(物我兩忘)의 경지입니다.

제9도 반본환원(返本還源); 근원으로 돌아가다.

나무에 꽃이 피어 있습니다. 즉 자연(自然)의 상태로 돌아간 것입니다. 원래 모습, 본래 청정한 마음 상태, 애당초 번뇌가 없는 상태로 돌아간 것입니다. 누구나 다 가진 불성의 자리로 돌아갔습니다. 완전한 깨달음을 성취한 것입니다.

제10도 입전수수(入鄽垂手); 시장 속으로 들어가다.

깨달았으므로 이제는 다시 중생을 제도하기 위하여 세속
(시장, 저잣거리)으로 들어가는 것입니다. 중생들에게 설법
을 하고 있는 모습입니다. 과거에는 초심자였기 때문에 세
속과 멀리할 수밖에 없었지만 지금은 완전히 깨달았으므로
다시 중생을 구제하려고 시장(세속) 속으로 들어가는 것입
니다. 좋은 모습입니다.

심우도는 마음을 닦는 순서를 체계적으로 설명한 선화(禪畵)입니다. 깨달음을 얻는 과정은 물론이고 깨달음을 얻고 난 뒤에도 어떻게 보임(수행)해야 하는지 알기 쉽게 설명한 그림입니다. 이 그림만 잘 이해하면 선수행의 과정과 목적을 알 수 있습니다.

선은 자칫하면 어려운 것이라는 인상을 받기가 쉽습니다. '무(無)'라든가 '깨달음을 얻는다'든가 하는 소리를 들으면, 무언가 현실과는 동떨어진 별세계처럼 생각되기 때문일 것입니다. 가능한 한 알기 쉽게 풀이해야 합니다. 심우도는 선수행을 알기 쉽게 풀이한 좋은 본보기입니다.

심외무불 심외무법 심외무물

'심외무불(心外無佛)'은 '마음 밖에 따로 부처가 없다'는 말이고, '심외무법(心外無法)'은 '마음 밖에 따로 진리(法)가 없다'는 말입니다. 모두 같은 말로서 그 뜻은 '마음이 곧 진리'라는 뜻입니다.

비슷한 말로서 '마음 밖에 물건이 없다(心外無物)' 또 '마음이 곧 부처(心卽是佛)'라는 말도 있는데 모두 동의어로서 '마음을 깨달으라'는 뜻입니다.'

그런데 '마음 밖에 따로 부처가 없다'는 말에서 '부처'를 대웅전에 모셔져 있는 불상이나 또는 역사상 실존했던 부처님을 가리키는 말로 이해하면 안 됩니다. 여기서 말하는 '부처'란 진리의 대명사로서 '부처'를 가리키는 말입니다.

흔히 '마음을 찾으라' 또는 '마음을 깨달으면 부처가 된다'고 하는데, 훌륭한 말이면서도 한편으로는 매우 추상적인 말이기도 합니다. 구체적으로 마음의 어떤 면을 찾으라는 것인지, 무엇을 깨달으라는 것인지 막연하다는 것입니다.

혹시 우리의 육체 속에 마음은 어디쯤 있는지, 마음은 어떻게 생겼으며 어떤 모양을 하고 있는지, 그런 것을 찾아보라는 뜻일까요? 그럴 리는 없을 것입니다. 이 말은 '마음이 곧 진리'이므로 그 '마음을 찾아보라'는 뜻입니다.

인간의 마음은 청정심과 오염심, 선악 등 두 가지 양면성을 가지고 있습니다.

'청정심'이란 '착한 마음' '깨끗한 마음'입니다. 우리의 마음은 본래 깨끗하고 착합니다. 그런데 지금은 갖가지 오염으로 더러워져 있습니다. 그러므로 본래 깨끗했던 마음을 다시 찾으라는 것입니다. 한 예로 갓난아이의 마음은 젖을 먹고 싶다는 것 외에는 아무런 사심이 없습니다. 어른들처럼 남을 모략하고 증오하고 속이는 마음이 없습니다. 순수합니다. 그 순수한 마음으로 돌아가라는 것입니다.

선어와 선구풀이

'오염심'이란 우리의 마음은 본래 깨끗했는데 지금은 오염되어 있다는 것입니다. 삶을 살다 보니 순수성을 잃고 시커멓게 오염되어 있습니다. 그리하여 남이 잘되는 꼴을 못 봅니다. 중상과 모략, 권모와 술수로 상대방을 짓밟습니다. 이것은 마음이 오염되어 있기 때문입니다. 오염심을 제거하면 그것이 바로 청정심입니다.

그 밖에 희로애락이 교차하는 마음의 존재를 찾아보라는 뜻으로 해석해도 맞습니다. 우리는 남이 칭찬해 주면 좋아하고 비판하면 분노합니다. 슬픈 일이 생기면 우울해 하고 좋은 일이 생기면 금세 웃습니다. 이러한 감정은 모두 어디에서 일어나는 것일까요? 아무리 찾아봐도 뿌리가 없습니다. 외부적인 영향에 의해 잠시 일어났다가 사라지는 것뿐입니다. 괴로움도 기쁨도 고통도 슬픔도 모두 환영(幻影)으로서 실체가 없습니다. 마음의 일체 현상은 마음이 만들어 낸 것뿐입니다. 그러므로 슬퍼할 것도 애착하거나 집착할 것도 없습니다. 이러한 사실을 인식하여 흔들리지 않아야 합니다.

'심외무법(心外無法)'은 '심외무별법(心外無別法)'의 줄임말이고 '심외무물(心外無物)'도 '심외무일물(心外無一物)'의 줄임말로서 모두 '마음이 곧 진리'라는 뜻입니다. 여기서 '마음(心)' '법(法)' '물(物)' '불(佛)' 등은 모두 진리의 대명사입니다. 마음을 놔두거나 제쳐 두고 불법을 찾아서도 안 되고 진리를 찾아서도 안 된다는 것입니다. 깨달아야 할 진리란 먼 곳에 있는 것이 아니라 바로 우리의 마음속에 있다는 뜻입니다.

참고　관련 항목은 '즉심시불'입니다.

언어도단

신문에 보면 '언어도단(言語道斷)'이라는 말이 자주 나옵니다. 특히 정치면에서 많이 사용하는데, 그 뜻은 '말도 안되는 말이다.' 또는 '턱도 없는 말이다.' '사리에 어긋나는 말이다.' 는 뜻인 것 같습니다.

글자 그대로 풀이하면 '언어(말)의 길이 끊어졌다.' '말로는 다 못해.' 이런 뜻입니다. 그러나 보다 더 정확한 뜻은 '진리의 세계는 언어로는 표현 불가능하다'는 뜻입니다. 즉 '진리는 심오하여 언어로는 접근이 불가능하다.'는 뜻입니다.

흔히 깨달음의 세계는 언어로는 설명할 수 없다고 합니다. 매우 심오하여 뭐라고 단정할 수 없기 때문입니다. 따라서 그 세계를 알려고 한다면 방법은 오직 스스로 그곳에 가보아야만 합니다. 직접 체험(=수행)하는 길밖에 없습니다. 물이 얼마나 차갑고 뜨거운지는 자신이 스스로 직접 손을 대 봐야 알 수 있다는 '냉난자지'와 일맥상통하는 말입니다.

'언어도단'과 짝을 이루는 말은 '심행처멸(心行處滅)'입니다. 진리의 본체는 언어적 접근도 불가능하지만(言語道斷), 마음 즉 알음알이나 분별심, 분석적인 방법으로도 불가능하다는 뜻이지요. 생각만으로 억측, 짐작, 추측, 또는 헤아릴 수 없다는 것입니다.

참고 관련 항목은 '개구즉착' 입니다.

오도송 · 선시 · 열반송

오도송(悟道頌) : '오도(悟道)'란 '도(道)를 깨치다.'라는 뜻이고 '송(頌)'은 '게송(偈頌)'으로서 오늘날의 시구를 말합니다. 즉 깨달음을 얻었을 때 읊은 시(詩)를 '오도송'이라고 합니다. 우리말로는 '깨달음의 노래'입니다.

수행자로서 오래도록 수행을 하여 깨달음을 얻으면 감흥이 없을 수 없습니다. 자신이 깨달은 세계, 진리의 세계에 대하여 시구나 산문으로 읊게 되는데 이것이 오도송입니다. 그렇다고 선승마다 오도송을 남기는 것은 아닙니다. 남기지 않는 분도 있습니다.

열반송(涅槃頌) : 열반송은 고승들이 입적 · 열반(죽음)할 때 남긴 시입니다. 선승들은 대개 열반할 때가 다가오면 자신의 열반에 대한 시를 하나씩 짓습니다. 내용은 죽음에 대한 초탈이 주를 이룹니다.

선시(禪詩) : 선시란 선의 세계를 시적(詩的)으로 표현한 것입니다. 물론 오도송도 열반송도 넓게는 모두 선시의 범주에 포함되지만, 구분한다면 오도송은 깨달은 후 처음 읊은 시이고 열반송은 열반에 즈음하여 읊은 시라면, 선시는 깨달음을 얻은 후 선의 세계에 대하여 감흥이 일어날 때마다 읊은 시입니다.

'선시'라는 말은 1960년대 이후에 생겼습니다. 그 이전에는 그냥 '송(頌)' 또는 '게송'이라고 했는데, 1960년대 이후 선과 현대문학이 밀접하게 교류하면서 '선시'라는 용어와 장르가 생긴 것입니다. 특히 1960~70년대까지 현대문학에서 선시는 큰 유행이었습니다. 시를 쓰는 스님들이 대거 문단에 데뷔하기도 했습니다.

오도송·열반송·선시는 여타 한시(漢詩)와는 좀 다릅니다. 일반적인 한시는 주로 자연이나 삶을 묘사하지만 선시나 오도송·열반송은 선의 세계, 깨달음의 세계에 대하여 읊은 시로서, 무엇보다도 탈속해야 합니다. 세속적인 느낌이 있으면 결격입니다. 설사 자연에 대하여 읊었다고 해도 내용은 초탈한 맛이 있어야 합니다. 그 속에 수식어나 애잔한 감상, 인간적인 것, 또는 분별심 등 세속적인 여운이 남아 있으면 그것은 선시도 오도송도·열반송도 아닙니다.

선시나 오도송·열반송은 모두 '공(空)의 이치' '중도'

'무집착' '불이(不二, 즉 하나)' '무심' '무사' '무념' '무분별' '일체유심조' '불립문자의 세계' '언어도단의 세계' 등을 담고 있어야 합니다. 이 기준에서 벗어난다면 그것은 일반적인 시는 될 수 있어도 선시는 될 수 없습니다.

오매일여

'오매일여(寤寐一如)'는 '깨어 있을 때나(寤) 잠들어 있을 때나(寐) 한결같다.'라는 뜻으로, 다른 말로는 '오매항일(寤寐恒一)' '오매상일(寤寐常一)' 또는 '몽교일여(夢覺一如)'라고도 합니다.

이 말 속에는 두 가지 뜻이 들어 있습니다. 첫 번째는 '한결같음' 즉 삼매와 동의어로서 '자나 깨나 한결같이 일심으로 참구하라.'는 뜻이고, 두 번째는 '오매를 따로 보지 말고 하나로 보라.' 즉 '오매에 대하여 분별하는 마음을 갖지 마라'는 뜻입니다.

'오매일여'란 사실 '오매불망'과 같은 뜻입니다. 분별하는 마음을 버리고 오직 일심으로 화두를 참구해야만 깨닫게 된다는 뜻입니다. 고양이가 쥐를 잡으려고 주시하고 있듯이, 닭이 정성스럽게 알을 품고 있듯이, 그리고 군에 간 아들과 시집간 딸을 생각하듯 한결같은 마음으로 참구하면 깨닫게 된다는 뜻입니다. 즉 자나 깨나 일심으로 참구하라는 뜻이 오매일여의 정의입니다.

그런데 이 오매일여에 대하여 근래 참선자들 사이에서는 원래의 뜻과 완전히 달리 해석하여, "실제 화두를 참구하고 있는 상태가 낮에는 물론이지만, 밤에 깊은 잠 속에서도 화두를 놓지 않아야 비로소 깨닫게 되는 것"이라고 말하고 있습니다. 다시 말하면 잠이 꽉 들어서도 화두를 망각하지 않아야 한다는 것입니다. 이와 같이 되지 못하면 아직 깨닫지 못했다는 것입니다. 이것은 잘못된 해석입니다.

'오매일여' '오매항일' '오매상일' '몽교일여'는 선어록에 자주 등장합니다. 그 의미는 삼매와 동의어로서 '일심으로 간절히 참구하라'는 뜻인데 이것이 깨달음을 가늠하는 잣대로 변질된 것은 근래의 일입니다.

오매일여의 문제에 대하여 누구보다도 깊이 생각했던 선승은 화두선(간화선)을 대성시킨 대혜(大慧, 1089~1163) 선사입니다. 대혜 선사는 당시(송대) 호조(戶曹)에서 시랑 벼슬을 맡고 있던 향시랑(向侍郎)이라는 사람이 보낸 편지에 대하여 다음과 같이 답하고 있습니다(《서장》〈향시랑(向侍郎)장〉).

나도 36세 때에 오매일여의 문제를 가지고 스승 원오 선사께 여쭌 적이 있습니다.

"스님, 제가 낮에는 부처님 말씀대로 잘하는데, 밤에 꿈속에서는 뜻대로 되지 않습니다. 꿈에 누가 흉기로 저를 찌르려고 하거나 또는 악인들로부터 쫓기게 되면 무서워 덜덜 떱니다. 꿈은 모두 허망한 것인데도 그것을 마치 현실의 일로 착각하고 있으니 이래 가지고서야 어떻게 죽을 때 당황하지 않을 수 있겠습니까?"

이렇게 묻자 원오 선사께서는 두 손을 내저으시며 말씀하시기를 "그런 망상은 그만두게, 그런 망상은 그만두게. 그대가 말하고 있는 허다한 망상이 모두 끊어지면 그때는 저절로 오매일여가 될 것이네."

두 선승의 대화를 요약해 본다면 '깊은 잠 속에서도 화두를 놓지 않아야 한다는 것은 모두 망상'이라는 것입니다. 즉 오매일여를 실제적인 것으로 생각하는 것 자체가 모두 망상에 지나지 않으므로 부질없이 망상 피우지 말라는 것입니다. 간절한 마음으로 오매불망 참구하면 저절로 깨닫게 되고, 깨달으면 '오매일여'는 바로 '일심으로 참구하라'는 뜻임을 알게 된다는 뜻입니다.

이와 같이 화두선을 개창한 두 선승은 모두 오매일여를

'분별심을 갖지 말고 일심으로 참구하라'는 뜻으로 설명하고 있습니다. '화두삼매' 또는 '오매불망'과 같은 뜻으로 말하고 있습니다. 그런데 근래에는 이것을 실제적 상황으로 해석하여 "잠이 꽉 들어서도(화두) 공부가 되어야 한다."고 말하고 있습니다.

깊은 숙면 속에서도 화두를 망각하지 않자면 정신은 잠을 자지 않아야 합니다. 비록 육체는 잠을 자고 있어도 정신은 깨어서 화두를 참구하고 있어야 하는데, 이것이 과연 육체를 갖고 있는 인간으로서 가능한 일입니까? 생물학적으로 불가능한 일입니다. 물론 불가능한 것을 주장하면 더욱 신비스럽고 도통한 것 같지만 실은 그것은 거짓입니다. 그것은 깨달음의 정의와는 정반대입니다.

깨달음의 정의는 무상·무아를 인식하여 번뇌 망상을 끊고 마음의 평온을 갖는 것(열반적정)입니다. 탐·진·치 등 번뇌가 없는 상태가 깨달음입니다. 그런데도 왜 오매일여를 깨달음의 척도인 양 생각하는지 알 수 없습니다. 그것은 도교적 신비주의입니다.

선어와 선구풀이

우리말에 이런 표현이 있습니다.

"둘이 먹다가 하나가 죽어도 모른다."

이 말은 음식이 워낙 맛있어서 '둘이서 먹다가 하나가 죽어도 모를 정도'라는 뜻입니다. 음식이 너무너무 맛있다는

데 대한 일종의 과장법이자 상징적인 표현인데, 이 말을 실제적 상황으로 이해하여 "정말로 맛있는 음식이라면 둘이 먹다가 하나가 죽어도 몰라야 한다. 그렇지 못하면 그것은 진미가 아니다."라고 주장한다면 어떻게 됩니까?

또 요즘 젊은 층에서는 너무 좋으면 "뿅 갔다."고 표현합니다. 그런데 이것을 실제 '정신이 나갔다'는 뜻으로 해석한다면 그것은 언어의 뜻을 잘못 파악한 것입니다.

언어란 그 개념을 분명하게 해석하지 않으면 점점 이물질이 끼어들어 원형을 상실하게 됩니다. 소실이 본처의 자리를 차지하듯, 악화가 양화를 몰아내듯, 나중에는 엉뚱한 해석이 만연하게 됩니다. 곡식은 정성 들여 가꾸어도 메마르기 일쑤고 잡초는 비료를 주지 않아도 무성하게 자라납니다. 곡식을 잘 가꾸고자 한다면 먼저 잡초부터 제거해야 합니다.

참고 관련 항목은 '화두를 참구하는 방법' '화두와 공안' '화두의 역할과 기능' 등입니다.

위음(왕) 이전

'위음 이전(威音 已前)'은 '위음왕불이 나타나기 이전'이라는 뜻으로, '위음왕 이전(威音王 已前)' '위음왕불 이전(威音王仏 已前)' '위음나반 이전(威音那畔 已前)' '위음나반사(威音那畔事)'라고 합니다.

'위음'은 '위음왕불'을 가리킵니다. 위음왕불은 《법화경》 〈상불경보살품〉에 나오는 부처님으로서 처음 이 세상에 출현한 부처님이라고 합니다. 즉 최초의 부처님이 바로 위음왕불인 것입니다.

물론 이것은 역사적 사실과는 아주 거리가 먼 이야기입니다. 역사적으로는 실존했던 부처님은 불교를 창시한 석가모니 한 분뿐입니다. 그리고 석가모니 부처님 이전에는 연등불이 있었다고 하지만, 이 역시 과거세부터 많은 부처님이 있었다는 뜻에서 가설적으로 설정한 부처님일 뿐 역사상

실존했던 부처님은 아닙니다.

그렇다면 '위음왕불 이전'이라는 말은 무엇을 뜻하는 말일까요? 실존하지도 않는 부처님을 내세워 무엇을 말하고자 하는 것일까요?

'위음 이전' 또는 '위음왕불 이전(已前=以前)'이라는 말은 '위음왕불이 나타나기 이전(已前=以前)'이라는 말로서 '태초' 또는 '천지가 개벽하기 이전'을 가리킵니다. 오늘날 과학적인 용어로는 '우주 생성 이전'이라고 할 수 있겠지요.

'태초' '천지개벽 이전' 또는 '우주 생성 이전'이란 즉 '분별하는 마음(分別心)이 일어나기 이전' '번뇌 망상이 일어나기 이전'을 뜻합니다. '일념(一念, 번뇌)이 발생하기 이전'을 뜻하는 말로서 '무분별의 세계'를 가리키는 말입니다.

'무분별의 세계'는 '진여(眞如)' '본래면목' '법성(法性)' '부처의 세계'로서 일체의 사량분별과 번뇌 망상이 끊어진 세계입니다. 그래서 '언어도단(言語道斷)' 또는 '심행처멸(心行處滅)'이라고 합니다. 언어가 닿지 않는 곳이고 분별 망상이 닿지 않는 곳이라는 뜻입니다. 모든 것이 끊어진 원초적인 상태로서 '진리' 그 자체를 가리키는 말입니다.

다른 말로는 '공겁(空劫) 이전(천지창조 이전)' 또는 '부모미생전(父母未生前, 부모로부터 태어나기 이전)'이라고도 합니다.

불교에서는 우주의 생성 소멸 과정을 '성주괴공(成住壞空)'으로 정리합니다. 이 우주는 생겨서(成), 일정 기간 유지하다가(住), 다음에는 차츰차츰 무너지고(壞), 그다음에는 아주 없어진다(空)는 것입니다. '공겁 이전(空劫以前)'이라는 말은 여기에 바탕을 두고 있는 용어입니다.

선
어
와
선
구
풀
이

은산철벽

'은산철벽(銀山鐵壁)'이라는 말은 선사들의 법어나 선어록에서 자주 만나게 되는 말입니다. 이 말 역시 여러 가지 의미가 있습니다.

우선 '은산철벽'이란 글자 그대로 해석하면, '은(銀)으로 만든 산과 철로 만든 벽'이라는 뜻입니다. 은과 철은 단단하여 뚫기 어렵고 산과 벽은 높아서 오르기 어렵습니다. 화두를 참구하여 깨닫는 일도 그와 같이 어렵다고 하여 '화두를 참구하여 깨닫는 것'을 '은산철벽'에 비유합니다.

잘 아는 바와 같이 '무' '간시궐' '마삼근' 등 선원에서 참구하는 화두는 무슨 말인지 알 수가 없습니다. 파고들어도 쉽게 알 수가 없고 감을 잡을 수도 없습니다. 설사 언어적으로는 이해한다고 해도 실제 수행해 보기 전에는 '이것이다' 하고 확신을 하기 어렵습니다.

화두는 상식적인 사고나 지식, 또는 언어적·논리적 접근으로는 불가능합니다. 알음알이와 분별의식(=情識)으로는 불가능하기 때문에 '은산철벽'이라고 합니다. 즉 매우 견고하여 어찌할 수 없음을 뜻합니다.

그러나 은산철벽 같은 상황이 와야 비로소 크게 깨닫게 된다(확철대오)는 뜻에서 긍정적으로 쓰이는 때도 있습니다. 똑같은 말이라도 좀 달리 쓰이는 때가 많으므로 무엇을 의미하는지는 앞뒤 문장을 잘 살펴서 해석해야 합니다.

이심전심

'마음으로 주고받는 것'을 '이심전심(以心傳心)'이라고 합니다. 이심전심은 일반에서도 꽤 많이 쓰고 있는데, 요즘 말로 하자면 '마음으로 통한다.'는 뜻이 되겠지요.

'마음으로 통한다.' '마음에서 마음으로'라는 말은 어딘지 모르게 남다른 특별한 유대감 같은 것을 느끼게 합니다. 둘만의 사이, 연인, 또는 지음자 사이라고나 할까요? 인간관계도 이 정도가 된다면 더 없는 관계라고 할 수 있을 것입니다.

이심전심은 선(禪)의 세계를 잘 표현하고 있는 말입니다. 선의 세계, 깨달음의 세계는 언어나 문자로는 전해 줄 수 없고 오직 마음으로 전해 줄 수 있을 뿐입니다. 진리는 형체도 없고 보이지도 않고 잡을 수도 없으니까요. 언어로는 불가능하므로 마음으로 통하는 방법밖에 없었습니다. 실제로 이 말처럼 선은 달마 이후 1,500년 동안 이심전심의 방법으로 진리를 전수해 왔습니다.

'이심전심(以心傳心)' 넉 자 속에는 '심(心)' 자가 두 개 들어 있습니다. 이 두 개는 각각 어떤 차이가 있을까요? 똑같은 뜻일까요, 다른 뜻일까요? 본질적인 측면에서는 같습니다.

그런데 스승과 제자 간에 주고받는 것을 '이심전심'이라고 한다면, 앞의 '심(心)' 자는 스승의 마음이고 뒤의 '심(心)' 자는 제자의 마음입니다. 그러나 법을 전해 받는 제자의 입장에서 본다면 앞의 '심(心)' 자가 제자 자신의 마음이기도 합니다.

스승은 자신이 깨달은 진리를 마음에 담아 제자에게 전해 줍니다. 이때 전제 조건은 제자 역시 깨달음을 얻은 경지가 스승과 거의 같아야만 가능합니다. 제자가 깨닫지 못하고는 불가능합니다. 깨달음의 정상에서 스승과 제자의 마음이 하나가 되어야 합니다. '두 마음의 내통'이라고 일컬을 수도 있겠습니다. 연인과 연인끼리 주고받는 무언의 미소(微笑), 그것이 이심전심입니다.

고려청자나 조선백자가 오늘날까지 전해 내려올 수 있었던 것은 도자기를 만드는 스승의 기량과 제자의 기량이 같았기 때문입니다. 기량이 같지 않고 차이가 난다면 비법을 100퍼센트 전해 줄 수 없을 것입니다.

선의 세계란 알아도 표현하기 쉽지 않습니다. 설사 표현한다고 해도 일부분을 표현하는 데 불과합니다. 그렇다고 선의 세계가 대단히 특별나거나 신비해서가 아니고 미묘한 느낌을 말로는 표현할 수 없기 때문입니다. 또 언어나 문자를 사용하면 기존의 개념에 가려 본질이 와전될 수도 있기 때문입니다.

그렇다면 '선심(禪心)'이란 무얼까요?

'선의 마음'은 집착으로부터 떠난 마음입니다. 분별하는 마음, 차별하는 마음이 사라진 마음입니다. 분노 · 탐욕 · 어리석음 등 세속적인 욕망과 번뇌로부터 탈각해 버린 상태가 '선의 마음'입니다. '무욕한 마음' '무심한 마음' '청정한 마음' '공(空)의 마음' '부처님 마음(佛心)'입니다.

이 같은 선의 마음을 주고받는 것, 그것이 이심전심입니다.

인가

　스승이 제자에게 '너는 이제 깨달았다(悟道).' 또는 '성불했다.'고 인정해 주는 것을 '인가(印可)'라고 합니다. 한자가 좀 다르기는 해도 법률 용어인 '인가(認可)'와 같은 뜻입니다. 스승으로부터 인정을 받아야 자타가 공인할 수 있기 때문입니다.

　그런데 한 가지 문제점은 깨달았다는 것을 객관적으로 검증할 수 있는 방법은 아무것도 없다는 것입니다. 대학에 들어갈 때처럼, 또는 자격증이나 운전면허증을 취득할 때처럼 시험을 치르는 것도 아닙니다. 그렇다고 깨달았다는 것을 인정해 주는 공인 기관이 있는 것도 아닙니다.

　인가 여부는 오직 스승에게만 달려 있습니다. 스승이 제자를 인가하는 방법은 '법거량(法去量)'을 통하여 이루어집니다. '선문답'이라고도 하는데 일종의 선에 대한 토론입니다. 이 토론을 통하여 스승은 제자가 깨달은 것인지 여부를 가늠합니다. 또는 제자가 자신이 깨달은 경지를 시(詩)로 지어 바치면 스승이 그 시(오도송)를 보고 나서 인가 여부를 결정하기도 합니다. 공개적으로 이루어지기도 하고 일대일의 독대를 통하여 이루어지기도 합니다.

오도송이나 선문답(법거량)을 통하여 제자가 깨달았다는 것이 확인되면 스승은 제자에게 법을 전해 줍니다. 이것이 인가입니다. 이때 인가의 증표(증거물)로 주는 것이 스승이 소지하고 있던 가사나 발우입니다. 선승에게 가장 중요한 물건이 의발(衣鉢, 가사와 발우)이기 때문에 그것을 주는 것입니다. 이때 의발은 단순한 가사와 발우가 아니라 불법을 상징하는 성물(聖物)이 됩니다.

스승과 제자 사이의 법거량은 어떤 틀이나 전형, 공식이 있는 것이 아닙니다. 그때마다 모두 다릅니다. 질문과 대답은 매우 파격적이라서 딱히 정해진 주제도 없습니다. 또한 즉시 묻고 즉시 답하는 즉문즉답(卽問卽答)의 형태로 진행됩니다. 이 때 답이 막히면 안 됩니다. 스승이 질문했을 때 머뭇거리면 그것은 아직 덜 깨달은 것입니다. 그러므로 조금도 머뭇거려서는 안 됩니다. 즉석에서 대답이 나와야 합니다.

다음은 그 답이 과연 공(空)·중도(中道)·무집착(無執

着) · 불이(不二) · 무분별심 · 일체유심조 등 선의 정신과 일치하느냐는 것입니다. 공 · 중도 · 무집착의 관점에서 나온 말이 아니고, 무언가 차별심이나 분별심(알음알이)에서 나온 대답을 한다면 그 사람은 아직 깨닫지 못한 것입니다.

화두를 타파했는지 여부, 깨달았는지 여부는 오직 스승만이 알 수 있습니다. 공식이 있는 것도 아니고 객관적으로 입증할 수도 없기 때문에 스승의 판단이 유일한 잣대입니다. 그러므로 한 선원의 조실이나 스승은 박학다식해야 하고, 불교 교리에 대한 이해와 선에 대한 안목 등이 탁월해야 합니다. 조금이라도 막히는 구석이 있으면 문답 자체가 불가능합니다.

수행자로서 자신의 수행이 어느 정도 이루어지면, 또는 무언가 자신이 깨달았다고 생각되면 선지식을 찾아가서 테스트를 받는 것이 바람직합니다. 가능한 한 한두 분이 아닌 여러 선지식을 찾아가서 확인하는 것이 바람직합니다. 많은 선문답을 통하여 깨달은 바를 더욱 견고하게 할 수 있기 때문입니다.

선어와 선구풀이

참고 관련 항목은 '선문답과 법거량' 입니다.

일체유심조

　'일체(一切)'란 '모든 것'을 뜻하고 '유심조(唯心造)'는 '오직 마음이 만든 것'이라는 뜻입니다. 우리말로 풀이하면 '모든 것은 마음먹기에 달렸다.'는 뜻입니다. 그렇다면 요즘 잘나가는 몸짱 얼짱도 마음먹기 나름이고 미남과 추남도 모두 마음먹기 나름입니다.

　요즘엔 키 큰 여자, 키 큰 남자라야 인기가 있지만 1960~70년대만 해도 키 큰 사람은 별로 인기가 없었습니다. 장대같이 크면 여자는 물론이고 남자도 싱거운 사람이라고 하여 별로 쳐다보지 않았고, 게다가 키 큰 여자는 팔자가 사납다고 하여 신붓감에서 열외를 시켰습니다. 대신 160센티 이하의 아담한 여성이 활개를 치고 다녔습니다. 1960년대의 인기 있는 영화배우들을 보십시오. 키 큰 여배우가 어디 있던가요? 하나같이 땅딸막해서 도대체 저 여자를 왜 미인이라고 했는지 의문이 갈 정도입니다.

시대와 유행이란 자꾸 바뀌는 것입니다. 그러므로 키가 좀 작다고 하여 실의에 빠지지 말고 희망을 품기 바랍니다. 원래는 미인이었는데 시대적 흐름을 잘 못 맞추었다고 생각하면 됩니다. 만약에 1970년대 이전에 태어났더라면 많은 남성들이 줄줄 따라다녔을 것입니다.

행복과 불행은 몸짱, 얼짱으로 결정되는 것이 아닙니다. 욕망을 어떻게 적절히 통제하느냐, 거기에 달려 있습니다. 아무리 돈이 많아도, 또 미인이라고 해도 마음에 불만이 꽉 차 있다면 그것은 괴로움이고 고통입니다. 행복한 삶이 아니고 지옥입니다.

'일체유심조'. 행복과 불행은 마음먹기 여하에 달려 있습니다. 그러므로 괴로움과 슬픔, 근심과 걱정 등도 모두 다 마음먹기 나름입니다. 중요한 것은 그 사람의 가치관과 생각, 능력과 실력입니다. 남다른 안목과 재능·능력·실력이 있다면 얼짱 몸짱이 아닌들 뭐 그다지 문제가 되겠습니까?

얼마 전에 가수 조용필 씨가 텔레비전에 나왔습니다. 아나운서는 그를 일컬어 현대 가요계에 획을 그은 국민적인 가수라고 평했는데, 그는 원래 자기 목소리는 좋지 못했답니다. 그래서 목이 아플 정도로 연습을 해서 가수가 되었다고 합니다. 그 이야기를 들으면서 행복과 불행은 노력에 있

289

는 것이지 키와는 무관하다는 것을 실감했습니다.

우리가 삶(인생)을 살아간다는 것은 어떻게 보면 한 번도 가 보지 않은 미지의 땅을 밟는 것이나 마찬가지입니다. 추측은 하지만 사실 내일이 어떻게 될지, 1년 후가 어떻게 될지 잘 모릅니다. 그런데 하물며 10년, 20년 후의 일을 어떻게 알겠습니까? 40세가 된 사람은 50 이후의 삶이 미지의 세계이고, 50세가 넘은 사람은 60 이후의 삶이 미지의 세계입니다.

그래서 부처님께서는 다음과 같이 말씀하셨습니다.

과거는 이미 흘러간 것이다. 미래는 아직 다가오지 않은 것이다. 그러므로 흘러간 과거에 대해서도 너무 마음을 쓰지 말고, 아직 다가오지 않은 미래에 대해서도 너무 걱정하지 마라. 오직 현재를 충실하게 살아가라.

《마하파리 닛파나(대반열반경)》

우리는 지나간 일에 대하여 후회하는 때가 많습니다. "그때 이렇게 했더라면 정말 좋았을걸." "이렇게 했더라면 지금 상당한 돈을 벌었을 텐데……." 하고 자책하거나, 또는 "왜 그랬을까?" "정말 왜 그랬을까?" 하고 되새김질을 합니다. 술잔을 기울이거나 방구석에 틀어박혀 후회하기도 합니다. 그러나 지금 그것이 무슨 소용 있습니까? 후회한들 신심만 괴로울 뿐입니다. 인생은 '새옹지마' 입니다. 중병에 걸려서 일평생 병원 신세를 지지 않는 것만도 다행이라고 생각하면 됩니다.

미래가 확 트여서 아무런 불안감 없이 살아가는 사람은 얼마 없습니다. 돈이 최고라고 하여 열심히 벌었더니 그 사이에 몸이 망가지기도 합니다. 돈은 좀 있는데 날마다 병원 신세를 지는 사람, 이혼하고 가족과 떨어져 사는 사람 등등.

근심 · 걱정 등 미래에 대한 불안감은 끝이 없습니다. 불안감은 생명을 마감하는 날 비로소 육체의 소멸과 함께 끝나게 됩니다. 그러므로 지나치게 과거에 대하여 집착하거나 미래에 대해 근심하지 말고 현재의 삶에 열중하는 것, 그것이 행복의 지름길이 아닐까요? 그것이 과거의 잘못을 회복하고 미래의 성공을 기약하는 첩경이 아닐까요?

호접몽의 이야기로 유명한 장자는 자신의 책에서 다음과 같이 말하고 있습니다.

"우리가 죽어 보지 못했으니 망정이지 죽어 보았다면 이승의 삶보다 저승의 삶이 더 편안하다는 것을 그 누가 알까?"

'일체유심조' 는 고정관념을 갖지 말라는 것입니다. 유식

선어와 선구풀이

과 《화엄경》을 대표하는 문구로서, 모든 것은 자신의 마음이 만들어 낸 것에 지나지 않으므로 겉모습에 속거나 현상을 영원히 실존하는 것으로 보지 말라는 것입니다. 즉 마음을 어떻게 갖느냐에 따라 달라진다는 것이지요. 슬픔이 기쁨으로 승화될 수도 있고 불행이 행복으로 승화될 수 있다는 가르침입니다.

신라시대의 유명한 고승 원효대사는 "극락정토란 오직 마음에 있다(唯心淨土)."라고 말했습니다. 마음의 평온하면 그것이 곧 극락이고 마음이 괴로우면 그것이 곧 지옥이라는 것입니다. 일체유심조의 참뜻을 가장 잘 표현한 말입니다.

입차문내 막존지해

    선원이나 선방에 들어가면 으레 입구나 벽에 큰 글씨로 '입차문내 막존지해(入此門內 莫存知解)'라고 써 붙여 놓은 것을 볼 수가 있습니다. 깨닫고자 한다면 지해(知解, 알음알이) 같은 것은 갖지 말라는 뜻입니다.

    먼저 문장부터 해석한 다음 구체적으로 무슨 뜻인지 알아보도록 하겠습니다.

    '차문(此門)'은 우리말로 옮기면 '이 문'으로서 '선(禪)' '선원' 또는 '선방'이나 '참선하는 곳'을 가리킵니다. '막(莫)'은 절대 부정사로서 '절대 무엇무엇 해서는 안 된다.'는 뜻입니다. '지해(知解)'는 '알음알이'입니다. 한자로 보면 좋은 뜻인 것 같지만, 그것이 아니고 흔히 선원에서 말하는 '알음알이'나 사량분별심, 또는 분석적 사고 등을 말합니다 (智慧가 아니고 知解입니다). 간혹 '내(內)'자 대신 '래(來)'

자를 넣어서 '입차문래 막존지해(入此門來 莫存知解)'라고 쓸 때도 있는데, 다 같은 뜻입니다.

'지해(知解)'는 '지견해회(知見解會)'의 준말로서 '분별심' '알음알이' 등을 뜻합니다. 속칭 머리를 굴려서 알려고 하는 것, 지능적으로 알려고 하는 것을 말합니다.

대부분의 수행자는 큰스님으로부터 화두를 받으면 '이것이 무슨 뜻일까?' 하고 분석하게 됩니다. 언어적·논리적으로 분석하거나 분별하게 되는데, 그런 방법으로는 화두를 타파할 수 없다는 것입니다. 그러므로 알음알이나 분별심을 갖지 말라는 것입니다.

예컨대 우리가 책을 통하여 이론적으로 어떤 기술을 공부했다고 합시다. 이론적으로는 충분히 알고 있다고 해도 막상 현장에 부딪혀 보면 이론과 다른 때가 많습니다. 그래서 이공계 학교에서는 반드시 실습반을 두어 이론을 실제적으로 적용하는 연습을 합니다. 그렇다고 이론 없이 실습만으로 기술이 완성되지도 않습니다. 이론과 실습이 병행되어야만 확실하게 알 수 있습니다.

수행에서도 이론과 실제는 매우 중요합니다. 이론을 무시해서도 안 되고 실제적 수행을 무시해서도 안 됩니다. 두 가지가 병행할 때 한층 더 원숙한 경지에 이르게 됩니다. 이것을 선정(定: 실제적 수행)과 지혜(慧: 교학)를 함께 수행한다는 뜻에서 '정혜쌍수(定慧雙修)'라고 합니다.

'분별심'이란 '좋고 나쁨을 가리는 마음' '따지는 마음' '구분하는 마음' 등입니다. 무엇이든 구분을 하게 되면 좋은 것은 취하고 나쁜 것은 버리려고 하는 마음 즉 차별심, 분별심이 생겨납니다. 이 차별심과 분별심은 결국 어느 하나에 집착하는 마음, 애착하는 마음을 낳게 됩니다.

또 분별심은 '이걸까 저걸까 하는 마음' '망설이는 마음' 등 갈등을 동반합니다. 참선을 할 때엔 오로지 일심으로 화두만 생각해야 하는데, 이걸까 저걸까 하고 망설이면 집중력이 떨어질 수밖에 없습니다. 목적지를 향해서 곧장 한길로 가야 하는데, 분별심으로 한눈을 판다면 언제 목적지에 도달할 수 있겠습니까?

이런 몇 가지 문제점 때문에 지해(알음알이·분별심)를 갖지 말라고 하는 것입니다. 화두는 실제적인 참구를 통해서 터득하는 것이지, 지능이나 분별심으로 알 수 있는 것이 아니기 때문입니다.

선어와 선구풀이

참고　관련 항목은 '알음알이와 분별심' '화두를 참구하는 방법' 등입니다.

정법안장

'정법안장(正法眼藏)'이라는 말 속에는 몇가지 뜻이 포함되어 있습니다.

①부처님의 바른 가르침. ②부처님께서 깨달으신 심오한 진리. ③정법(진리)을 볼 수 있는 바른 안목(正法眼). ④불교의 진리를 완전히 체득하여 올바른 가르침(正法)을 볼 수 있는 지혜의 눈 등.

그 외에도 여러 가지로 표현할 수 있습니다만 너무 많이 열거하면 오히려 혼란스러우므로 네 가지만 열거했습니다. 그런데 ①과 ②, 그리고 ③과 ④는 서로 표현만 조금 다를 뿐 거의 비슷한 말입니다.(물론 때로는 미세한 표현의 차이에서도 의미가 확 달라지기도 합니다.) 이 네 가지 중에서 오늘날 선에서 가장 많이 쓰는 개념은 ②'부처님께서 깨달으신 심오한 진리'와 ③과 ④를 합한 '정법(진리)을 바르게 볼 수 있는 지혜의 눈(안목)'입니다.

그렇다면 부처님께서 깨달으신 심오한 진리란 어떤 것이며, 정법(진리)을 바르게 볼 수 있는 지혜의 눈이란 어떤 것일까요?

'부처님께서 깨달으신 진리'는 존재의 실상(존재의 귀결처)에 대한 파악입니다. 즉 인간을 비롯한 모든 존재는 무상한 존재이며, 근본적으로 실체가 없는 무아이며, 인연의 법칙에 의하여 생성 소멸하는 존재(연기법), '공(空)'한 존재라는 것입니다.

'정법(진리)을 바르게 볼 수 있는 지혜의 눈(正法眼藏)'이란 다름 아닌 부처님께서 깨달은 진리를 제대로 볼 줄 아는 눈(안목)을 뜻합니다. 즉 일체는 모두 다 가설적인 것으로서 '실체가 없는 존재(無我)', '공한 존재(一切皆空)'임을 인식하는 것입니다.

'정법안(正法眼)'은 '혜안(慧眼)' '불안(佛眼)'과 같은 말입니다. '정법안장(正法眼藏)'을 해석할 때 이 네 자를 어떻게 끊고 붙여야 할지 고민되는 때가 있습니다. 우선 '정법(正法)'이라고 하면 '부처님의 바른 가르침' 또는 '부처님께서 깨달으신 바른 진리'가 되고, '법안' '정법안(正法眼)'이라고 하면 '정법(진리)을 올바르게 볼 수 있는 눈(안목)'이 됩니다. 그리고 '정법안장(正法眼藏)'이라고 하면 '정법(진리)을 올바르게 볼 수 있는 눈(眼)을 간직(藏)하고 있다'는 뜻이 됩니다.

297

선어와 선구풀이

참고 관련 항목은 '불성과 영혼' '공' '수행' '깨달음' '열반' '윤회와 해탈' 등입니다.

좌탈입망

'좌탈입망(坐脫立亡)'이란 글자 그대로 해석하면 '앉은 채로 육신을 벗어 버리고, 선 채로 죽는다.'는 뜻입니다. 대부분 이 말을 사실로 받아들여 깨달으면 '앉은 채로도 선 채로도 마음대로 죽을 수 있다'고 해석합니다.

결론부터 말하면 이것은 있을 수 없는 말입니다. '깨달음'이란 널리 알려진 바와 같이 탐·진·치 등 번뇌 망상을 제거하여 마음의 평온 즉 니르바나를 성취하는 것입니다. 그런데 깨달으면 죽음을 마음대로 한다는 식으로 해석하면 그것은 근본적으로 불교의 가르침, 선의 정신과는 크게 어긋나는 것입니다. 이런 해석은 도교적 양생술이나 장생술, 또는 신선도를 추구하는 데서 비롯된 해석으로서 엄격히 규정하면 '삿된 해석'입니다.

'좌탈입망(坐脫立亡)'은 '좌탈(坐脫)'과 '입망(立亡)' 두

단어가 합해진 말로서, 해석의 핵심은 '좌(坐)' 자와 '입(立)' 자에 있습니다. '좌(坐)'와 '입(立)'은 '앉은 채' '선 채'라는 뜻으로 '그 자리' 또는 '즉석'을 뜻합니다.

'그 자리에서' 즉 '즉석'에서 '죽음의 두려움으로부터 벗어나다(坐脫).' 혹은 '그 자리에서 번뇌 망상이 모두 없어졌다(立亡).'는 뜻입니다. 그 자리에서 모든 번뇌 망상이 없어진 것, 죽음에 초연한 선승의 모습을 상징하는 말이 좌탈입망입니다. 표면적으로는 생물학적인 죽음을 마음대로 하는 것 같지만, 사실 그 뜻은 번뇌 망상과 불안 · 욕망 · 죽음의 공포 등으로부터 벗어나 자유인이 된 것을 뜻하는 말입니다.

중국의 유명한 선승 임제 선사는 법어집 《임제록》에서 항상 "진정한 견해, 진정한 안목을 갖춘 선승이 되어야 한다."고 역설하고 있습니다. 임제 선사의 말씀과 같이 '진정한 견해(正見)'와 '진정한 안목(正眼)'을 갖추지 못한다면 그는 일평생 남의 말에 휘둘려 살게 될 것입니다. 눈이 있어도 봉사와 다름없고, 귀가 있어도 귀머거리와 다름없고, 머리가 있어도 지각 능력은 없는 것과 마찬가지일 것입니다.

주인공

'주인공(主人公)' 이라고 하면 흔히 소설이나 연극, 영화 등에서 사건의 중심이 되는 인물을 가리킵니다. 혹은 어떤 일에서 주도적인 역할을 하거나 핵심이 되는 인물, 가장 중심적인 자리에 있는 사람을 말합니다.

영화에서 주인공은 여간해서 잘 죽지 않습니다. 곧 죽을 듯 죽을 듯하면서도 끝내는 되살아나서 상황을 역전시켜 버립니다. 영화를 보다가 이런 장면이 나오면 모두들 일어나서 박수갈채를 보내는데, 역경을 딛고 일어서는 모습이 아름답기 때문일 것입니다. 비록 픽션이지만 우리는 이런 장면을 통하여 나도 역경을 이겨 낼 수 있다는 용기와 자신감을 얻게 됩니다.

그런데 간혹 주인공이 죽는 영화도 있습니다. 물론 이것은 시나리오를 쓰는 작가의 마음입니다만 어쨌든 주인공이 죽으면 허무하기가 이루 말할 수 없습니다. 더 이상 그 영화를 보고 싶지 않아집니다. 기대가 무너지고 허전하기 때문일 것입니다.

'주인공'이라는 말은 선어록에 꽤 많이 등장합니다. 하나의 화두이기도 합니다.

선에서 주인공이란 영화나 연극에서 판세를 주름잡는 그런 주인공이 아니라 '진정한 자기 자신' '본래적 자기'를 가리킵니다. 옷을 입고 있는 형상적 자기가 아닌 진정한 자기, 화장을 짙게 바르고 있는 자기가 아니라 그 형상과 육체를 지배하고 있는 '본래적 자기'를 가리킵니다. 가식적인 자기가 아닌 진실한 자기를 가리키는 것이지요.

주인공을 요즘 말로 정의한다면 아마 '자기 자신의 실체' 또는 '자신의 주재자' 정도가 될 것입니다. 철학적으로 표현하면 '자신의 내면 깊숙이 자리 잡고 있는 존재' 또는 '항상 자신의 행위를 관찰, 컨트롤(주재)하고 있는 존재'라고 할 수 있습니다. 그렇다고 인도철학이나 힌두이즘에서 말하는 윤회의 주체자인 아트만이나 영혼 같은 것을 가리키는 말은 아닙니다. 전생과 내생 그리고 금생을 오가면서 한 인간의 생을 좌지우지하는 존재도 아닙니다. 영혼이나 아트만으로 생각해서는 안 됩니다.

주인공과 관련한 재미나는 고사가 있습니다.

301

선어와 선구풀이

중국 당나라 말에 서암사에 사언(師彦, 생몰연대 미상) 화상이라는 선승이 있었습니다. 그는 날마다 큰 소리로 "주인공아!" 하고 부른 다음, 스스로 "예!" 하고 대답하고는 "눈을 떠라, 깨어 있는가?" 하고 물은 다음, 또 스스로 "예!" 하고 대답했습니다. 그러고는 또 "어느 날 어느 때도 남에게 속지 마라!" 하고는 스스로 "예, 예!" 하고 자문자답했습니다.

사언 화상의 행동은 무엇을 뜻하는 것일까요? 이것은 자기 자신 즉 주인공을 불러서 스스로를 각성시키기 위한 것입니다. 항상 자기 자신에게 "눈을 뜨고 있어라.""깨어 있으라."고 하여 안일과 무감각, 방일에 빠져 있는 자신을 각성시키기 위함이지요. 물에 물 탄 듯 흐리멍덩한 상태로 앉아 있지 말고 정신을 차려서 좌선하라는 것입니다.

우리는 조금이라도 편안해지면 그 편안함(안일)에 빠집니다. 거기에서 벗어나기 싫어합니다. 무엇이든 새롭게 시작한다는 것은 힘이 들고 고생스럽기 때문입니다.

그러나 공부하는 사람이건 학자건 사업가건 좀 편안하다고 하여 그 자리에 안주하면 그 자리가 바로 그 사람의 무덤이 되고 맙니다. 그러므로 백척간두에서 계속 진일보해야 합니다. 깨달음도 그 자리에 안주하면 집착이 된다는 점을 잊어서는 안 됩니다.

왕초보 선박사 되다

그리고 "어느 날 어느 때도 남에게 속지 마라."는 말은 '자기의 눈(안목)'을 가지라는 뜻입니다. 남의 말만 추종하지 말라는 것입니다. '이것이 깨달음이다.' '저것이 깨달음이다.'라는 말에 속지 말고 정법을 바로 볼 수 있는 눈, 즉 안목을 갖추라는 것입니다. 타인의 것은 절대 자기의 것이 될 수 없기 때문입니다.

사실 남의 말만 듣다 보면 일평생 허둥대다가 끝나고 맙니다. 다행히 훌륭한 스승을 만나면 좋지만 그렇지 못할 땐 함께 구렁텅이로 빠집니다. 그러므로 남의 말을 참고는 하되 지나치게 추종하지 말아야 합니다. 또 '속지 마라'는 말에는 언어의 화려함이나 문자의 화려함에 속지 말라는 뜻도 들어 있습니다. 언어나 문자로 기록된 글 속에는 일정 부분 과장이 들어가 있게 마련입니다. 특히 한문은 기본적으로 과장이 들어가 있는데 이것을 액면 그대로 믿으면 사실과는 거리가 먼 예가 많습니다.

사언 선사는 이처럼 항상 큰 소리로 '자기 자신의 주인공'을 불러서 스스로 안일에, 주변의 유혹에 말려드는 일 없이 평상심을 유지했다고 합니다.

우리는 불교나 선을 모르더라도 가끔 거울을 보면서 무심코 "너(주인공)는 거짓 없이 진실하게 살아가고 있는 것인

303

가?" 또는 "정말 열심히 노력하고 있는가?" 하고 스스로 반문할 때가 있습니다. 이때 거울에 나타난 자기는 '감성적 자기'이고, 얼굴을 향하여 묻고 있는 자기는 '이성적 자기'로서 그가 바로 주인공입니다.

주인공! 이것을 대인 관계에 잘 활용하면 매우 좋습니다. 대부분 사람들은 여러 사람 앞에서면 가슴이 떨립니다. 두근두근 안정이 되지 않습니다. 이때 속으로 차분하게 "주인공!" 하고 부른 다음 "절대 허둥대지 말고 침착하게!"라고 되뇌어 보십시오. 그러면 마음이 진정되어 정상으로 돌아올 것입니다.

참고 관련 항목은 '본래면목' 등입니다.

즉심시불

'즉심시불(卽心是佛)'이란 '그대의 마음이 곧 부처'라는 뜻입니다. 비슷한 말로 '즉심즉불(卽心卽佛)' '심즉시불(心卽是佛)' '시심시불(是心是佛)'이라는 말도 있는데, 표현만 다를 뿐 모두가 동의어입니다.

'마음이 곧 부처'라는 말은 '그대의 마음이 곧 진리(부처)'이므로 부질없이 다른 곳에서 찾지 말고 '그대의 마음에서 찾으라.'는 뜻입니다. 선의 핵심을 아주 간결하게 잘 나타낸 대표적인 선어(禪語)입니다.

여기서 '부처(佛)'란 우리가 아침저녁으로 경배하는 부처님이나 대웅전에 모셔져 있는 불상, 또는 역사상 실존했던 붓다를 가리키는 것이 아니라 진리의 대명사로서 '부처'를 가리키는 말입니다.

인도에서 '붓다' 즉 '부처님'이란 인격적·정신적으로

하늘 같은 존재였습니다. 사실 초기 인도불교에서 수행자들은 설사 노력하여 깨달음을 얻는다고 해도 아라한은 되어도 부처님과 같은 분이 된다는 것은 생각할 수 없었습니다. '부처'란 금생에 닦은 공덕과 수행만으로 이루어지는 것이 아니라, 수백 생 동안 생사를 되풀이하면서 닦아야만 가능하다고 여겼기 때문이지요. 그래서 《본생담》 등 많은 전생 이야기가 생기게 된 것입니다. 물론 이것은 부처님에 대한 극진한 흠모와 숭앙심으로부터 나온 것이기도 합니다.

그런데 중국의 선승들은 문화적으로 좀 달랐습니다. 그들은 특유의 중화사상을 바탕으로 어떠한 철학이나 사상도 중국의 사유 방식대로 이해하고자 했습니다. 그리하여 대담하게도 '중생이라면 누구나 다 부처가 될 수 있다(一切衆生 悉有佛性)'라고 하는 《열반경》의 불성사상을 바탕으로 아라한에 머물지 않고 최고의 각자(覺者) 즉 부처가 되고자 했습니다. 이런 사고(思考)가 바로 '즉심시불(卽心是佛)'입니다. '부처(진리)'란 고원한 곳에 있다고 생각하여 밖에서 찾았는데, 그것이 아니라 바로 자신의 마음속에 있음을 발견한 것입니다. "봄을 찾아 이 산 저 산을 헤매다가 문득 집에 와 보니 봄은 뒷마당에 핀 매화나무에 있더라."는 어느 시인의 독백처럼, 깨달아야 할 진리는 바로 자신의 마음속에 있었던 것입니다.

그런데 막상 '마음이 부처'라고 하여 그 마음을 찾으려고 보니 그 역시 막연하기는 매일반입니다. 마음속에 무엇을 깨달으라는 것인지, 무슨 마음을 찾으라는 것인지 알 수가 없습니다. 설마 인간의 육체 속에 마음은 어디쯤 있는지, 어떻게 생겼는지, 그런 것을 찾으라는 뜻일까요?

'마음이 부처(진리)다.' '마음을 찾으라.' 또는 '마음을 깨달아야 한다.' 라는 말 속에는 대략 두 가지 정도의 뜻이 들어 있습니다. 첫째는 본래 깨끗한 마음(본래청정심)을 찾으라는 뜻이고 다음은 오염심(번뇌심)과 희로애락이 교차하는 마음을 찾아보라는 뜻입니다.

우리의 마음은 본래 깨끗합니다. 이것을 '본래청정심(本來淸淨心)' 이라고 합니다. 그런데 우리는 현실의 삶 속에서 '시기' '질투' '허영' '욕망' 등으로 마음이 오염되어 있습니다. 갖가지 이물질이 끼어들어 청정성이 사라졌습니다. 청정성! 이것을 선에서는 '불성' 이라고 합니다.

한편 우리의 마음속에는 깨끗한 마음만 있는 것이 아니라 좋지 못한 마음도 있습니다. 본성은 깨끗하지만 현상은 오히려 시기 · 질투 · 분노 등 좋지 못한 마음이 더 많습니다. "사촌이 논을 사면 배가 아프다."는 속담도 있듯이 옆 사람이 잘되는 꼴을 못 봐 줍니다. 악담을 퍼트려서 비방해야 속이 시원합니다. 그런 행동은 잘못된 것이라고 충고하면 오히려 노여워합니다. 당신이 최고라고 치켜세워 주면 금세 좋아합니다. 또 조금만 잘나가도 목에 힘을 주고 으스대며 상황이 어려워지면 기가 팍 죽어서 우울해합니다.

이와 같이 우리의 마음속엔 본래 청정한 마음과 오염된 마음, 두 가지가 공존하고 있습니다. '마음을 찾으라'는 말은 바로 이 두 가지 중 어느 하나를 찾아보라는 것입니다. 물론 청정한 마음을 찾아야겠지만 그 반대로 오염된 마음, 희로애락의 실체(근원)를 찾는 것도 같은 것입니다. 두 가지 중에서 어떤 마음을 발견해도 귀결점은 같습니다. '번뇌가 곧 보리(깨달음)'이기 때문입니다.

참고 : 관련 항목은 '심외무불 심외무법 심외무물' '본래면목' '본래무일물' 등입니다.

지도 무난

　'지도무난(至道無難)'은 '지극한 진리(道)를 체득하는 것은 어려운 것이 아니다.'라는 뜻으로, 중국 선종의 제3조인 승찬(僧璨, ?~606) 대사의 말입니다. 그의 저서 《신심명》에 있는 말로서, 아마 여러분도 한두 번 정도는 들어 보았을 것입니다.

　먼저 선시 전체를 우리말로 소개하겠습니다.

　지극한 불도를 체득하는 일은 조금도 어려운 것이 아니다. 오직 취사선택하고 분별하는 마음을 일으키지 않으면 된다. 미워하고 좋아하는 마음(분별심)을 일으키지 않는다면 깨달음의 경지는 분명히 드러나리라.

이 선시는 선의 경지를 읊은 시(詩)라기보다는 깨달음을 체득하는 방법을 설명하고 있는 시구입니다. 즉 취사선택과 미워하고 좋아하는 마음 등 분별심을 일으키지 않는다면 깨달을 수 있다는 것입니다. 참선수행하는 사람은 이 시구의 뜻만 잘 파악해도 진리를 체득할 수 있습니다. 누구든 이 말만 잘 명심하여 실천한다면 깨달음을 얻는 것은 그다지 어려운 문제가 아니라는 것이지요.

사실 승찬 대사의 말씀처럼 '지극한 진리(至道)'를 얻는 방법, 깨달음을 체득하는 방법은 그다지 어려운 것이 아닙니다. 앞에서 설명했듯이 이것은 좋다, 저것은 나쁘다는 분별심과, 마음에 드는 것은 취하려고 하고 마음에 들지 않는 것은 배척하려고 하는 차별심만 버린다면 그것이 곧 깨달음입니다.

좋고 나쁘다는 생각은 어떻게 보면 자기 중심적 사고입니다. 예컨대 내가 싫어하는 사람도 다른 사람은 좋아합니다. 또는 모든 사람들이 다 나쁜 사람이라고 해도 나와는 아무런 탈 없이 잘 지내는 사람도 있습니다. 그러므로 좋고 나쁘다는 것은 지극히 주관적인 것으로서 결국은 자기에게 잘해 주느냐 못해 주느냐가 그 기준입니다.

냄새만 맡아도 골이 띵해지는 홍어찜, 거의 썩은 듯한 홍어찜을 최고의 별미라고 극찬하는 사람이 있는가 하면, "어휴, 저런 것을 어떻게 먹어? 사람도 아니야." 하고 탄식하는 사람도 있습니다. 그러므로 '좋다, 나쁘다' 등 차별심과 분별심은 모두가 주관적입니다.

차별하는 마음과 분별하는 마음을 갖지 말라고 하는 이유는 무얼까요? 좋고 나쁨을 가리려고 하는 마음으로부터 애착심과 집착하는 마음이 생기고, 또 이 집착하는 마음으로부터 갖가지 괴로움이 발생하기 때문입니다.

그러므로 누구든 괴로움에서 벗어나고자 한다면 무엇보다도 먼저 애착하는 마음, 집착하는 마음이 없어야 하고, 집착하는 마음을 없애고자 한다면 차별하는 마음, 분별하는 마음이 없어야 합니다. 분별은 깨달음의 세계, 부처님의 세계가 아닙니다. 이 분별심과 집착심, 그리고 괴로움이 없어진 상태가 바로 깨달음의 세계입니다.

승찬 대사의 말씀처럼 지극한 이치(至道)를 터득하는 방법은 어려운 것이 아닙니다(無難). 아주 간단합니다. 오직 차별심과 분별심만 버리면 됩니다.

선
어
와
선
구
풀
이

평상심시도

중국 당 말에 이르러 유명한 선승이 나타났습니다. 이름
은 마조도일(馬祖道一, 709~788) 선사. 그는 육조혜능(六祖
慧能, 638~713)의 손제자로 중국의 전통적인 조사선을 확립
시킨 당사자이기도 합니다.

그는 선을 다음과 같이 정의했습니다.

"평상심시도(平常心是道)"

선이란 초현실, 초세속적인 것이 아니라 평상적인 마음
을 갖는 것, 그것이 곧 선이라는 뜻입니다.

흔히 '평상심(平常心)'이라고 하면 문학에서 말하는 '일
상적인 마음'을 생각하게 됩니다. 그러나 선에서 말하는 '평
상심'이란 불안·근심·걱정 등 번뇌 망상에 휘둘리지 않는
마음, 외풍에 좌우되지 않는 마음을 뜻합니다. 욕망과 분노,
괴로움 등 번뇌가 없는 마음이지요.

‘평상적’ 또는 ‘일상적’이라는 말은 문학에서도 자주 씁니다. 특히 수필에서 많이 사용하는데 대충 다음과 같은 뜻으로 사용하고 있는 것 같습니다.

첫째, 살아가는 모습이 날이면 날마다 똑같다(똑같은 패턴이 반복됨). 둘째, 공연히 이 일 저 일로 번잡했는데 이제 다시 정상으로 되돌아왔다(원위치로 되돌아옴).

언어는 같지만 의미는 정반대입니다. 이 가운데 마조 선사가 말하는 ‘평상심’이란 두 번째 해석에 가깝습니다. 제자리 또는 정상으로 돌아왔다는 뜻인데 제자리로 돌아왔다는 것은 ‘본래심’ ‘본디 마음’으로 돌아왔다는 뜻입니다.

마조 선사는 평상심에 대하여 《전등록》에서 다음과 같이 정의하고 있습니다.

> 평상심이란 인위적인 조작이 없는 마음, 시비가 없는 마음, 분별이 없는 마음이다. 평상심이란 버리고 취하는 마음(차별심), 편견과 고정된 관념, 범부와 성인에 대한 차별이 없는 마음이다. 그것이 본래의 마음이다.
>
> 《전등록》 제28권, 마조(馬祖)장

이상에서 본다면 마조 선사가 말하는 평상심이란 ‘조작심이 없는 마음’ ‘너와 나를 차별 또는 분별하지 않는 마음’

입니다. 그 마음은 부처와 보살의 마음이며 깨달은 자의 마음이며 어디에도 집착하지 않는 마음입니다.

달마의 안심법문(安心法門)도 평상심을 찾으라는 것입니다.

어느 날 혜가가 스승 달마를 찾아가서 다음과 같이 여쭈었습니다.

"스승님, 지금 저는 마음이 몹시 불편합니다. 그러니 제발 제 마음을 편안하게 해 주시옵소서."

달마는 다음과 같이 말했습니다.

"음……그래? 그렇다면 그대가 말하는 그 불안한 마음을 내게 가지고 오게. 그러면 마음을 편안하게 해 주리라."

혜가는 자신의 불안한 마음을 찾아보았습니다. 그런데 아무리 찾아도 찾을 수가 없었습니다. 마음은 무형의 존재로서 찾을 수도 없지만 그 불안한 마음은 순전히 자기 자신이 만든 것이었습니다.

"스승님, 아무리 제 마음을 찾아봐도 찾을 수가 없습니다."

"음, 그래? 내 이미 그대의 마음을 편안케 해 주었다."

참으로 기발한 생각이 아닐 수 없습니다. 이 대화를 단순히 재치 있는 이야깃거리쯤으로 생각하면 그것은 큰 착각입니다. 혹 그렇게 생각한다면 그것은 마음을 편안하게 해 주는 안심법문이 될 수 없습니다. 기지(機智)의 이 대화는 우리의 고정관념을 180도로 돌려서 스스로를 성찰하게 합니다.

간혹 어떤 분들은 '평상심(平常心)'이라고 하면, 무언가 하루하루를 아무런 변화 없이 살아가는 모습, 또는 아무런 발전 없이 무의미하게 살아가는 모습으로 생각할지 모르지만 그것은 일반적인 개념이고, 선에서 '평상심'이란 번뇌가 없는 '평상무사(平常無事)한 마음' '집착 없는 마음'을 뜻합니다. 선승의 마음, 깨달은 자의 마음이 평상심입니다.

'평상심이 곧 진리(平常心是道)'라는 말은 원래는 남전선사가 처음 썼던 말입니다. 하지만 마조 선사가 워낙 많이 사용하는 바람에 그를 대표하는 언어가 되어 버렸습니다.

315

선
어
와
선
구
풀
이

참고 관련 항목은 '날마다 좋은 날' 입니다.

7장

대표적인 화두

무

오늘날 화두를 참구하는 이들을 본다면 대부분 '무자화두(無字話頭)'를 참구합니다. 그 이유는 많은 선승들이 화두 중에서도 무자화두를 강조했기 때문입니다. 간화선을 만든 대혜 선사도 "이 무(無) 자야말로 모든 망상을 물리치는 무기"라고 했습니다.

다음은 무자화두를 둘러싼 선문답을 소개합니다.

어느 날 한 수행승이 참선을 하다가 궁금한 것이 생겼습니다.

"일체 중생에게는 다 부처가 될 수 있는 성품(=佛性)을 갖고 있다고 했는데, 그렇다면 개 같은 동물에게도 불성이 있을까?"

그래서 그는 당대의 유명한 선승 조주(趙州, 778~897) 선사를 찾아갔습니다.

"선사, 개 같은 동물에게도 부처가 될 수 있는 성품(=佛性)이 있습니까?"

"무(無, 없다)."

"위로는 부처님을 비롯하여 아래로는 하찮은 벌레까지도 모두 다 부처가 될 수 있는 성품(불성)을 갖고 있다고 했는데 어째서 개에게는 없습니까?"

"그에게 업식성(業識性=중생심, 분별심)이 있기 때문이니라."

"일체중생은 모두 다 불성을 갖고 있다."고 합니다. 그렇다면 개에게도 불성이 있어야 합니다. 개에게도 깨달을 수 있는 바탕·속성·인자(因子)가 있어야 함은 당연하지요.

젊은 수행승의 질문에 조주 선사는 의외로 "없다."고 대답한 것입니다. 말이 안 된다고 생각한 수행승은 다시 "일체중생에게는 다 불성이 다 있다고 했는데 왜 개에게는 없느냐?"고 물은 것입니다. 여기에 대하여 조주 선사는 "그(개)에게 업식성(業識性=중생심, 분별심)이 있기 때문"이라고 답한 것입니다.

먼저 '업식성'이란 무엇인지 알아야 합니다. '업식성'이란 업을 짓는 성품으로서 차별 의식과 분별의식을 가리킵니다. '옳다, 그르다' '좋다, 나쁘다' 등 흑백논리로 따지는 마음, a와 b로 이등분하여 차별하는 마음을 '업식성' 또는 '중생심'이라고 합니다.

조주 선사가 수행승에게 "없다(無)."고 한 것은, "그대가 만일 개(狗)가 미물이라고 하여 '불성이 없을 것이다.' 또는 '있을 것이다.' 이런 식으로 차별심과 분별심을 갖는다면, 그것은 결국 어리석은 중생심으로서 깨달을 수 없다."는 뜻입니다. 그러므로 '있다' '없다'는 분별심을 갖지 말라는 것입니다. 분별심은 '망상'이며 깨달음을 가로막는 장벽이기 때문입니다.

현실적이든 이념적이든 차별·분별하면 결국 어느 하나는 배척하고 어느 하나는 선택하게 됩니다. 선택은 집착을 낳고 집착은 중생적인 마음으로서 괴로움과 번민을 낳습니다. 그러므로 집착은 '선의 마음(禪心)' '깨달은 자의 마음'이 아닙니다. 깨달은 자는 차별과 분별, 그리고 집착을 떠나서 모든 것을 하나로 보아야 합니다.

독자 여러분, 화제를 좀 돌려서 어리석은 중생의 관점에서 이야기해 볼까 합니다. 주제는 역시 개 같은 동물에게도 '깨달을 수 있는 성품' '부처의 마음'이 있을까, 그것입니다. 과연 개의 몸, 개의 지능지수로도 깨달음을 얻을 수 있을까요? 사실 궁금하지 않을 수 없습니다.

필자의 시골 형님댁에 13년 된 멍멍이가 한 마리가 있습니다. 형님은 '진돗개'라고 하면서 제가 갈 때마다 목에 힘을 주시지만 거의 짝퉁이 확실합니다. 개도 10년이 되니 늙어서 그런지 다리도 절뚝거리고 수염도 하얗게 변했습니다. 얼마 안 있으면 곧 이 사바세계를 해탈하게 될 것입니다. 그녀석도 제가 가면 주인집 동생이라고 꼬리를 흔들면서 매우 반가워합니다. 멀리서 이름만 불러도 누군지 다 압니다. 그런데 다음날 서울로 돌아올 준비를 하면 시큰둥해합니다. 차에 올라타서 시동을 걸면 무척 쓸쓸해합니다. "진도, 잘 있어!"라고 해도 아무런 반응이 없습니다. 물끄러미 먼 산을 쳐다보며 애써 태연한 척합니다.

이런 모습을 보면 개에게도 '고독' '이별의 감정' 같은 것이 전혀 없진 않으리라고 생각됩니다. 혹시 '왜 사는가?' '나는 누구인가?' 이런 생각도 할까요? 그런 생각을 한다면 불성을 갖고 있을 가능성이 크다고 할 수 있습니다.

대
표
적
인

화
두

간시궐

어느 날 한 스님이 운문문언(雲門文偃, 864~ 949) 선사에게 여쭈었습니다.

"선사, 무엇이 부처(진리)입니까?"

선사는 무뚝뚝하게 대답했습니다.

"간시궐(乾屎橛)."

'간시궐'이란 '마른 똥 막대기'라는 뜻입니다. "무엇이 부처(진리)입니까?"라는 질문에 "마른 똥 막대기!"라고 대답했으니 파격도 이만저만한 파격이 아닙니다. 어쩌면 이 파격만으로도 이 화두는 뭇 사람들의 입에 회자되기에 충분했던 모양입니다. '무자화두' 다음으로 가장 많이 알려진 화두가 되었으니까요.

대부분 화두는 풀이할 수 없다고 합니다. 그런데 사실은 풀이할 수 없는 것이 아니라 풀이하면 더 이상 탐구해야 할 필요가 없어지기 때문입니다. 문제를 제시하는 화두로서 생명력을 상실하기 때문이지요. 또 풀이를 한다고 해도 제대로 풀이하기가 쉽지 않습니다.

'무엇이 부처냐?'는 말은 선문답에서 질문자가 묻는 정형구로서, 곧 '무엇이 선의 진리냐?'고 묻는 말과 같습니다. 부처란 법당에 모셔져 있는 부처님을 가리키기도 하지만 진리의 대명사이기도 합니다.

'간시궐(乾屎橛)'은 보통 '마른 똥 막대기'라고 풀이하지만, '똥이 말라서 막대기처럼 된 것' '똥을 휘젓는 막대기' 또는 대변을 보고 난 다음 '뒤를 닦는 막대기'라는 말도 있습니다.

1960년대만 해도 시골 변소에는 대부분 똥을 휘젓는 막대기나, 일명 '똥바가지'라고 하여 긴 막대기에 바가지를 달아서 똥을 퍼 올리는 도구가 있었는데 그런 도구의 일종이 아닌가 생각됩니다. 더 정확한 것은 중국의 옛 변소(화장실)를 견학해 봐야 알 수 있는데 아직 가 보지 못했습니다.

간시궐이 똥을 휘젓는 막대기든, 똥이 말라붙은 막대기든, 또는 똥이 말라서 막대기처럼 된 것이든 다 상관없습니다. 모두 똥과 관련된 것이므로 간시궐이 가진 이미지는 매우 더러운 것을 상징한다고 보면 틀림없습니다.

우리는 부처나 진리는 모두 성스럽고 고귀하다는 선입견을 가지고 있습니다. 아마 불자라면 지극히 당연한 생각일 것입니다. 하지만 때론 그 성스러움의 커튼에 가려 진실을 제대로 보지 못하는 때가 많습니다. 이에 반하여 마른 똥 막대기는 오물 중에서도 오물입니다. 가까이하기엔 너무 먼 당신입니다. 어떤 분은 이보다 더한 것이 송장(시체)이라고 하는데 아직 실물을 놓고 비교해 보지는 못했습니다.

"무엇이 부처(진리)냐?"는 질문에 대하여 운문 선사가 "마른 똥 막대기!"라고 대답한 것은, 질문자로 하여금 부처나 진리는 성스럽고 고귀하다는 관념에서 벗어나 깨닫게 하기 위한 것입니다. 그의 고정관념을 깨뜨려서 마음의 문을 열어 주기 위함이지요.

진리의 세계엔 성스러움(聖)과 속됨(俗), 깨끗함과 오염됨의 차별이 없습니다. 차별 의식이 있다면 그것은 불변의 진리가 될 수 없습니다. 차별과 분별은 중생의 마음입니다. "형상이나 음성에서 나(진리)를 찾으려고 하지 마라."는《금강경》구절에서도 볼 수 있듯이, '성(聖)'에 가려지면 진실을 볼 수가 없습니다. 미모에 가려지면 그 마음을 볼 수 없습니다. 진실이 은폐되고 마는 것입니다.

선의 진리는 어디든지 다 있습니다. 깨끗한 곳이나 신성한 법당에만 있다면 그것은 보편적인 진리가 아닙니다. '곳

곳이 다 진리이고 부처(處處佛)'라고 한다면 선의 진리 역시 미추(美醜)를 가리지 않고 어디든지 다 있어야 합니다. 똥 속에도 있어야 합니다. '마른 똥 막대기'란 '성(聖)과 속(俗)' '정(淨)과 염(染)'의 상대적인 프리즘을 통하여 진리의 세계를 드러내기 위한 것입니다. 고정관념에 갇혀 있는 우리의 눈을 열어 주기 위한 화두입니다.

《임제록》에는 간시궐과 얽힌 선문답이 하나 있습니다.

임제 선사에게 어떤 수행승이 다음과 같이 질문했습니다.

"선사, 무엇이 무위진인(無位眞人)입니까?"

무위진인은 《장자》에 나오는 말인데 불교(선)적으로 말하면 '진여자성' '깨달은 사람' '해탈한 사람' '부처' 등을 뜻합니다.

그러자 임제 선사는 수행승의 멱살을 붙잡고 다그쳤습니다.

"무위진인이라니, 그 무슨 마른 똥 막대기(乾屎橛) 같은 소리인가?"

쓸데없는 소리, 허튼소릴랑 하지 말고 진실을 바로 보라는 것입니다. 마음에 환상이 끼어 있으면 깨달을 수가 없기 때문입니다.

마삼 근

'마삼근(麻三斤)'은 우리나라 선원에서 많이 참구하는 화두 가운데 하나입니다.

어느 날 한 참선자가 동산수초(洞山守初, 910~990) 선사에게 여쭈었습니다.

"선사, 무엇이 부처(진리)입니까?"

선사는 대답했습니다.

"마삼근(麻三斤)이니라."

'마삼근'이란 '마포(麻布) 3근' 즉 '삼베 세 근'이라는 뜻입니다. "무엇이 부처(진리)입니까?" 하고 정중히 여쭈었는데 '다름 아닌 삼베 세 근이 바로 부처'라고 대답했으니 이것이야말로 동문서답이 아닐 수 없습니다. 혹자는 귀신 씨

나락 까먹는 소리라고 할지도 모릅니다.

이해를 돕기 위하여 한 가지 언급해 두어야 할 것은, 여기서 묻는 '부처'의 의미는 법당에 계신 부처님이나 불상 또는 역사상 실존했던 석가모니 부처님을 가리키는 것이 아니라 진리의 대명사로서 '부처'입니다. 즉 '무엇이 선의 진리냐?'고 묻는 것이나 마찬가지입니다.

우선 동산 화상이 대답한 '마삼근(麻三斤)'이란 도대체 무슨 뜻인지 그것부터 파악되어야 합니다. 여러 가지 해석이 있습니다. 동산 화상이 때마침 창고에서 마포(삼)를 손질하여 저울에 달고 있었는데, 어떤 스님이 '무엇이 부처냐'고 묻자 즉석에서 '삼 세 근'이라고 대답했다는 설, 또는 그냥 동문서답을 했다는 설 등.

그러나 사실 이것은 아무런 근거가 없는 말입니다. 창고에서 마(麻)를 저울질하다가 즉석에서 대답했다면 그냥 '마(麻)'라고 대답할 일이지 굳이 '마삼근'이라고 하여 '3(三)'을 넣어야 할 까닭이 없고, 또 고정관념을 타파시키기 위하여 동문서답한 것이라는 해석도 설득력이 부족합니다. 무언가 즉석에서 닥치는 대로 대답했다는 인상을 주는데, 과연 이런 말 정도가 상대방을 깨닫게 하는 선승의 언어가 될 수 있을까요?

중국의 문물제도를 기록한 《통전(通典)》 제6권에 따르면,

대표적인 화두

당나라 때는 베옷 재료인 삼베 실 한 뭉치의 거래 단위가 무게로 3근이었다고 합니다. 그런데 이 삼베 실 3근이면 승복 한 벌을 만들 수 있었다고 합니다(동국대 교수이신 성본 스님 고증). 또 동산 화상의 스승인 운문 화상의 비문에는 '세 근의 삼베 실, 한 필의 옷감'이라는 말이 있는데 이를 본다면 삼베 3근이면 승복뿐만 아니라 일반인들의 옷도 한 벌 만들수 있었던 것입니다.

"부처란 무엇인가?"라는 질문에 동산 화상이 "삼베 실 세 근(麻三斤)"이라고 대답한 것은, 바로 '삼베 실 3근짜리 옷을 입고 있는 자네가 바로 부처'라는 뜻입니다. 즉 그대 자신이 바로 부처이고 진리이므로 다른 곳에서 찾지 말라는 뜻입니다. '마음이 곧 부처(卽心是佛)'라는 말과 다르지 않습니다.

일반적으로 화두나 선문답은 언어적·논리적으로는 해석할 수 없다고 합니다. 논리적으로 설명할 수 없다는 것은 일반적인 상식이나 논리로는 불가능하다는 것일 뿐, 모든 화두나 선문답에는 정연한 선의 논리가 있습니다. 그렇지 않다면 선승의 법어는 말 그대로 코에 걸면 코걸이가 되고 귀에 걸면 귀고리가 되고 맙니다. 저명한 선승들이 과연 귀에 걸면 귀고리, 코에 걸면 코걸이 식 궤변을 늘어놓았을 리가 있을까요? 그런 방식으로 선이 달마 후 1,500년 동안 전해 내려올 수 있었을까요?

선의 논리는 우리가 생각하는 일반적인 논리나 상식과는 전혀 다릅니다. 선의 논리는 공(空)·중도·불성·무집착·무분별·무심·일체유심조 등에 바탕을 두고 있습니다.

그런데 우리가 여기서 한가지 명심해야 할 것은 평소 '마삼근 화두'에 대하여 생각해 본 적도 참구해 본 적도 없는데, 비로소 오늘 저의 이 글을 읽고 이해했다면 그것은 사실 관념적인 이해에 불과한 것입니다. "아!" 하는 탄성이 없다면 그것은 아무런 의미가 없습니다. 남의 해설을 읽고 이해한 것은 불로소득으로서 '자기 것'이 될 수 없습니다.

독자 여러분! 지금 여러분들은 마삼근 화두에서 볼 수 있듯이 삼베 3근 짜리 옷을 입고 있는 자기 자신이 바로 진리를 간직하고 있는 존재(부처)임을 믿습니까? 어리석은 마음을 뒤집으면 그것이 바로 깨달음이라는 사실을 인식합니까?

동산수상행

'동산수상행(東山水上行)'은 운문(雲門, 864~949) 선사가 제시한 화두로서 그의 법어집 《운문록》에 나오는 말입니다. 유명한 화두로서 우리나라 선원에서도 많이 참구합니다.

동산(東山)은 실존하는 산으로서 중국 호북성 황주부에 있는 빙무산(憑茂山)을 가리킵니다. 중국 선종의 제5조 홍인(弘忍, 601~674) 선사가 주석하던 곳으로, 4조 도신(道信, 580~651) 선사가 머물던 쌍봉산을 서산(西山)이라고 한 것에 대응하여 동산이라고 부르게 된 것입니다.

어느 날 한 스님이 운문 선사를 찾아가 질문했습니다.

"선사, 무엇이 학인(學人)의 진면목입니까?"

선사는 대답했습니다.

"동산수상행(東山水上行, 동산이 물 위로 간다.)."

우선 중요한 몇 가지 단어를 풀이한 다음 어떻게 산이 물 위로 갈 수 있는지 방법을 찾아봐야겠습니다.

'학인(學人)'은 공부하는 수행승을 가리킵니다. '진면목'은 '본래면목'과 같은 말로서 자기 자신의 존재에 대한 근원적인 질문이며, 동시에 모든 사물의 근원에 대한 질문입니다. 즉 '저의 주인공, 나의 본체는 무엇인지 말씀해 달라.'는 말로서, 선문답에서 '무엇이 부처(진리)냐'고 묻는 말과 같습니다.

앞에서 설명한 바와 같이 동산(東山)은 중국 호북성에 있는 빙무산입니다. 괴암과 기석으로 이루어진 산이 움직일 수 없다는 것은 누가 보아도 알 수 있는 상식입니다. 학인의 질문에 대하여 운문 선사는 엉뚱하게도 "동산(東山)이 물 위를 간다."고 대답했으니 이 말이야말로 상식과 논리를 초월한 말입니다. 이해하기도 쉽지 않지만 논리적 접근도 불가능합니다. 그러므로 상식과 논리, 언어적 고찰을 떠나서 문제를 풀어야 합니다.

우선 이 화두는 그 성격을 구분한다면 고정관념을 타파하기 위한 화두입니다. 무엇이든 주장하면 그는 그 생각에 집착하게 되고 집착은 고정관념을 낳습니다. 운문 선사가 "동산이 물 위로 간다."고 한 것은, 질문하는 그 스님으로 하여금 고정관념을 타파하여 깨달음으로 인도하기 위한 것입니다. 운문 선사는 그가 "무엇이 학인(學人)의 진면목입니까?" 하고 묻는 순간, 이미 그의 언어 속에서 고정관념에 얽매여 있음을 발견한 것입니다.

산(山)의 속성은 부동자세(=靜)이고, 물의 속성은 항상 흘러가는 것입니다(=動). 그러므로 애당초 동산은 물 위로 갈 수 없습니다. 이것은 삼척동자도 알 수 있는 뻔한 이치인데도 '산이 물 위로 간다'고 한 것은 뭘까요? 궤변을 늘어놓으려 함도, 몰라서도 아닙니다. 운문 선사가 '동산수상행'을 통하여 말하고 싶은 것(메시지)은 '고정관념' 즉 '마음의 문을 열라.'는 것입니다. 그러면 자신의 진면목을 볼 수 있다는 가르침입니다.

또 '정중동(靜中動)' '동중정(動中靜)'의 논리에서 본다면 산은 고정된 물체가 아니고 물은 흐르는 물체가 아닙니다. 검고 흰 것, 길고 짧은 것은 하나의 현상일 뿐입니다.

우리는 항상 어떤 고정관념에 매달려 있습니다. 진리는 보편적인 것이 아니라 매우 고귀한 것이라는 생각, 또는 진리는 아주 특별한 것이라는 생각을 하고 있습니다. 심한 경우에는 깨달으면 무언가 초인적인 예지와 힘을 갖게 될 것으로 기대합니다. 그러나 그런 생각으로는 일평생 좌선을 한다고 해도 깨달을 수 없습니다. 그런 사고나 관념에 매달려 있는 한 더 이상 새로운 것을 발견할 수 없습니다.

《화엄경》을 대표하는 명구 가운데 '일체유심조(一切唯心造)' '만법유식(萬法唯識)'이라는 말이 있습니다. 우리말로 풀이하면 '모든 것은 마음먹기 나름이다.' '모든 존재는 마음이 만들어 낸 것'이라는 뜻인데, 그 말과 같이 모든 것은 마음의 산물입니다. 자기 자신의 고정된 생각이 결국 집착을 낳는다는 것을 깨닫는 순간 비로소 새로운 세계, 새로운 가치관을 발견하게 될 것입니다.

일구흡진서강수

선의 황금시대는 당(唐) 후반에서 송대(宋代)까지로 약 300년간이었습니다. 특히 당 말에서 송 초까지는 선이 한창 꽃을 피우던 시기로 내로라하는 선승들이 많이 배출되었습니다. 이 시대는 마조도일(馬祖道一, 709~788)과 석두희천 (石頭希遷, 700~790) 선사가 중국 선의 양대산맥을 이루고 있었습니다.

양자강을 중심으로 마조 선사는 강 서쪽에 있었고 석두 선사는 강 남쪽에 있었습니다. 유명한 선승이 강을 중심으로 양쪽에 포진하고 있었기 때문에 당시 많은 참선자들은 강서와 강남을 오가며 공부를 했습니다. 훌륭한 스승 밑에 훌륭한 제자가 나온다는 말처럼 훗날 그들의 문하가 중국 선을 쥐락펴락했음은 너무나도 당연한 일입니다.

그 당시 또 방거사(龐居士, 龐蘊, ?~808)라는 분이 있었습니다. 그는 스님이 아닌 거사의 신분이었지만 깨달음의 문제에서는 유명한 선승들과 비교해도 전혀 꿀릴 것이 없는 분이었습니다.

방거사가 깨닫기 전 어느 날 석두 화상을 찾아가 다음과 같이 물었습니다.

"선사, 만법과 더불어서 짝하지 않는 존재는 무엇입니까 (不與萬法爲侶者 是甚麼)?"

그러자 석두 스님은 손으로 얼른 방거사의 입을 막았습니다. 선의 진리는 함부로 말할 수 없다는 뜻이지요. 그 순간 방거사는 확 깨달았다고 합니다.

그는 다시 강서 지역에서 이름을 날리고 있던 마조 스님을 찾아가서 똑같이 물었습니다.

"선사, 만법과 더불어 짝하지 않는 존재는 무엇입니까?"

마조 선사가 대답했습니다.

"일구흡진서강수(一口吸盡西江水)"

이 말에 방거사는 또 한 번 크게 깨달았다고 합니다.

'일구흡진서강수'란 '한입에 서강의 물을 다 집어넣다'는 뜻입니다. 즉 그대가 만일 한입에 서강의 물을 다 집어넣을 수 있다면 만법과 더불어 짝하지 않는 존재가 누구인지 말해 줄 수 있다는 뜻입니다.

서강(西江)은 오늘날 그 유명한 양자강입니다. 입이 아무리 하마처럼 큰 사람이라고 해도 한입에 양자강 물을 다 넣을 수는 없습니다. 그렇다면 어떻게 해야 한입에 그 많은 물을 다 집어넣을 수 있을까요? 물리적으로는 불가능한 일입니다. 관념의 벽을 무너뜨리고 생각해 보아야 합니다.

우선 양자강의 물을 정말 한입에 다 마셔야 하는 것으로 이해한다면 그는 석두(石頭)입니다. 물리적으로는 한 바가지도 불가능합니다. 그러나 관념의 벽을 무너뜨리면 딱 한 컵이면 족합니다. 한 컵만 마시면 양자강의 물맛은 그 속에 들어 있습니다.

또 불교 용어 중에는 "작은 겨자씨 속에 우주를 다 집어넣는다."는 말이 있습니다. 어떻게 겨자씨 속에 온 우주를 집어넣을 수 있을까요?

또 우리가 잘 아는 《화엄경》에는 "하나가 곧 모든 것이고(一卽多), 모든 것이 곧 하나(多卽一)이다." 그리고 "일체는 오직 마음이 만들어 낸 것이다(一切唯心造)."라는 말도 있습니다. 하나 속에 모든 것을 다 넣을 수 있다면, 한입에 양자강 물을 다 마시는 것도 아무런 문제가 될 것이 없을 것입니다.

획심술에서는 그 사람의 마음을 잡으면 그 사람을 갖는다고 합니다. 마음을 잡으면 육체는 허수아비이니까요. 그래서 많은 정치인들은 선거 때가 되면 유권자의 마음을 잡으려고 하는 것이 아닙니까? 유권자의 지지가 과반수만 되면 그 나라는 자기 것이나 마찬가지입니다. 이것을 두고 천하를 얻었다고 합니다.

마음의 문이 열려 있으면 원수도 용서할 수 있습니다. 그러나 마음의 문이 닫혀 있으면 작은 겨자씨 하나도 들어갈 공간이 없습니다. 원수는커녕 약간의 불쾌한 말도 용납하지 않습니다. 아주 작은 일에도 분노하는 것은 마음이 닫혀 있기 때문입니다. 마음을 어떻게 쓰느냐, 용심(用心) 여하에 따라서 이 세상이 내 것이 될 수도 있습니다. 마음의 크기는 무한대이기 때문입니다.

'일구흡진서강수'는 화엄사상의 '일즉다 다즉일(一卽多 多卽一, 하나는 곧 모든 것이고 모든 것은 곧 하나이다)', 그리고 '사사무애관(事事無碍觀, 사물과 사물 간에도 걸림이 없다)'과 '일체유심조'의 관점에서 이해하기 바랍니다.

이제 남은 관건은 양자강의 물을 한입에 다 집어넣어도 양자강의 물이 줄어들지 말아야 합니다. 그렇다고 입이 터진다거나 배가 불러서도 안 됩니다. 유심(有心)으로 마시면 입과 배가 터지고 강물은 바닥이 나게 될 것입니다. 그러나 무심으로 마시면 입도 배도 물도 모두 그대로일 것입니다.

뜰 앞의 잣나무

어느 날 한 수행승이 조주(趙州, 778~897) 선사에게 여쭈었습니다.

"달마 조사께서 서쪽(인도)에서 온 뜻이 무엇입니까?"

원문은 "여하시 조사서래의(如何是 祖師西來意)"입니다. 여하(如何)'는 '무엇이냐'는 뜻이고 '조사(祖師)'는 '달마'를 가리키며 '서래의(西來意)'는 서쪽 즉 인도로부터 가지고 온 진리를 가리킵니다.

"여하시 조사서래의"란 '무엇이 선의 진리냐'고 묻는 정형구로서, 곧 불법의 진리는 무엇이냐는 뜻입니다. 선승들이 주고받는 전형적인 선문답의 하나입니다.

수행승의 질문에 대하여 조주 선사는 뜰 앞에 서 있는 잣나무를 가리키며 다음과 같이 말했습니다.

"정전백수자(庭前栢樹子, 뜰 앞의 잣나무)니라."

수행승은 좀 불쾌했습니다. 진지한 자세로 무엇이 선의 진리냐고 여쭈었는데 "뜰 앞의 잣나무."라고 대답했으니 그럴 만도 했겠지요. 자신을 놀리고 있다고 생각한 수행승은 좀 불쾌한 어투로 따졌습니다.

"선사, 공연히 눈앞의 대상(=잣나무)을 가지고 사람을 놀려 먹지 마십시오."

"나는 잣나무 따위를 가지고 그대를 놀린 적이 없네."

농담으로 한 말이 아니라는 것입니다. 무언가 다른 뜻이 있다고 판단한 수행승은 다시 정중하게 물었습니다.

"선사, 달마조사가 서쪽에서 온 뜻은 무엇입니까?

"정전백수자(뜰 앞의 잣나무)."

무엇이 선의 진리냐고 물었는데, 역시 직답대신 "뜰 앞의 잣나무"라고 했으니 이 화두 역시 일반적인 상식이나 논리로는 도저히 이해하기 어렵습니다. 어떻게 보면 조주 선사의 이 답은 임기응변식으로 순간을 넘겨 보고자 하는 의도가 아닌가 생각할 수도 있습니다. 하지만 당시 뛰어난 설법과 가르침으로 많은 참선자들을 지도했던 유명한 선승이 신참승 앞에서 임기응변식으로 대답했을 리는 만무합니다.

조주 선사가 살고 있던 관음원을 일명 '백림사(栢林寺)'라고도 합니다. '잣나무 숲 절'이라는 뜻인데, 잣나무가 뜰 앞에만 있는 것이 아니라 주변에 꽤 많았던 것 같습니다. 최근 이곳을 다녀온 분들의 말씀에 따르면 잣나무가 아니고 '측백(側栢)나무'더랍니다. 측백이나 잣나무나 같은 과(科)에 속하는 나무인데 '잣나무 백(柏과 栢은 통용되는 글자임. 측백이라고도 함.)'자를 썼으므로 우리나라에서는 '잣나무'라고 해석한 것입니다.

이제 본론으로 들어가서, 그렇다면 '뜰 앞의 잣나무'는 무엇을 의미할까?

잣나무든 측백나무든 나무는 모두 감정이 없는 물건입니다. 무정물입니다. 뜰 앞에 서 있는 무심한 잣나무는 누가 이 절을 찾아오든, 또 살다가 떠나든 아무런 감정이 없습니다. 차별 의식도 분별의식도 없습니다. 비가 오거나 바람(번뇌의 바람)이 불어도 그저 언제나 무심하게 서 있을 뿐입니다. 무심(無心)! 잣나무는 바로 무심을 뜻합니다. 선어에서 '석녀(石女, 돌로 만든 여자)' '철우(鐵牛, 철로 만든 소)' '석주(石柱)' 등도 모두 무심을 의미합니다. 여기 잣나무도 무심을 상징합니다.

'무심(無心)'이란 아무런 생각이 없다는 뜻이 아닙니다. 상대를 의식하지 않는 경지, 자신을 의식하지 않는 경지로서, 구체적으로는 무분별심·무번뇌심·무집착심·무망심을 뜻합니다. 분별 없는 마음·번뇌 없는 마음·집착 없는 마음 상태가 바로 무심입니다. '무심'이란 공(空)을 뜻합니다. 마음이 텅 비워져서 공이 된 상태가 무심입니다. 그래서 조주선을 일명 '무심선(無心禪)'이라고도 합니다.

조주 선사가 "뜰 앞의 잣나무"라고 대답한 것은 무심한 공의 상태가 바로 '달마가 서쪽으로부터 가지고 온 선의 진리요, 그대가 찾고 있는 깨달음의 세계'라는 것입니다. 그러므로 '그대 역시 저 뜰 앞의 잣나무처럼 마음이 무심한 경지에 도달한다면 선의 진수를 알게 될 것'이라는 뜻입니다.

그 외에도 몇 가지 해석이 있습니다.

예컨대, 수행승이 "공연히 눈앞의 대상(對象=外境, 잣나무)을 가지고 사람을 놀리지 마라."고 했고, 거기에 대하여 조주 선사는 "나는 눈앞의 잣나무 따위를 가지고 그대를 놀린 적 없네."라고 말하고 있음을 볼 때, 잣나무는 경계 즉 객관이고 사람은 주관이라고 할 수 있습니다. 그래서 주관과 객관(경계), 즉 나(人)와 대상(境)을 분별하지 말라는 해석도 가능합니다.

또한, 달마가 서쪽에서 온 뜻이 무엇이냐고 물었는데 조주 선사가 즉석에서 "뜰 앞의 잣나무"라고 대답한 것은 진리란 있는 그대로임을 가르친 것이라는 풀이도 있습니다.

일면불 월면불

이 화두는 '선어록의 백미'라고 하는 《벽암록》 3칙에 있는 화두입니다.

당 말의 유명한 선승으로서 조사선의 대표자였던 마조(馬祖, 709~788) 화상이 어느 날 병환으로 몸져누워 있었습니다. 자세한 건 알 수 없지만 병이 꽤 깊었던 모양입니다. 그때 선원의 원주가 문병차 조실 방으로 들어가서 누워 있는 마조 화상에게 여쭈었습니다.

"화상께서는 요즘 존후가 어떠하십니까?"

상례적인 물음이었지만 그 말 속에는 속히 쾌차하기를 기원하는 마음이 담겨 있었을 것입니다. 원주의 문안에 대하여 마조 화상은 누운 채 다음과 같이 대답했습니다.

"일면불(日面佛) 월면불(月面佛)이요."

존후가 어떠하신지 여쭈었는데 '일면불 월면불'이라고

대답했으니 선승들의 괴팍함은 상상을 초월합니다. 그러나 평범해 보이지만 그 말 속에는 선의 진리가 담겨져 있습니다. 그 자체가 하나의 진리이고 화두이자 가르침입니다.

일면불 월면불이 무엇을 뜻하는 것인지 이야기하기 전에 먼저 이 두 부처님은 어떤 부처님인지 궁금합니다.

부처님 이름을 풀이한 《불명경》이라는 경전이 있습니다. 그 경전 제7권에는 "'월면'이라는 이름의 부처님은 수명이 '일일일야(一日一夜)'이고, '일면'이라는 부처님은 수명이 1,800세"라고 씌어 있습니다.

사실 부처님의 수명은 무한대인데 이와 같이 어떤 부처님은 몇 세까지 살고, 어떤 부처님은 몇 세까지 산다고 기록한 경전은 처음 봅니다. 그 가운데는 월면불처럼 '일일일야' 즉 하루 저녁만 살다가 열반하는 부처님도 있으니 참 재미있는 경전이기도 합니다. 아마 월면불은 부처님 중에서도 가장 수명이 짧은 부처님일 것입니다. 장수하는 부처가 되는 것도 복 중의 복이 아닐까 생각합니다.

월면불(月面佛)을 우리말로 옮기면 '달 부처님'입니다. 달의 수명은 '일일일야(一日一夜)'입니다. '일일일야'란 '하루 가운데 밤'이라는 뜻입니다. 달은 저녁에 떠서 아침이면 없어지는데 어떤 작명가가 부처님 이름을 지었는지 참 잘 지었다는 생각이 듭니다.

그리고 해를 상징하는 일면불의 수명은 1,800세라고 합니다. 1,800이라는 숫자에 무슨 뜻이 있는지는 몰라도 해는 십장생 중의 하나이므로 해처럼 오래 산다는 뜻일 것입니다. 혹 옛 문헌에 '해의 수명은 1,800년'이라는 말이 있을지도 모르겠으나 1,800세만 해도 인간의 수명과 비교하면 상상도 못할 만큼 장수하는 셈입니다.

이제 선문답을 다시 살펴봅시다.

마조 화상이 병이 깊어 침상에 눕게 되자 선원의 살림을 맡고 있는 원주가 병문안을 갔습니다. "스님, 요즘 건강이 좀 어떠하십니까? 차도가 좀 있으십니까?" 하고 여쭙자 마조 화상은 엉뚱하게도 "일면불 월면불이야." 하고 대답한 것입니다.

마조 화상이 '일면불 월면불'이라고 대답한 것은 다음과 같은 뜻입니다. 즉 병이 쾌차하여 일면불처럼 1,800년을 살아도 좋고, 또 병이 악화되어 월면불처럼 '밤새 안녕' 해도 관계없다는 뜻입니다.

세속적으로 말하면 이제 살만치 살았으므로 비록 내일 죽은들 무슨 관계가 있겠느냐는 뜻이 될 수도 있습니다. 그러나 핵심은 선승으로서 가장 중요한 과제인 깨달음의 문제를 해결했으므로, 즉 일대사를 해결했으므로 지금 당장 죽은들 아무런 관계가 없다는 것입니다. 애착과 집착으로부터 벗어났음을 뜻합니다. 죽음을 초탈한 생사일여의 경지를 보여 주고 있다고 할 수도 있지요.

인간은 깨달았건 깨닫지 못했건 때가 되면 다 죽습니다. 우리의 육신은 언젠가는 한 줌의 재로 변할 것입니다. 그리고 그 재는 흙이 되고, 강물에 섞이고 바람에 날려 없어질 것입니다. 모든 존재는 연기의 법칙에 따라 생성과 소멸을 반복한다면 죽음 역시 당연한 법칙입니다.

선승으로서 죽음을 두려워한다면 그것은 있을 수 없는 것입니다. 깨달음 문제 이전에 인격적인 문제입니다. 수행을 더 해야 할 것입니다.

선승은 내생에 깨닫겠다는 생각은 하지 않습니다. 깨달음을 느슨하게 다음 생으로 미룰 수는 없는 문제이기 때문입니다. 내생이 아닌 금생에 깨달아서 삶과 죽음, 그리고 번뇌 망념이 되풀이되는 생사윤회의 구조에서 벗어나야 합니다.

만법귀일 일귀하처

어떤 스님이 조주 선사에게 여쭈었습니다(벌써 천 년 전의
일이라서 어떤 스님이었는지는 정확히 알 수 없습니다.).

"선사, 만법은 하나로 돌아간다고 하는데, 그렇다면 그 하
나는 어디로 돌아갑니까(萬法歸一 一歸何處)?"

조주 선사는 다음과 같이 대답했습니다.

"내가 얼마 전에 고향 땅 청주에 있을 적에 삼베로 옷 한
벌을 만들었는데, 그 무게가 일곱 근이었네."

자, 이 화두는 익히 들어서 쉬운 것 같지만 어려운 화두
입니다. '만법귀일 일귀하처'는 여타 화두처럼 단수가 아니
라 '복수 화두'이기 때문입니다. 즉 '겹화두'로서 풀어야 할
숙제가 두 가지입니다.

첫째는 만법귀일(萬法歸一)이고 다음은 일귀하처(一歸何

處)입니다. 만법귀일은 그래도 가능한데 일귀하처는 더욱더 말문이 막힙니다. 이것을 선에서는 '심행처멸(心行處滅)' 또는 '심로절(心路絕)'이라고 합니다. 분별심으로는 불가능하다는 뜻입니다.

먼저 만법귀일을 풀어 봅시다. 만법(萬法)은 '모든 존재'를 가리킵니다. 흔히 '삼라만상'이라고 하는데, 만법 속에는 유형무형의 모든 존재가 다 포함되어 있습니다. 모든 존재는 끝내 하나로 돌아간다(萬法歸一)는 뜻입니다.

'모든 존재는 결국 하나로 돌아간다'는 것은 수행자가 아니더라도 철학적 사색을 하는 사람이라면 누구나 한 번쯤은 생각해 봤던 주제일 것입니다. 인간은 결국 어디로 귀결될까요? 모든 존재(萬法)는 어디로 돌아갈까(歸一)요? 그들이 귀착하는 곳은 어딜까요? 언젠가는 죽게 되고 죽으면 결국 '무(無)'가 되는 것이 아닐까요? 시시껄렁한 주제이지만 우리 모두의 관심사입니다.

제가 초등학교 6학년 때입니다. 당시 초등학교는 마을에서 약 4킬로가량 떨어진 곳에 있었는데, 아침 체조 시간에 마침 동네 어르신이 돌아가셔서 상여가 지나가고 있었습니다. 어린 나이지만 '어히여, 어히여' 하면서 외치는 상여꾼의 처량한 목소리는 마음을 이상하게 했습니다. 그때 선생님이 다음과 같이 말씀하셨습니다.

347

대표적인 화두

"나는 땅으로 간다."

그 소리를 듣고 '그렇지. 사람은 죽으면 땅에 묻히게 되고 결국은 썩어 흙이 되겠지.' 하고 혼자 중얼거렸던 적이 있습니다.

부처님께서는 모든 존재를 관찰한 끝에 하신 말씀이 있습니다. '모든 것은 무상하다(諸行無常)'는 것이었습니다. 부처님이 발견한 '제행무상'의 진리처럼 형체를 가진 모든 존재는 언젠가는 스러져 갑니다. 영원한 것은 아무것도 없습니다. 정신(영혼)은 절대 죽지 않는다고 하지만 그것을 아는 사람은 아무도 없습니다.

그렇다면 결국 모든 존재의 귀착지는 죽음이고, '무(無)'이며, '공(空)'일 것입니다(萬法歸一).

다음으로 일귀하처(一歸何處)를 봅시다. 끝내는 하나로 돌아간다면, 그 하나는 또 어디로 돌아갈까요? '만법귀일' 보다 더 어려운 것은 '일귀하처'입니다. 하나는 다시 새로운 존재로 소생합니다. 연기의 법칙에 의하여 모든 것은 무너지게 되고 무너졌다가 다시 소생합니다. 이것이 일귀하처(一歸何處)입니다. '색즉시공(色卽是空, 존재는 공으로 돌아간다.)'이지만, 동시에 '공즉시색(空卽是色, 다시 소생한다.)'입니다.

《대승기신론》에 따르면 '만법귀일'의 '일(一)'은 '일심(一心)'을 가리킵니다. '일체유심조'에서도 알 수 있듯이 일체는 마음으로 돌아가고 그 마음은 다시 만물을 만들어 냅니다. 만법은 진리로 돌아가고 진리는 다시 만법으로 돌아가는 것입니다.

그런데 이 화두는 어찌 된 일인지 뒷구절 '일귀하처(一歸何處)'는 빼놓고, 앞구절 '만법귀일(萬法歸一)'만 화두로 삼고 있습니다. 만법귀일이 보편적인 진리이기 때문일까요.

대
표
적
인

화
두

병정동자래구화

선이 만개한 시대는 당송(唐宋) 시대입니다. 특히 송대에는 시(詩)를 쓰는 지식층은 물론 관료나 정치인, 그리고 마을의 아낙네들까지도 모이면 선을 이야기할 정도였다고 합니다.

하루는 법안문익(885~958) 선사가 그의 문하에서 감원 소임을 맡고 있는 현칙(玄則) 스님을 불렀습니다.

"(현)칙감원! 자네는 이곳에 온 지 얼마나 됐는가?"

"3년쯤 됐습니다."

"3년이나 있으면서 어째서 한 번도 가르침을 청하지 않는가?"

대중 모두가 찾아와 법에 대하여 질문하는데 오직 현칙 스님만은 3년 동안 한 번도 묻지 않자 법안 선사는 궁금했습니다. 현칙은 다음과 같이 대답했습니다.

"선사, 외람됩니다만 저는 이미 청림(청봉) 화상 문하에 있을 적에 깨달은 바가 있습니다."

"음, 그래? 그렇다면 어디 한번 그것을 말해 보게."

"제가 청림 화상께 '무엇이 부처(진리)냐'고 물었더니 '병정동자래구화(丙丁童子來求火)'라고 했습니다."

"음, 아주 훌륭한 법문이군. 한번 그 뜻을 설명해 보게."

현칙 스님이 말했습니다.

"병정(丙丁)은 '불'을 뜻합니다. 그러므로 병정동자가 와서 불을 찾는다는 말은 '불이 불을 찾고 있다'는 뜻으로서, 이 말은 부처가 부처를 찾고 있다는 말과 같습니다. 즉 자기 자신이 부처인데 다시 부처를 찾고 있다는 뜻입니다"

법안 선사는 다음과 같이 말했습니다.

351

"현칙 수좌, 해석은 맞지만 그대는 내가 생각했던 대로 과연 잘못 알고 있었네."

이 말을 들은 현칙은 몹시 화가 나서 그 길로 법안 선사의 곁을 떠나고 말았습니다. 자기 말이 틀리지 않았는데 틀렸다고 했기 때문이었습니다. 사실 현칙의 말은 틀린 것이 아니었습니다.

그런데 현칙이 양자강을 건너가면서 가만히 생각해 보니 무언가 개운치가 않았습니다. 법안 선사의 문하에는 무려

500여 명이나 되는 사람들이 수행하고 있었는데, 그렇게 많은 사람들이 와서 수행하고 있을 때에는 분명 그는 대단한 분일 것이고, 그렇다면 법안 선사의 말 속에는 무언가 다른 가르침이 있을 거라는 생각이 들었습니다. 그래서 그는 다시 되돌아와 재차 법안 화상에게 물었습니다.

"선사, 무엇이 부처입니까?"

법안화상은 다시 큰 소리로 말했습니다.

"병정동자래구화(丙丁童子來求火, 불이 불을 찾고 있다)"

그 말을 듣는 순간 현칙은 크게 깨달았습니다.

자, 이 선문답을 해체해 보아야겠습니다.

'병(丙)'과 '정(丁)'은 갑 · 을 · 병 · 정으로 시작되는 10간 가운데 3, 4번째로서, 목(木) 화(火) 토(土) 금(金) 수(水) 오행에 적용하면 '화(火)' 즉 불에 속합니다. '동자(童子)'는 어린 동자로서 여기서는 별 뜻이 없는 어조사입니다. 현칙의 말과 같이 '병정동자래구화'는 '불이 와서 불을 찾고 있다'는 뜻으로, 이 말은 '그대 자신이 바로 불성을 갖고 있는 부처(진리)인데 또다시 부처를 찾고 있다'는 뜻입니다.

현칙 스님은 '병정동자래구화'의 뜻을 제대로 알고 있었습니다. 그런데 어째서 법안 화상은 잘못 알고 있다고 핀잔을 주었으며, 또 현칙이 다시 돌아와서 물었을 때, 법안의

답 역시 '병정동자래구화'였는데 어째서 여기서 깨달았다는 것일까요?

현칙 스님의 이해는 틀린 것이 아니었습니다. 그런데 현칙이 이해한 것은 진실한 앎이 아니라 관념적, 지식적인 앎에 불과했던 것입니다. 즉 생각으로만 자신이 본래 부처라고 이해했을 뿐, 정말 자기 자신이 본래 부처라는 사실은 인식하지 못했지요. 알음알이로만 알고 있었던 것입니다.

현칙은 법안 화상의 문하에 들어올 때부터 자신은 이미 '병정동자래구화'에서 깨달았다고 자만하고 있었습니다. 그래서 3년 동안 한 번도 묻지 않았지요. 법안 화상은 이미 그의 그런 생각을 간파하고 있었습니다. 현칙을 상근기(지혜가 뛰어난 인재)로 본 법안 화상은 그로 하여금 새롭게 일깨워서 올바른 깨달음을 얻도록 인도해 주어야 할 필요를 느꼈던 것입니다.

양자강을 건너가다가 다시 돌아온 그에게 법안 화상의 한마디(병정동자래구화)는 현칙으로 하여금 자기 자신이 바로 부처라는 사실을 확연히 깨닫게 했던 것입니다.

대
표
적
인

화
두

판치생모

어떤 스님이 조주 선사에게 물었습니다.

"어떤 것이 조사께서 서쪽에서 오신 뜻입니까(如何是 祖
師西來意)?"

조주 선사가 대답했습니다.

"판치생모(板齒生毛)니라."

이 화두 역시 많이 알려진 화두입니다. 어떤 선문답이든
그 뜻을 확실하게 알자면 먼저 글자 풀이부터 해야 합니다.
그러지 않고는 막연한 해석일 뿐입니다.

앞서 '뜰 앞의 잣나무' 항목에서 설명했듯, '여하'는 '무
엇이냐'는 뜻의 의문사이고, '시(是)'는 어조사이며, '조사
(祖師)'는 처음 중국에 선을 전파한 달마 대사를 가리키며,
'서래의'는 '서쪽(인도)에서 온 뜻'을 가리킵니다. 즉 '선의

초조 달마 조사가 서쪽(인도)에서 가지고 온 불법의 진리는 무엇이냐는 뜻으로서 이 말은 바로 '무엇이 불교의 진리냐'고 묻는 말과 같습니다.

다음에 '판치(板齒=版齒)'는 '판자(板子)처럼 생긴 이'라는 뜻으로 '앞니'를 가리킵니다. 앞니는 다른 이보다 크고 넓적하므로 고대 중국 사람들은 '판치'라고 불렀던 모양인데, 제법 위트가 넘치는 표현 같습니다. '생모(生毛)'는 '털이 났다'는 뜻인데 학자에 따라서는 '곰팡이'라고 하는 사람도 있습니다. 따라서 '판치생모'란 '앞니에 털이 솟아났다.' 또는 '앞니에 곰팡이가 피었다.'는 뜻으로 오래도록 '말을 하지 않았음'을 뜻합니다.

중국 사람들은 허풍이 참 세다고 할까요? 아니면 표현이 참 재미있다고 할까요? 여하튼 선어나 한어를 풀이하다 보면 중국인들의 언어 속에는 해학·풍자·유머·허풍이 물씬 풍깁니다. 아무리 오래도록 말을 하지 않았다고 한들 이에서 털이 나거나 곰팡이가 생길 리가 있겠습니까?

말하자면 중국인들은 뻥튀기식 표현과 과장법을 통하여 더욱 사실적인 이해에 접근하는 것입니다. 이런 점은 문화적 차이라고 할 수 있습니다. 이것을 어떤 분은 '낭만적 과장법'이라고 평했는데, 유머가 있다는 것은 생활에 여유가 있다는 것일 것입니다. 반대로 유머가 없으면 그 사람은 여유가 없는 사람이라고 할 수 있습니다.

그렇다면 판치생모가 갖는 상징적인 뜻은 무얼까요? '말을 하지 않음(不言)' '무언(無言)' '언어도단' 등을 뜻합니다. 즉 불법의 진리, 선의 진리는 '언어도단의 세계' '불립문자의 세계'이므로 말로는 표현할 수 없다는 뜻입니다.

하얼빈에서 이토 히로부미(伊藤博文)를 저격했던 독립운동가 안중근 의사의 옥중 글 가운데 이런 글이 있습니다.

"일일부독서 구중생형극(一日不讀書 口中生荊棘)"

'하루 책을 읽지 않았더니 입속에서 가시가 돋아났다.'라는 뜻인데 이것이 무엇을 상징하는 말일까요? 이 역시 판치생모와 같이 한문 특유의 낭만적 과장법인데, 단 하루라도 독서를 하지 않으면 안 됨을 뜻합니다. 단 하루라도 빼놓지 말고 항상 책을 읽어야 함을 강조하고 있는 말입니다.

안중근 의사의 시, '일일부독서 구중생형극((一日不讀書 口中生荊棘)'에서 앞구절은 빼고 뒷구절만 독립시키면 판치생모와 똑같은 구조가 됩니다. 글자가 하나 적다고 생각되면 '터럭 발(髮)'자를 더 넣어 '판치생모발'이라고 하면 100퍼센트 일치하는 문장입니다. 이제 앞니에서 털이 솟아 났다(판치생모)는 말이 왜 '무언' '불언(不言)' 또는 '말로는 도저히 표현할 수 없음'을 뜻하는 것인지 이해가 갈 것입니다. 이런 점에서 본다면 화두는 다분히 격언 구조와 같다고 할 수 있습니다. 격언을 통하여 지혜를 얻는 것입니다.

한문에 약한 우리나라 사람들은 대부분 한문 특유의 허풍과 과장법을 이해하지 못하고 표현을 액면 그대로 받아들여 엉뚱하게 해석하는 경우가 많습니다. 표현 이면의 뜻을 파악하지 못하고 표면 그대로만 파악하는 것입니다.

특히 선어는 직접적으로 표현하는 경우는 없습니다. 빙 둘러서 표현하는 방식인데, 그 유명한 선어록 《벽암록》도 그런 방식입니다. 이것을 '요로설선(繞路說禪, 빙 둘러서 선을 말하다.)'이라고 합니다.

선어는 모두 고사나 유머·해학·풍자·위트를 통하여 메시지를 전합니다. 그것이 더 효과적이기 때문입니다. 그러므로 하나의 언어가 무엇을 암시하고 있는지, 그것을 정확히 파악해야만 올바른 해석을 할 수가 있습니다.

각설하고, "어떤 것이 조사께서 서쪽에서 오신 뜻이냐?"라고 물었는데 "판치생모(板齒生毛)"라고 답한 것은 선의 세계는 개구즉착의 세계, 언어도단의 세계, 불립문자의 세계이므로 말로는 표현할 수 없음을 뜻합니다. 그러므로 진정으로 그 세계를 알고자 한다면 직접 수행하라는 것입니다. 물맛이 좋은지, 나쁜지 직접 마셔 보아야 합니다.

여사미거 마사도래

이 화두는 8세기 중국의 유명한 선승 영운지근(靈雲志勤, ?~866) 선사와 어느 참선자 사이에 있었던 선문답입니다.

어느 날 한 스님이 영운 선사께 여쭈었습니다.
"선사, 불법의 대의는 무엇입니까?"
선사는 대답했습니다.
"여사미거 마사도래(驢事未去 馬事到來)"

이 화두 역시 동문서답으로 도저히 무슨 말인지 알 수 없습니다. 이런 경우를 두고 선에서는 "모기 이빨로 쇠를 문다."고 합니다. 불가능하다는 뜻입니다. 그렇다고 허파에서 바람 빠지는 소리라고 매도하면 그것은 문외한입니다. 유명한 선승이 그런 소리나 할 까닭이 있겠습니까? 분명히 어떤 뜻이 들어 있겠지만 우리의 눈이 아직 열려 있지 못했기 때문일 것입니다.

'여사(驢事)'란 '당나귀의 일'이고 '마사(馬事)'란 '말의 일'을 가리킵니다. '당나귀가 해야 할 일'이 무엇이고 '말이 해야 할 일'이란 무엇인지, 그것에 대해서는 조금 있다가 이야기하도록 하겠습니다. '미거(未去)'는 '미료(未了)'와 같은 말로서 '아직 일을 다 마치지 못했다'는 뜻이고 '도래(到來)'란 '당도했다' '닥쳐왔다'는 뜻입니다. 즉 '아직 나귀의 일도 채 끝나지 않았는데 말의 일이 닥쳐왔다.'는 뜻입니다.

이 화두는 우리나라 근대의 선승 경허 선사가 참구했던 화두라고 해서 우리에겐 비교적 많이 알려져 있습니다. 경허 스님이 동학사에서 여사미거 마사도래 화두를 참구한 지 석 달 만에 "죽어 소가 되어도 콧구멍 없는 소가 되어야 한다."는 말에 그 이치를 깨달았다고 합니다. '콧구멍 없는 소(牛無鼻孔)'도 화두인데 화두로써 화두를 깨달았으니 '이열치열'이라고 할 수 있습니다.

이 화두에 대한 해석은 매우 다양합니다. 여사(驢事)와 마사(馬事)를 '이 일' '저 일'로 해석하여 '이 일(번뇌) 저 일(번뇌)이 한꺼번에 밀려온다.' 또는 '아직 이 번뇌(여사)도 해결하지 못했는데 또 다른 번뇌(마사)가 밀려온다.' 등등.

또 '여사(驢事)'를 선어에 나오는 '여년(驢年, 당나귀 해)'

으로 해석하여 12간지 중에 당나귀 해는 없으므로 '여사'란 '영원히 오지 않음' '만날 수 없음'을 뜻한다는 해석도 있습니다. 여년에 대한 해석은 맞으나 어떻게 하여 여년을 여사로 볼 수 있는지 연결이 되지 않습니다. 한암 스님이 〈경허화상행장〉에서 '여사'를 '여년'으로 보았다고 하는데 한암 스님이 쓴 〈경허화상행장〉에는 아무리 눈을 부릅뜨고 찾아봐도 그런 말이 없습니다. 와전인 셈입니다.

필자가 이 화두를 생각하기 시작한 것은 약 4년 전쯤 됩니다. 그리고 본격적으로 생각한 것은 2년 반 정도인데 도저히 해결할 수 없어서 중간에 포기하고 말았습니다. 그런데 또 과제가 다가와서 어느 날 지하철을 타고 가다가 문득 확 떠오르는 것이 있었습니다. 처음에는 눈이 번쩍했고 나중에는 웃음이 났습니다.

여러분! 당나귀가 하는 일은 무엇이고 말이 하는 일은 뭐라고 생각합니까?(사실 여기서 더 읽어 내려가지 말고 10분만이라도 생각해야 하는데……) 어렵게 생각하지 말고 상식으로 생각해 보길 바랍니다. '당나귀가 하는 일'도 짐을 져서 나르는 일이고, '말이 하는 일'도 짐을 져서 나르는 일입니다. 짐을 지는 것, 그것이 그들이 하는 일입니다.

'당나귀와 말(馬)'은 하는 일만 똑같을 뿐만 아니라, 생김새도 털 색깔도 거의 같습니다. 다만 말이 당나귀보다 몸집이 조금 더 클 뿐입니다. 당나귀와 말은 사실 도토리와 상수리, 북어와 명태, 임연수와 새치 사이입니다.

얼마 전 텔레비전에 〈차마고도(茶馬古道)〉라는 다큐멘터리 프로그램이 방영되었습니다. 상상도 할 수 없는 고대의 모습 같은 풍물이었습니다. 여기서도 멀리 티베트까지 짐을 실어서 나르는 짐승은 말과 당나귀였습니다. 옛 사람들은 당나귀가 체구는 작지만 지구력이 더 좋다고 하여 주로 짐을 나를 때에는 당나귀를 투입했고, 말은 빠르다고 하여 파발마 등으로 썼지만 둘 다 짐을 져서 나른다는 점에서는 아무런 차이가 없습니다. 버스의 하는 일과 기차가 하는 일이 무슨 차이가 있을까요? 모두 다 사람을 실어 나르는 일입니다.

그러므로 '여사미거 마사도래'란 곧 '여사와 마사'를 '둘로 보지 마라.' '분별하지 마라.'는 뜻입니다. 피(彼=여사)차(此=마사) 똑같으므로 부질없이 여사와 마사를 분별하지 말라는 뜻입니다. '미거(未去)'와 '도래(到來)'는 별 뜻이 없습니다. 그냥 수식어입니다. 여사와 마사도 구별할 필요가 없는데 '미거(未去)'와 '도래(到來)'를 구분할 필요가 있겠습니까?

"선사, 불법의 대의는 무엇입니까?"라는 질문에 "여사미거 마사도래"라고 대답한 것은 분별을 떠난 세계, 무분별의 세계, 그것이 바로 '불법의 대의'인 동시에 '깨달음의 세계'

361

라는 것입니다. 즉 분별심을 초월한 입장에서 만물을 본다면 불법의 대의를 터득할 수 있다는 것이지요. 선은 이원적 관점이 아니라 일원적 관점, 일원적 사고를 바탕으로 하고 있기 때문입니다.

영운 선사가 참선자에게 '당나귀의 일'과 '말을 일'을 대구(對句)로 나누어 말하고 있는 것은 사실 함정(트릭)입니다. 당나귀 일과 말의 일이 다 똑같은데도 함정을 만들어 당나귀의 일과 말의 일이 다른 것처럼 제시한 것입니다. '미거'와 '도래'도 함정구입니다. 함정을 만들어 놓는 것은 선문답의 전형이라고 할 수 있습니다.

제자의 질문에 대하여 스승은 직답을 피하고 빙 둘러서 암시합니다. 그것을 제대로 파악하느냐 못하느냐는 제자의 몫입니다. 이것이 선의 교육 방법입니다.

또한 스승은 제자를 교육시킬 때 많은 함정을 만들어 놓습니다. 함정에 빠지지 말고 그 함정을 모두 통과할 때 비로소 철저한 깨달음에 이르게 되는 것입니다.

이뭣꼬

화두의 종류는 약 1,700여 가지나 됩니다. 이것은 선의 역사서 《전등록》에 수록되어 있는 1,701가지 선(禪) 일화에서 비롯된 숫자입니다. 이 가운데 오늘날 우리가 참구하고 있는 화두는 '무' '간시궐' '마삼근' '정전백수자' '일구흡진서강수' '판치생모' '동산수상행' '부모미생전 본래면목' 등 10여 종류입니다. 이 모두가 중국에서 형성된 화두들입니다.

그런데 유일하게 근래 우리나라에서 생긴 화두가 하나 있습니다. 그것이 바로 '이뭣꼬(이뭐꼬)'라고 하는 화두입니다.

'이뭣꼬'는 '이것이 무엇인가?'라는 의문사로서 경상도 사투리입니다. 원문은 '시심마(是甚麼, 是什麼)'인데 사용하는 사람에 따라서는 그 사이에 '개(箇, 个)'자를 넣어서 '시개심마(是箇甚麼)'라고도 씁니다. '이뭣꼬'를 전라도 버전으로 바꾼다면 '요것이 뭐당가?' 또는 '요것이 뭐랑께?' 정도가 될 것이고, 충청도 버전으로는 '이것이 뭐시유?'가 될 것입니다.

현재 선원에서는 '이뭣꼬' 화두를 참구하고 있는 분들이 많이 있습니다. 그런데 '이뭣꼬'가 화두인가 아닌가에 대하여 근래 선승들 간에 논의가 있었습니다. 좀 난해한 주제이긴 합니다만, 반드시 구별해 볼 필요가 있으므로 선어록의 용례를 고증하여 화두로서 타당한지 여부를 살펴보도록 하겠습니다. 가능한 한 쉽고 간단명료하게 설명하겠습니다.

'이뭣꼬'의 원문인 '시심마(是甚麼, 是什麼)'는 중국 선승들의 어록에도 우리나라 선승들의 어록에도 많이 나옵니다. 그중 대표적인 것이 "불여만법 위려자 시심마(不與萬法 爲侶者 是甚麼)"입니다. 그 뜻은 '만법과 더불어 짝하지 않는 자는(것은) 누구인가(무엇인가)?'라는 뜻입니다.

그런데 '시심마(是甚麼)'라는 말이 나오는 문장을 모두 검색해 보면 앞의 '불여만법 위려자 시심마'의 용례에서도 볼 수 있듯이 '시심마'라는 단어가 독립적으로 나오는 경우는 없고 반드시 앞에 관형구로 다른 말이 붙어 있습니다. 즉 먼저 어떤 관형구(주로 서술어)가 나온 다음 의문사 '시심마(是甚麼, 이것이 무엇인가?)'가 등장하는 것입니다.

고려 말 나옹 선사가 육상국(陸相國)에게 한 법어를 하나 더 보겠습니다.

"(당신이) 어떤 때는 밥을 먹고 어떤 때는 차를 마시며 어떤 때는 걷고 어떤 때는 서 있으며, 어떤 때는 앉고 눕는데 그렇게 하는 자는 누구인가(是甚麽)"《나옹어록》〈시육상국〉장)

여기서도 보면 먼저 서술어가 나오고 그다음에 의문사 '시심마'가 나옵니다.

또 다른 유형을 하나 보겠습니다.

선승들이 법어를 시작하기 전이나 또는 법어 중에 "이것이 무엇인가?"라고 묻는 경우입니다. 그런데 단순히 "이것이 무엇인가(시심마)?" 하고 묻는 예는 거의 없고, 먼저 반드시 '죽비'나 '주장자' 또는 '주먹'이나 어떤 물건을 들어 보인 다음 '이것이 무엇인가(이뭣꼬)'라고 묻습니다.

《벽암록》51번째 문답(51칙)은 제목 자체가 '설봉 선사의 시심마'입니다.

어느 날 두 참선승이 설봉 선사를 찾아갔습니다. 설봉 선사는 그들이 암자의 문 앞으로 막 올라오는 것을 보고 먼저 문을 확 열고 자신의 몸을 불쑥 앞으로 내밀고는 "이것이 무엇인가(시심마)?"라고 물었습니다.

여기서도 본다면 자신의 몸을 내밀고는 이 몸이 무엇인가라는 의미로 시심마를 쓰고 있습니다.

따라서 '시심마 화두'는 엄격하게 규정한다면 '무'간시궐' 처럼 독립된 화두라고는 할 수 없고, 반드시 그 앞에 관형구로서 '불여만법 위려자'나 또는 설봉 선사의 '시심마'에서도 볼 수 있듯이 어떤 제스처나 몸짓, 또는 '죽비'나 '주장자' 등 물건을 먼저 제시한 다음에만 화두가 될 수 있다는 것입니다.

또 근대의 고승 경허 선사(1849~1912)가 지은 '참선곡(1900년 초 무렵 지음)'을 보면 여기에서는 한글로 나옵니다.

앉고 서고 보고 듣고,
착의끽반대인접어(着衣喫飯對人接語),
일체처, 일체시에 소소영영 지각하는 이것이 어떤 건고?

여기서도 본다면 '이것이 어떤건고(시심마)'라는 의문사가 갑자기 나오거나 독립적으로 나오는 것이 아니라, 먼저 관형구로서 '일체처, 일체시에 소소영영 지각하는'이라는 문구가 나온 다음 '이것이 어떤 건고(시심마)?'가 나온다는 것입니다.

그런데 '이것이 무엇인가(是甚麼)?' 또는 '이것이 어떤 건고?'라는 말이 경상도 방언인 '이뭣꼬(이뭐꼬)'로 단축되어 본격적으로 화두로 등장하기 시작한 것은 그리 오래되지 않은 것 같습니다. 특히 '이뭣꼬(이뭐꼬)'가 경상도 사투리라는 점에서 '이뭣꼬(이뭐꼬)'를 최초로 화두로 사용한 것은 경상도 쪽 선방이라고 할 수 있습니다.

추측건대 앞의 '불여만법 위려자 시심마' 등에서도 볼 수 있듯이 앞에 어떤 관형구나 서술어, 또는 법어 중에 '죽비'나 '주장자' 등을 들어 보이면서 "이것이 무엇인가(시심마)?"라고 물었던 정형구가, 편의에 따라 앞의 관형구 등이 점점 탈락되고 간단히 '이뭣꼬'만 사용된 것이 아닌가 생각됩니다. 물론 의미상에서 볼 때 '이뭣꼬(시심마)' 속에는 관형구인 '불여만법 위려자'나 '죽비' '주장자' 등이 포함된 '이뭣꼬'라고 할 수 있습니다.

그런데 문제는 오늘날 '이뭣꼬 화두'를 참구하는 이들을 본다면 대부분 관형구가 없는 단순한 '이뭣꼬'입니다. '이뭣꼬'를 화두로 주는 이나 받아 참구하는 사람 역시 앞의 관형구나 '죽비' '주장자' 등을 제시하지 않은 채 막연히 주고 참구하고 있는 경향을 보입니다. 이 경우 '이뭣꼬'는 근원적인 의문이 결여된 맹목적, 상투적인 의문으로서 이런 상태로는 화두라고 할 수 없습니다. 문제의식이 결여된 화두, 의미하는 바가 없는 화두는 불완전명사처럼 '불완전 화두'입니다. 단순한 '이뭣꼬'는 사구(死句)의 역할도 못하는 화두입니다. 반드시 앞에 관형구나 서술어(예 : "불성! 이뭣꼬?" 또는 "본래면목! 이뭣꼬?"), 또는 '죽비'나 '주장자' 등을 먼저 제시한 다음 '이뭣꼬'를 화두로 주어야 합니다. 그렇게 한다면 그것은 화두로 성립될 수 있다고 봅니다.

산은 산, 물은 물

중국 당 말의 유명한 선승 운문 화상의 말로서 원문은 "산시산 수시수(山是山 水是水)"입니다. 생소한 선어(禪語)가 하루아침에 유명한 말이 되어, 세인(世人)들의 일상어가 된 것은 성철(性徹, 1912~1993, 전 조계종 종정) 큰스님의 힘입니다.

1980년 초(1월) 해인총림의 방장 성철 스님은 제7대 종정으로 추대되었습니다. 며칠 후 취임식이 열렸지만 식장에는 모습을 보이지 않았습니다. 대신 총무원장 스님을 통하여 간단한 법어를 내렸습니다.

"산은 산 물은 물(山是山 水是水)."

평범한 사람이 썼다면 벌써 무의미한 말이 되었을 것입니다. 하지만 언어도 시대의 흐름을 타야 빛을 보듯 '산은 산 물은 물'은 성철 스님이라는 고승의 법력에 의해 많은 사람들에게 알려졌습니다. 아마 근현대 선승으로서 성철 스님 만큼 국민적인 존경을 받았던 분도 드물 것입니다. 짤막한 법어이므로 전체를 소개하겠습니다.

"원각(圓覺)이 보조(普照)하니 적(寂)과 멸(滅)이 둘이 아니라, 보이는 만물은 관음(觀音)이요 들리는 소리는 묘음(妙音)이라, 보고 듣는 이 밖에 따로 진리가 없으니 아아, 시회대중(時會大衆)은 알겠는가? 산은 산이요, 물은 물이로다."

신문과 방송에서는 도대체 그 뜻이 무엇인지 몰라 여기 저기 선승들에게 문의하는 바람에 '산은 산, 물은 물'은 더욱 화제가 되었습니다. 정치인들은 때론 현실을 체념하거나 은퇴하는 말로 사용하기도 했습니다.

"산은 산이요, 물은 물(山是山 水是水)"이라는 이 법어의 뜻을 더욱 확실히 알기 위해서는 문단을 나누어 설명해야 합니다. 이 법어를 자세히 검토해 보면 짤막한 몇 줄 속에 서론과 본론 그리고 맺음말이 모두 다 들어 있습니다.

첫 줄 "원각(圓覺)이 보조(普照)하니 적(寂)과 멸(滅)이 둘이 아니라, 보이는 만물은 관음(觀音)이요 들리는 소리는 묘음(妙音)이라"는 말까지는, 서론으로서 문제를 제기하는 제시어입니다.

다음 "보고 듣는 이 밖에 따로 진리가 없으니 아아, 시회대중(時會大衆)은 알겠는가?"까지는 본론으로서 설명어입니다.

그 다음 "산은 산이요 물은 물이로다."는 맺음말로서 답어(答語)입니다. 한 문장 속에 제시어부터 답어까지 모두 들어 있는 것입니다.

'원각'은 '원만한 깨달음'으로서 '조금도 결함이 없는 깨달음의 세계'를 뜻합니다. 깨달음(覺)의 완성도가 100퍼센트(圓)라는 뜻입니다. '보조(普照)'는 '온 세상을 비춘다'는 뜻으로 깨달음의 세계를 빛이라는 말로 형상화한 것입니다. 깨달음의 광채인데 실존하는 빛이 아니라 마음의 빛으로 진리를 표현한 것입니다. '적(寂)'과 '멸(滅)'은 번뇌가 소멸된 세계를 가리키는 말로서 열반(깨달음)과 동의어입니다. '적'과 '멸'은 언어만 다를 뿐 하나입니다. '관음'은 관세음보살의 준말이지만 여기서는 진리의 대명사·평온·행복의 상징어입니다. '묘음'은 '아름다운 목소리'입니다. 즉 이 세상 사람들이 떠드는 소리는 모두 다 비발디의 사계(四季) 같은 음악이라는 뜻입니다.

이렇게 볼 때 성철 스님의 법어 '산은 산 물은 물'은 "만물은 관음(觀音)이요, 들리는 소리는 묘음(妙音)"이라는 문구에 이미 잘 나타나 있듯이 '산은 산대로 물은 물대로 모두 그대로가 진리의 모습'이라는 뜻입니다. 진리가 옷 모양을 바꾼 것에 불과하므로 차별하지 말고 있는 그대로 보라는 것입니다.

깨달음의 세계에서 보면 산과 물뿐만이 아니라 모든 존재는 다 일정한 가치를 갖고 있습니다. 산은 산대로 물은 물대로 자연의 일원으로서 가치를 갖고 있고, 하다못해 돌멩이도 일정 부분 가치를 갖고 있습니다. 그 자체가 그대로 진리인 것입니다. 그러므로 구태여 '산이다', '물이다' 구분할 필요가 없습니다. 차별과 분별을 떠나면 산과 물뿐만이 아니라 기타 모든 존재도 다 그대로 진리의 현현(顯現)인 것입니다. 본래 청정한 그대로(청청 본연)인데, 거기에 무슨 '산이다' '물이다' 하는 구분이 필요하겠습니까?

탈속한 선승으로서 '깨달음'이라는 넓은 의자에 제멋대로 다리를 걸치고 앉아 있으면 모든 사물은 '참(진리)'이 됩니다. 나를 못마땅하게 하는 존재도 없고, 불쾌하게 하는 존재도 없습니다. 모두 나를 기쁘게 하는 존재로 탈바꿈합니다. 번뇌와 욕망이 소멸되었기 때문입니다. '마음 씀'과 '마음가짐'이 달라졌기 때문입니다.

예컨대 오래도록 설레다가 사랑하는 사람을 만날라치면 세상은 온통 내 세상이 됩니다. 하늘을 쳐다보고 '드디어 행복은 왔다'고 소리치고 싶을 것입니다. 항상 그런 마음가짐으로 살아간다면 인생은 낙원일 것입니다.

사람들은 대부분 깨달으면 뭔가 앞날을 훤히 내다보는 초능력 같은 것이 나타날 것으로 생각합니다. 터무니없는 생각입니다. 단언컨대 그런 것은 있을 수 없습니다. 깨달으면 달라지는 것은 인식의 세계일 뿐입니다. 욕망에서 무욕으로, 집착에서 무집착으로, 고(苦)에서 낙으로 인식의 세계가 전환되는 것뿐입니다. 산은 여전히 산이고 물은 여전히 물 그대로입니다.

참고

'산은 산, 물은 물'의 3단계입니다.

1단계. 산은 산, 물은 물(山是山 水是水) : 아직 깨닫지 못한 상태로서 산과 물을 구분하고 있음. 산과 물을 하나로 보지 못하고 분별하고 있는 것, 집착하고 있는 상태.

2단계. 산은 산이 아니고, 물은 물이 아니다(山是非山 水是非水) : 산을 산으로 물을 물로 보지 않고 모두 공한 것이라고 보는 공견(空見), 공병(空病)으로 허무에 떨어진 상태.

3단계. 산은 산, 물은 물(山是山 水是水) : 문장은 1단계와 똑같지만 의미하는 바는 다름. 3단계는 색(色)과 공(空)을 초월한 깨달음의 경지. 따라서 앞의 1, 2단계는 아직 완전히 깨닫지는 못한 단계임.

8장

선을 이끌어 온 인물과 책

—우뚝한 선승들과 가려 뽑은 선어록—

우뚝한 선승들

보리달마

보리달마(菩提達磨, Bodhidharma, ?~536). 중국 선종의 창시자로 흔히 줄여서 '달마' 또는 '달마대사'라고 합니다. 남인도 향지국의 셋째 왕자이며 반야다라(?~457) 존자의 제자였다고 하는데, 그에 대한 전기는 자세하지 않습니다. 생몰연대도 ?~495, ?~436, 346~495, ?~528, ?~536 등 여러 설이 있지요.

대승불교와 선(禪)에 정통한 뒤, 520년경 중국 낙양(洛陽)에 도착하여 양무제(梁武帝)를 만났으나 아직 선법을 펼 때가 되지 못했음을 깨닫고는 숭산 소림사에 들어가 9년간 면벽(面壁) 좌선했다고 합니다. 그의 '안심법문(安心法門)'

은 유명한 가르침으로서 선의 핵심을 잘 설명해 주고 있습니다.

달마의 근본 사상은 '이입(二入)'과 '사행(四行)'이라고 합니다. '이입(二入)'이란 이입(理入)과 행입(行入)으로서 이치와 실천을 통하여 깨닫는 방법을 말합니다. 이치로 깨닫는 방법(=理入)은 경전 탐구에 의해 불법의 요체를 깨닫는 것이고, 행입(行入)은 실천행을 통하여 깨닫는 방법으로서 보원행·수련행·무소구행·칭법행 등 '네 가지 행(四行)'을 실천 수행하는 것입니다. 이것이 달마의 가르침입니다.

육조혜능

육조혜능(六祖慧能, 638~713)은 중국 선종의 제6조로서 달마 이후 가장 많이 알려진 선승입니다. 5조 홍인(弘忍, 601~674)의 제자로서 흔히 '육조대사(六祖大師)'라고 부르지요. 남해 신흥(新興) 출생으로 속가의 성은 노(盧)이며, 시호는 대감선사(大鑑禪師)입니다.

세 살에 아버지를 잃고 집이 가난하여 땔나무를 팔아서 어머니를 봉양했는데, 어느 날 장터에서 《금강경》 읽는 소리를 듣고 크게 깨달았다고 합니다. 황매산에 자리한 5조 홍인의 문하로 들어가 행자로서 디딜방아를 찧기를 8개월만에, 비로소 스승에게서 법을 전해 받고 강남 지역에서 가르침을 폈습니다.

신수(神秀)와 더불어 홍인 문하의 2대 선사인데 후세에 신수의 계통을 북종선(北宗禪)이라 하고, 혜능의 계통을 남종선(南宗禪)이라고 합니다. 이른바 후대 중국 선종의 오가칠종(五家七宗)은 모두 혜능의 남종선에서 분파된 것이라는 사실은 이 책 5장 '선의 종류'에서 설명한 바 있습니다.

그의 선사상은 한 번에 모두 깨닫는다고 하는 돈오견성(頓悟見性)입니다. 대표적인 선어는 '본래무일물(本來無一物)'로서 본질적으로 번뇌란 없고 따라서 닦을 것도 없다는 것이지요. 제자로는 하택신회·남양혜충·영가현각·청원행사·남악회양 등 뛰어난 선승들이 40여 명이나 됩니다. 76세에 입적했으며, 법어집으로는 《육조단경》이 전합니다.

참고 관련 항목은 '본래무일물' '육조단경' 입니다.

마조도일

중국 당대의 선승인 마조도일(馬祖道一, 709~788)은 남악회양(南岳懷讓, 677~744)의 제자이자 육조혜능의 손제자로서 조사선을 완성시킨 걸출한 스님입니다. 사천성 출신으로 속성은 마(馬)씨이며 별칭으로 '마대사(馬大師)'라고도 불렸습니다. 19세 때 출가하여 혜능 문하의 남악회양의 법을 이은 뒤, 강서(江西) 개원사(開元寺)에서 선풍을 드날린 그를 세간에서는 '강서(江西)의 마조(馬祖)'라고 부르기도 했습니다.

'평상심이 곧 도(道)'라고 하여 생활 속의 선을 강조했는데 육조혜능의 남종선은 사실상 마조도일에 의하여 비로소 크게 발전했다고 할 수 있습니다. 그의 선사상을 대표하는 선어는 '즉심시불' '평상심시도'이며, 법어집으로는 《마조어록》이 전합니다. 80세로 입적한 그에게는 백장(百丈)·대매(大梅)·염관(鹽官)·남전(南泉) 등 139인의 제자가 있습니다.

참고 관련 항목은 '즉심시불' '평상심시도'입니다.

백장회해

백장회해(百丈懷海, 720~814) 선사는 중국 당나라 때의 선승으로서 마조도일(馬祖道一, 709~788)의 제자입니다. 오래도록 백장산(百丈山)에 머물렀기 때문에 흔히 '백장선사'라고 불렸습니다. 20세 때 출가하여 마조 선사에게 배워 깨달음을 얻고, 강서성 백장산에 백장사를 창건하여 선풍(禪風)을 일으켰습니다. 선원의 규범인 《백장청규(百丈淸規)》를 저술, 제정하여 교단의 조직과 수도 생활의 규칙 등을 성문화한 것으로 유명합니다.

수행하는 선승들도 좌선 시간 외에는 노동을 해서 자급자족해야 한다고 주장했는데, "하루 일하지 않으면 그날은 굶는다(一日不作 一日不食)"라고 할 정도로 철저한 수행 생활을 강조했습니다. 많은 제자들이 모여들었는데, 그중에서도 황벽희운과 위산영우 두 사람이 가장 뛰어났습니다. 뒷날 이들 두 스님의 계통에서 임제종과 위앙종이 시작되었습니다. 95세를 일기로 입적한 그의 저서로는 《백장청규》 등이 남아 있습니다.

조주종심

조주종심(趙州從諗, 778~897) 선사 역시 중국 당나라 때의 선승으로 남전보원(南泉普願, 748~834)의 제자입니다. 호는 조주, 시호는 진제, 법명은 종심, 속성은 학씨로 778년 산동성 임치현에서 태어났습니다. 어려서 고향의 용흥사에서 출가한 뒤, 숭산 소림사 유리계단에서 구족계를 받았습니다.

조주 선사의 선사상은 '무심(無心)' '무사(無事)'로 대표할 수 있습니다. 마음에 번뇌가 없어야 하고 마음이 어디에 구속되지 말아야 한다는 것입니다. 그래서 그의 선을 '무심선(無心禪)'이라고 합니다. 특히 많은 화두를 남겨 후대 선승들의 수행 과제가 되었는데, 그중에서도 대표적인 화두가 '무자화두(無字話頭)'와 '정전백수자(庭前栢樹子, 뜰 앞의 잣나무)'입니다. 《벽암록》에 전하는 100개의 화두 가운데 12개가 조주 선사가 남긴 화두입니다.

80세 때부터 조주성(趙州城) 동쪽 관음원에 머물렀기 때문에 호를 '조주(趙州)'라 하였는데, 검소한 생활을 하며 시주를 권하는 일이 없어 고불(古佛)이라는 칭송을 듣기도 했습니다. 897년, 120세로 입적했습니다. 법어집으로 《조주록》이 있습니다.

 참고 관련 항목은 '무' '뜰 앞의 잣나무' '만법귀일 일귀하처' '무심·무념·무사' 등입니다.

임제의현

임제종의 개조인 임제의현(臨濟義玄, ?~867) 역시 중국 당나라 때의 선승으로서 속성은 형(邢)씨이며, 조주(曹州)

남화 출신입니다.

어려서부터 불교에 심취하여, 출가 후에는 경·율·논을 모두 배우고 황벽희운(黃檗希運, ?~850)을 스승으로 삼았는데, 그의 박대에 화가 나서 대우(大愚) 선사를 찾아갔다고 합니다. 그러나 대우가 "그대의 스승은 바로 황벽"이라고 타이르자, 다시 황벽을 찾아가서 그의 법을 이었다는 일화가 있습니다. 후에 하북 지방의 진주성 부근의 임제원(臨濟院)에 살면서 선풍(禪風)을 펼쳤습니다.

그의 교육법은 '할(喝)'입니다. 제자들을 가르친 수단인 '할(喝)'은 덕산 선사의 '방(棒)'과 함께 쌍벽을 이룰 정도로 유명했습니다. 그래서 '임제의 할' '덕산의 방'이라는 말까지 유행했습니다. 중국 선종의 5가 7종 가운데서 법손(法孫)이 가장 번창했으며, 법어집으로 《임제록(臨濟錄)》이 있습니다. 임제 선사의 대표적인 선어는 '무위진인' '수처작주 입처개진' 으로 모두 참다운 자유인이 되자는 뜻을 담고 있습니다.

 관련 항목은 '할' '무위진인' '수처작주 입처개진' '임제록' 입니다.

운문문언

　운문문언(雲門文偃, 864~949) 선사는 당 말의 선승으로서 설봉의존의 제자입니다. 선종의 5가(五家) 가운데 운문종(雲門宗)의 개창자입니다. 그는 특히 많은 화두와 선문답을 남겼는데 그중 가장 유명한 화두가 '마른 똥 막대기(乾屎橛)'와 '날마다 좋은 날(日日是好日)'입니다. 소주(韶州)의 운문산 광태선원(光泰禪院)에서 선법을 펼쳤는데 선풍이 매우 활달하여 많은 제자들이 모여들었습니다. 법어집으로《운문광록》이 전합니다.

> **참고** 관련이 깊은 항목은 '간시궐' '날마다 좋은 날' 입니다.

원오극근

　원오극근(圜悟克勤, 1063~1135)은 중국 송나라 때의 선승으로서《벽암록》의 찬자입니다. 오조법연(五祖法演)의 제자로 속성은 낙(駱)이며, 팽주 충령현 출신입니다. 임제종 양기파에 속하여, 만수선사(萬壽禪寺), 신유사(新遊寺), 운거산 진여원 등에서 크게 선풍(禪風)을 떨쳤습니다. 협산(夾山)의

벽암(碧巖)에서 설두중현이 저술한 《송고백칙(頌古百則)》에 주석을 더하고, 수시(垂示)와 착어(着語), 평창(評唱)을 추가하여 《벽암록(碧巖錄)》(10권)을 저술, 편찬한 것으로 유명합니다. 이 책은 예로부터 '선종 제일의 책'으로 평가받고 있습니다. 법어집으로는 《원오선사어록》이 있으며, 그의 대표적인 제자로 간화선을 대성시킨 대혜종고(1089~1163)가 있습니다.

참고   관련 항목은 '벽암록' 입니다.

대혜종고

이 책에 가장 많이 등장하는 선사 중 한 사람인 대혜종고(大慧宗杲, 1089~1163)는 중국 남송 때의 선승입니다. 간화선의 대성자로 원오극근의 제자이며 속성은 해(奚)씨, 법명은 종고(宗杲), 호는 대혜(大慧), 시호는 보각선사(普覺禪師)입니다.

13세에 출가하여 17세에 구족계를 받은 뒤, 임제종 황룡파의 담당문준(湛堂文準) 선사의 제자가 되었다가, 문준이 입적하자, 당시 재상 장상영(張商英)의 권유로 뒷날 스승인 원오극근(圜悟克勤, 1063~1135)을 뵙고 그의 제자가 되었습니다. 1141년에 금나라의 침공에 대항하여 싸워야 한다는 주장을 하다가 장구성(張九成)과 함께 주전파로 몰려 형주로 유배되어 17년 동안 귀양살이를 한 일도 있습니다. 귀양살이 17년 동안 많은 제자들과 지식인들을 교화하였으며, 화두참구를 통하여 깨달음을 이루는 간화선을 대성시켰습니다. 그후 사면되어 경산과 아육왕산 광리사 등에 있다가 1163년 송나라 효종 1년에 75세로 입적했습니다.

저술로는 《정법안장(正法眼藏)》 6권과 《대혜어록》 30권, 《서장》 등이 있습니다. 간화선을 대성시킨 뛰어난 선승으로 오늘날 화두참구를 통하여 깨닫는 방법은 바로 대혜 선사가 창안한 것입니다. 법을 이은 제자가 90여 명이나 되었습니다. 굉지정각(宏智正覺, 1091~1157)의 묵조선(默照禪)을 '삿된 선'이라고 강하게 비판했지만 개인적으로는 절친한 도우(道友)였습니다.

참고 관련 항목은 '간화선' '화두와 공안' '화두는 누가 언제 만들었나' '화두를 참구하는 방법' '대혜서장' 등입니다.

보조지눌

보조지눌(普照知訥, 1158~1210)은 고려 중·후기 때 선승입니다. 속성은 정(鄭)씨, 자호(自號)는 목우자(牧牛子)이며 황해도 서흥 출신입니다. 간화선을 우리나라에 도입한 선승으로 오늘날까지 수행자들의 추앙을 받고 있습니다.

8세에 출가하여 1182년(명종 12년) 승과에 급제한 뒤 나주 청량사, 예천 보문사 등지에서 수행했으며, 1190년 뜻을 같이하는 이들과 함께 팔공산 거조사에서 정혜결사(定慧結社)를 조직하여 각자 열심히 참선수행할 것을 결의했습니다. 1200년에는 정혜결사를 순천 송광사로 옮기고 11년 동안 선법을 펼쳤습니다.

그의 선사상과 수행법은 화두참구를 통하여 깨닫는 간화선이었지만, 항상 교학(경전)을 함께 공부해야 함을 역설했습니다. 성적등지문(惺寂等持門), 원돈신해문(圓頓信解門), 간화경절문(看話徑截門)의 세 가지 방법을 가지고 제자들을 지도했습니다. '성적등지'란 선정과 지혜를 함께 닦아야 온전한 공부가 된다는 것이고, '원돈신해'란 화엄과 선의 일치(선교일치)로서 우리의 마음이 곧 부처와 같다는 것을 깨닫는 것이며, '간화경절'이란 화두참구를 통하여 깨닫는 방법을 말합니다. 또 돈오(頓悟) 점수(漸修)를 주장, 한국 선불교에 끼친 지대한 영향은 이루 헤아릴 수가 없을 정도입니다.

그가 평생토록 가장 중시한 책은 《육조단경》과 《화엄론》, 《대혜어록》이었는데, 선의 깊은 뜻은 《육조단경》에 의거하도록 했으며, 교학적으로는 《화엄론》에, 그리고 화두를 참구할 때에는《대혜서장》을 참고하도록 했습니다.

1120년 52세로 입적하자 고려 희종은 '불일보조국사(佛日普照國師)'라는 시호를 내렸습니다. 저술로는《계초심학인문(誡初心學人文)》,《정혜결사문(定慧結社文)》,《수심결(修心訣)》,《원돈성불론(圓頓成佛論)》,《간화결의론(看話決疑論)》,《화엄론절요(華嚴論節要)》,《법집별행록절요병입사기(法集別行錄節要并入私記)》등이 전하고 있어 후학들의 선수행의 길잡이가 되고 있습니다. 그의 법을 계승한 대표적인 제자가 진각국사 혜심(慧諶, 1178~1234)입니다.

> **참고** 관련 항목은 '돈오점수' 입니다.

나옹혜근

나옹혜근(懶翁慧勤, 1320~1376)은 고려 후기의 선승으로서 속성은 아씨(牙氏), 호는 나옹(懶翁), 당호는 강월헌(江月軒)입니다. 21세에 요연선사(了然禪師)의 문하에 들어가 제자가 된 뒤 전국 사찰을 돌며 수행하다가 1344년(충혜왕 5년) 양주 회암사에서 4년 동안 정진하여 깨달음을 얻었다고 합니다.

1347년(충목왕 3년) 28세 때 원(元)나라에 들어가 연경(燕

京) 법원사(法源寺)에 머물면서 인도의 고승 지공(指空, 1289~1364) 화상에게 2년간 가르침을 받기도 했습니다. 1352년 원나라 순제(順帝)에 의하여 광제선사(廣濟禪寺) 주지로 임명되었다가 1358년(공민왕 7년) 15년 만에 귀국했습니다. 1361년에는 회암사의 주지가 되고, 1371년 왕사(王師)가 되었습니다. 고려 말의 선승 가운데 가장 덕망이 높았던 그는 밀양 영원사로 가는 도중 여주 신륵사에서 입적했습니다. 법어집으로는 《나옹어록(懶翁語錄)》이 있습니다.

서산휴정

서산휴정(西山休靜, 1520~1604)은 조선 중기의 대표적인 선승입니다. 속성은 최씨(崔氏), 호는 청허(淸虛)이며, 묘향산(즉 서산)에 오래 있었기에 '서산대사(西山大師)'라 불렸습니다. 어려서 부모를 여의고 안주 목사 이사증(李思贈)의 양자로 자라나 성균관에서 공부했으나 과거에 낙방하자 지리산으로 입산, 숭인(崇仁) 선사를 스승으로 삼아 출가한 뒤 부용영관(芙蓉靈觀, 1485~1571)의 법을 이어받았습니다.

1549년(명종 4) 30세에 승과에 급제하여 선교양종판사(禪教兩宗判事)가 되었고, 서울 봉은사(奉恩寺) 주지를 지냈으나 1556년 승직을 그만두고 금강산, 묘향산 등지를 편력하며 자유롭게 수행에 정진했습니다. 1589년(선조 22)에는 정여립(鄭汝立)의 난에 연루되었다는 무고로 투옥되기도 하였습니다.

임진왜란이 일어나자 73세의 노구임에도, 팔도도총섭(八道都摠攝)이 되어 승병을 모집, 왜적을 물리치는 데 큰 공을 세워 조정으로부터 국일도대선사 선교도총섭 부종수교 보제등계존자(國一都大禪師禪敎都摠攝扶宗樹敎普濟登階尊者)라는 시호와 함께 정2품 직위를 받았습니다. 하지만 1594년, 나이가 많다는 이유를 들어 모든 직책을 제자인 사명대사 유정에게 맡기고 묘향산 원적암에서 85세로 입적할 때까지 많은 선서를 남겼습니다.

그의 사상은 선을 근본으로 선교회통(禪敎會通)과 유불도 삼교의 회통(三敎會通)을 주장했습니다. 저서로는 《청허당집》《선가귀감》《선교결(禪敎訣)》《선교석(禪敎釋)》《삼가귀감(三家龜鑑)》 등이 전합니다.

참고 관련 항목은 '선가귀감' 입니다.

경허성우

경허성우(鏡虛惺牛, 1849~1912)는 근대 한국선을 중흥시킨 걸출한 선승입니다. 성은 송씨(宋氏)로 속명은 동욱(東旭), 법명은 성우(惺牛), 호는 경허(鏡虛)로 전주(全州) 출생입니다.

9세 때 과천 청계사로 출가하여 계허(桂虛) 화상 밑에서 5년간 공부하고, 불교경전과 유교경전을 섭렵하여 1871년에는 동학사 강사가 되었습니다. 31세 때 상경 도중 천안의 어느 동네에 전염병이 돌아 많은 사람들이 죽어 가는 것을 보고, 죽음의 문제에 충격을 받았다고 합니다. 그리하여 다시 동학사로 돌아와 강원을 해산하고 정진하다가 "소가 되어도 고삐 뚫을 구멍이 없다."라는 말에서 활연 대오했다고 합니다.

우국(憂國)정신이 강했던 그는 일제를 미워했고 또 일제에 아부하는 승려들이 꼴보기 싫다 하여 귀양지 갑산 웅이방에서 속복으로 갈아입고 '박난주'라는 이름으로 살다가 64세 되는 해에 열반했습니다. 경허 선사의 제자로는 유명한 선승이 많은데 그 가운데서도 만공(滿空)·한암(漢岩)·혜월(慧月)·수월(水月) 등이 대표적이며, 법어집으로 《경허집》이 있습니다.

가려 뽑은 선어록

육조단경

《육조법보단경(六祖法寶壇經)》, 또는 《육조대사법보단경 (六祖大師法寶壇經)》이라고도 합니다. 한 권짜리로 중국 선종의 제6조이며 남종선의 개창자인 육조혜능(六祖慧能, 638~713) 선사의 법어집입니다. 대범사(大梵寺)에서 행한 설법을 중심으로 생애와 언행을 제자 법해(法海)가 모아서 편집했습니다.

중국의 여러 선어록 중에서도 매우 중요한 책으로, 중국의 선사상, 특히 남종선의 돈오견성의 선사상은 《육조단경》에 바탕하고 있습니다. 《금강경》의 반야 공사상에 의하여 일체법이 무상(無相), 무념(無念)임을 밝혔고, 계·정·혜 삼학이 한 가지임을 주장했습니다. 약 6종의 이본(異本)이

전해지고 있는데, 그중 가장 원형이라고 생각되는 것이 돈황의 막고굴에서 나온 '돈황본(敦煌本)'입니다. 그러나 돈황본도 원형 그대로는 아니라고 합니다.

오늘날 우리나라 선원에서 읽고 있는 《육조단경》은 원나라 때 선승 몽산덕이가 편집한 덕이본(德異本)인데, 돈황본에 비하면 글자가 배나 더 많습니다. 후대로 갈수록 많은 첨가가 이루어졌음을 알 수 있습니다.

참고 관련 항목은 '본래무일물' '무심·무념·무사' '육조혜능' 등입니다.

임제록

중국 당나라 때의 선승 임제의현(臨濟義玄, ?~867) 선사의 법어집입니다. 원명은 《진주임제혜조선사어록(鎭州臨濟慧照禪師語錄)》이며 편집자는 제자 삼성혜연(三聖慧然).

내용은 상당(上堂)·시중(示衆)·감변(勘辨)·행록(行錄)·탑기(塔記) 등으로 나누어져 있는데, 특히 감변과 행록에는 당시 선승들과의 사상적 교류를 알 수 있는 자료가 많이 있습니다. 지금 우리나라에 전해지고 있는 《임제록》은 임제 선사 사후 154년 되던 1120년, 북송(北宋)의 종연(宗演)이 재간한 것입니다. 임제록은 마조(馬祖)·백장(百丈)·황벽(黃檗)의 어록과 함께 4가(家) 어록의 하나로 불립니다.

임제록은 선어록 중에서도 가장 간결합니다. 시종일관 확신에 찬 모습으로 임제 선(禪)사상의 정수를 나타내는 대표적인 저작이라고 할 수 있습니다. 해탈한 자유인을 그는 '무위진인(無位眞人, 자유로운 참사람)' 또는 '수처작주 입처개진(隨處作主 立處皆眞)'이라고 표현하고 있습니다. 절대 자유의 입장에서 불교의 지혜와 인격을 형성하는 강한 힘을 제시한 법어집으로 우리나라에서 읽히기 시작한 것은 1970년대 이후입니다.

참고 관련 항목은 '할' '무위진인' '수처작주 입처개진' '임제의현'.

전등록

역대 선승들의 전기와 계보, 법어를 수록한 선종의 역사서입니다. 중국 송(宋)나라 때(1004년) 선승 도원(道源) 선사가 엮은 책으로 모두 30권에 달합니다. 원명은 《경덕전등록(景德傳燈錄)》으로, 과거7불에서 석가모니불을 거쳐 달마에 이르는 인도불교의 조사(祖師)들과, 달마 이후의 제자들에 이르기까지 선종의 계보를 밝힌 책입니다.

역대 선승들에 대하여 비교적 상세하게 기술하고 있어서

선종의 여러 가지 역사서 가운데서도 가장 뛰어난 책으로 평가되고 있는데, 1권에서 3권까지는 과거칠불로부터 인도·중국의 33조사를 서술했고, 4권에서 26권까지는 6조 혜능(慧能)에서 분파된 법안종, 운문종 등 5가(家) 52세(世)에 관하여 서술하였습니다. 여기에 기술된 선승들은 모두 1,701명인데, 이 중 951명은 전기가 있고 나머지는 이름만 올려져 있습니다. 이 책의 편저자인 도원에 대해서는 아쉽게도 천태덕소(天台德韶)의 제자라는 것 외에는 생몰 연대 등 자세한 것이 없습니다.

벽암록

중국 송(宋)나라 때의 선승 원오극근(圜悟克勤, 1063~1135) 선사가 편찬한 선어록으로 대표적인 공안집(公案集)입니다. 총 10권으로 1125년에 완성되었습니다. 원명은 《불과원오선사벽암록(佛果圜悟禪師碧嚴錄)》인데 줄여서 《벽암록》, 또는 《벽암집》이라고 합니다.

이 책은 원오 선사 한 사람의 저술로 이루어진 것이 아니라, 원오보다 약 80년 앞서 활동했던 선승 설두중현(雪竇重顯, 980~1052)이 《전등록》 속에서 100칙의 공안을 뽑아 낱낱의 공안에 송고(頌古; 시구로 뜻을 드러낸 것)를 달았는데, 이것을 바탕으로 원오 선사가 다시 각 칙마다 수시(垂示), 착어(著語), 평창(評唱)을 덧붙여서 《벽암록》이라고 이름을 붙인 것입니다.

'수시(垂示)'란 각 칙(각 章)의 본의에 대하여 간단히 착안점을 제시하는 서론 형태의 서술이며, '착어'란 각 칙이나 송고에서 구사되는 낱낱의 어구에 대한 부분적인 단평(短評)이고, '평창'은 각 칙과 송고에 대한 전체적인 평가입니다.

이 책은 공안에 대한 설두의 문학적 표현과 원오의 철학적 견해가 혼연일체가 되어 있어, 선어록을 대표하는 공안집일 뿐 아니라 뛰어난 선문학서로 불립니다.

원오 입적 후 그의 제자 대혜종고(1089~1163)는 많은 참선자들이 실제적인 선수행은 하지 않고 이 책만 연구하는 바람에, 오히려 깨달음에 장애가 된다고 하여 판본(인쇄 원본)을 모두 불태워 버린 일화가 있습니다. 현재 유통본은 1300년에 원(元)의 장명원(張明遠)이 복간한 것입니다. 묵조선 계통의 공안집 《종용록(從容錄)》(1224)이 간행된 것은 이 책의 영향이라고 할 수 있습니다.

종용록

　중국 송원(宋元) 대의 선승 굉지정각(宏智正覺, 1091~1157) 선사가 엮은 송고집입니다. 5가 7종 가운데 하나인 조동종(曹洞宗) 출신의 굉지정각이 고칙공안(古則公案, 선문답) 중에서 100칙을 뽑아서 송고를 붙였는데, 그 후 역시 같은 조동종 출신의 선승 만송행수(萬松行秀, 1166~1246)가 평석을 덧붙였습니다. 정식 명칭은 《만송노인평창 천동각화상송고 종용암록(萬松老人評唱 天童覺和尙頌古 從容庵錄)》.

　원나라 칭기즈칸의 행정참모인 담연거사 야율초재가 서역 원정 중에서도 7년 동안 9차례에 걸쳐 스승 만송행수에게 평석을 부탁해서 만들어진 책으로 조동 즉 묵조선 가풍을 이해하는 데 매우 중요한 책입니다. 《벽암록》이 간화선을 대표하는 공안집이라면 《종용록》은 묵조선을 대표하는 공안집입니다.

무문관

　중국 송 말의 선승 무문혜개(無門慧開, 1183~1260)가 편찬한 한 권짜리 공안(선문답) 모음집입니다. 1229년에 무문의 제자 종소(宗紹)가 엮은 것으로, 원명은 《선종무문관(禪宗無門關)》.

옛 선승들의 선어록 중에서 공안(선문답) 48칙(개)를 뽑고 여기에 염제(拈提, 공안을 제시하여 이에 평을 달음)와 평창(評唱), 송(頌)을 덧붙였습니다. 저자 무문은 제1칙 '조주무자(趙州無字)'에서 이 '무(無)'야말로 '종문(宗門, 선종) 제일(第一)의 관문(關門)'이라 칭하고, 이 관문을 뚫고 나아가야만 비로소 역대 조사들과 같은 경지에서 함께 손을 잡고 견문을 나누는 즐거움을 같이하게 된다고 말하고 있습니다.

조주 선사의 '무자화두'를 비롯하여 48개의 선문답을 엮은 이 책은 《벽암록(碧巖錄)》《종용록(從容錄)》과 함께 선종의 대표적인 공안집입니다.

대혜서장

중국 송(宋)나라 때 간화선을 대성시킨 대혜종고(大慧宗杲, 1089~1163) 선사의 편지 모음집입니다. 화두참구에 대하여 당시 사대부(지식인)들이 질문한 것에 대하여 답장한 내용을 담고 있습니다. 삿된 견해를 물리치고 바른 견해를 가져야 함을 역설한 책으로, 시종일관 묵조선과 문자선에 대한 비판이 주를 이루고 있습니다.

대혜 선사는 여러 가지 화두 중에서도 '무자화두'를 가장 강조했는데, 《서장》에서 그는 "이 무자화두야말로 모든 번뇌 망상을 물리치는 무기이며, 삿된 지견(惡知)과 삿된 생각(惡覺)을 타파하는 지혜의 칼."이라고 했습니다. 머릿속에 '무' 한 글자만 각인시켜 둔다면 모든 번뇌 망상이 소멸되어 깨닫게 된다는 주장을 담은 간화선 수행의 필독서입니다.

선문염송

고려 중기의 선승 진각국사 혜심(慧諶, 1178~1234)이 1226년(고종 13년) 엮은 공안집으로, 선수행에 도움을 주기 위해 여러 선어록에서 필요한 내용을 뽑아 편찬한 책입니다. 유일하게 우리나라에서 편찬된 공안집(公案集)이며 무려 30권에 달합니다. 중국·한국 선종사에서 아직까지 이 책만큼 방대한 공안집이 간행된 적은 없습니다.

제1, 2권에는 석가모니불과 그 직계 제자들의 선문답을 실었고, 제3권부터는 중국 선종에서 주요한 위치를 차지하는 선승들의 화두를 실었습니다. 1244년 고려대장도감(大藏

都監) 남해분사(南海分司)에서 판각되었으며 조선시대에도 여러 차례 간행되었습니다.

이 책에 대한 주석서 겸 해설서가 고려시대 각운(覺雲)이 지은 《선문염송설화(禪門拈頌說話)》입니다. 각운은 기존의 1,125칙에다가 347칙의 공안(화두)를 더 추가하여 1,472칙으로 만들었는데 현재까지 유통되고 있으며 우리나라 선승들에게 끼친 영향이 지대합니다.

선가귀감

조선 중기의 선승 서산대사 청허휴정(淸虛休靜, 1520~ 1604)이 지은 책으로, 중국의 여러 선어록 가운데에서 선수행에 중요한 지침이 되거나 간화선 수행에 귀감이 될 만한 내용을 뽑아서 주석을 붙였습니다. 한국 간화선의 지침서로 선(禪)과 교(敎)가 둘이 아님을 밝히는 데 힘썼으나 역시 선 중심이라는 평가를 받았습니다. 말미에 오가칠종의 특징에 대한 평은 많은 참고가 됩니다. 그중 임제종이 가장 우수하다는 견해를 밝히고 있습니다. 1579년(선조 12년) 제자 사명대사가 간행한 선어록입니다.

선을 이끌어 온 인물과 책

간단명료한 선어 단구 풀이

(**참고** : 이미 앞의 항목에서 주제로 삼아 서술한 용어는 여기서는 따로 수록하지 않았음. 그러나 간혹 들어간 것도 있음.)

간각하(看脚下) 발아래를 보라. 즉 자기 자신의 일부터 먼저 살피라는 뜻. 조고각하(照顧脚下)와 같은 말.

간화(看話) '화(話)'는 '화두(話頭)' '공안(公案)'을 말함. 간(看)은 참구(參究, 탐구)한다는 뜻.

갈등선(葛藤禪) 언어문자로 선을 탐구하는 것, 즉 문자선을 말함.

감변(勘辨) 검증과 같은 뜻.

갱참삼십년(更參三十年) 30년은 당대(唐代)에서는 수행 기간의 기준 단위. 다시 더 수행하고 오라는 뜻.

거(擧), 거시(擧示), 거양(擧揚) '들다' '제시하다'라는 뜻. 공안이나 화두, 고칙(古則)을 제기, 제시하는 것.

거각(擧覺) 공안을 제시하여 깨닫게 함. '거(擧)'는 스승이 공안(화두)을 들어 보이(제시)는 것이고, '각(覺)'은 제자가 깨닫는 것.

거기(擧起) '들어 올리다' '제시하다.' 앞의 거(擧), 거시(擧示), 거양(擧揚)과 같음.

겁외(劫外) 이 세계가 변하는 모양을 성(成)·주(住)·괴(壞)·공(空)으로 말하는데 이 4대 겁 밖이라는 뜻. 즉 세간적인 관념과 세계로부터 초탈함을 말함. 깨달은 세계.

겁외가(劫外歌) 겁외의 노래 즉 초탈함을 읊은 노래. 깨달은 세계에 대하여 읊은 게송.

게송(偈頌) 깨달음의 세계를 시구 형식으로 표현하는 것.

격석화(擊石火) 돌과 돌이 부딪쳐서 번쩍하는 순간. 극히 짧은 시간을 비유할 때 쓰임. 섬전광(閃電光)과 같은 뜻. 자세한 것은 '전광석화'를 참고할 것.

격외도리(格外道理) 틀을 벗어난 이치. 선의 이치를 '격외도리'라고 함.

격외법문(格外法門) 틀이나 규격을 벗어난 법문. 선법문을 가리킴.

격외선(格外禪) 논리나 틀을 뛰어넘은 활구의 선을 가리킴.

견성(見性) 성품을 본다는 말인데, 진리를 깨달았다는 뜻임. 자기의 본성이 부처의 본성과 똑같음을 깨달은 것.

견지(見地) 견해, 식견. 기본적인 관점.

견처(見處) 자신이 파악, 터득하고 이해한 것. '이것이다.'하고 깨달은 것.

경계(境界) 이 책 2장의 '경계와 마' 항목 참조.

경책(警策) 교훈, 꾸짖음.

경행(經行) 방선 시간에 포행(=步行)하는 것. 이 책 4장 '좌선하는 법' 참조.

고경(古鏡) 옛 거울. 즉 본래 갖추어져 있는 지혜(本智). 선어에서

고(古)는 번뇌 망상과 분별심이 일어나기 이전의 상태를 말함. 본래면목과 같음.

고목한회(枯木寒灰) 마른 나무와 식은 재. 사려분별을 완전히 끊어 버린 경지. 그러나 간화선에서는 묵조선을 공격하는 말로 사용했음.

고불(古佛) 옛 부처. 즉 석가모니불 이전의 부처. 본래면목과 같은 뜻.

고칙(古則) 훌륭한 옛 사람들이 만들어 놓은 '법칙'이라는 뜻. 공안과 같은 뜻. 공안은 깨달음의 준칙이 되기 때문에 '칙(則)'이라고 함.

곡루자(穀漏子) '그대의 육체는 먹은 음식이 지나가는 통로일 뿐'이라는 뜻. 즉 어리석은 사람을 가리킴. '각루자(殼漏子)' '가루자(可漏子)'라고도 함.

공겁(空劫)이전 '위음 이전', '위음왕불 이전', '부모미생전'과 같은 뜻. 분별심이 일어나기 이전, 즉 본래심을 가리킴.

공부(工夫) 공부(功夫)와 같은 뜻. 화두를 참구하는 것 또는 선수행을 하는 것을 말함.

공안(公案) 이 책 2장의 '화두와 공안' 항목을 참조할 것.

공안선(公案禪) 공안을 언어적으로 풀이·해석하는 것. 설두의 《송고》, 원오극근의 《벽암록》 등이 공안선의 대표작임.

구경(究竟) 마침내. 결국. 최종의 극처, 또는 귀결처를 뜻함.

구경각(究竟覺) 완전무결한 최종적인 깨달음.

구참(久參) 오래도록 참구함, 선수행을 오래도록 함.

구참납자(久參衲子) 오래도록 선수행을 한 수행자.

금불부도로(金佛不渡爐) 금으로 만든 부처는 화로를 건너갈 수 없다. 금불상은 화로에 들어가면 녹는다는 뜻. 즉 모양을 지니고 있는 것은 참 부처가 아니라는 뜻.

기관(機關) '선기(禪機)'라고도 함. 스승이 학인을 깨우치기 위해 베푸는 교화의 방편. 방(棒), 할(喝) 등.

기봉(機鋒) 날카롭고 예리함이 자유자재한 모습. 스승이 제자를 지도할 때에 살활(殺活, 꾸짖음과 용기를 줌)이 자재한 것을 말함.

기연(機緣) 깨달음을 얻게 된 동기나 계기. 6장의 '기연' 항목 참조.

기우멱우(騎牛覓牛) 소를 타고서 소를 찾다. 즉 본래부터 자기에게 갖추어져 있는데 그것을 모르고 바깥에서 찾아 헤매는 어리석음을 말함.

낙재십마처(落在什麼處) 어느 곳에 낙착했는가. 핵심은 어디에 있는가. 즉 '그대의 최종적인 관점, 결론은 무엇이냐'고 묻는 말.

낙재제이(落在第二) 두 번째(第二)에 떨어지다. 언어적 해석이나 사유에 머물러 있는 것. 궁극적인 이치 즉 제일의(第一義)를 보여 주지 못함을 비판하는 말.

낙처(落處) 급소, 요점. 핵심, 궁극적인 귀착점.

남종선 5장의 '남종선과 북종선' 항목을 참조할 것.

납승(衲僧) 선승.

납월삼십일(臘月三十日) 12월 30일. 한 해의 끝. 임종할 때를 가리킴.

납월선자(臘月扇子) 12월의 부채. 부채는 한여름에 필요한 것이지 겨울에는 쓸모없는 물건임. 즉 쓸데없다는 의미.

납자(衲子) 선승을 가리킴. '납승(衲僧)'이라고 하여 청빈을 상징함.

내외명철(內外明徹) 안과 밖으로 분명하게 깨치다. 확철대오를 말함.

냉난자지(冷暖自知) 물이 차가운지 뜨거운지는 직접 만져 봐야 안다. 즉 깨달음의 세계는 자신이 직접 체험해 봐야 안다는 뜻.

노당당(露堂堂) 모든 것이 다 숨김없이 드러남. 있는 그대로라는 뜻.

노사(老師) 스승의 스승. 한어(漢語)에서 '노(老)'자는 극존칭임.

노서입우각(老鼠入牛角) 늙은 쥐가 소뿔 속으로 들어가다. 즉 한 번 들어가면 다시는 빠져나올 수 없음을 뜻함. 주로 알음알이나 망상의 구렁텅이에 빠진 것을 지칭함.

누두불소(漏逗不少) 허물이 적지 않다. 즉 '허물이 많다'는 뜻. 겸사로 쓰일 때도 많음.

니불불도수(泥佛不渡水) 흙으로 만든 부처는 강을 건너갈 수 없다. 금불부도로(金佛不渡爐)와 동의어.

담판한(擔板漢) 널빤지로 한쪽 얼굴을 가린 사나이. 한쪽만 알고 다른 쪽은 모르는 어리석은 녀석이라는 뜻.

당처(當處) '그곳' '그 자리'. 현재, 지금 그 자리.

당체(當體) 본질, 핵심적인 것. 진리 그 자체를 말함.

대사일번(大死一番) 크게 한 번 죽다. 즉 크게 한 번 자신을 버려야 비로소 깨닫는다는 뜻. 기존의 관념을 버려야 깨닫게 된다는 뜻.

대어(代語) 고칙(古則)이나 공안(公案)에 대한 후세인의 촌평. 또는 선문답에서 상대방의 대답이 못마땅할 때, 자신이 대신 대답하는 것.

도안(道眼) 불법의 진실을 간파하는 안목. 법안(法眼), 정법안(正法眼).

돌(咄) 쯧쯧 하고 혓바닥 차는 소리. 딱함을 뜻함. 즉 질타하는 소리로서 스승이 제자를 꾸짖거나 나무라는 모양. 자신의 법어에 대하여 부질없는 말을 하고 있다고 표현할 때 많이 쓰임.

동산수상행(東山水上行) 동쪽 산이 물 위를 걸어간다. 관념을 뛰어넘으라는 것. 7장 '동산수상행' 항목 참조.

동안거(冬安居) 겨울철 안거. 결제.

동정일여(動靜一如) 움직일 때나 가만히 있을 때나 똑같다는 뜻. 화두참구가 동정 간에 한결같음을 말함. 삼매와 동의어. 주의: 실제 상황으로 착각하지 말 것.

두두물물(頭頭物物) 낱낱의 개체. 발전하여 낱낱의 개체마다 모두 다 진리가 들어 있다는 뜻으로 쓰임.

두선화(杜禪和) 제멋대로 아무렇게나 행동하는 선승.

두찬선화(杜撰禪和) 두선화와 같음

득어망전(得魚忘筌) 물고기를 잡고 나면 통발은 잊어라. 즉 깨닫고 나서는 화두 같은 것은 버리라는 뜻.

라라리(囉囉哩) 희희낙락. 즉 무애한 모양. '랄라리(囉囉哩)'라고도 함.

막망상(莫妄想) 망상 피우지 마라. 막(莫)은 절대적인 부정사.

만목청산(滿目靑山) 눈에 가득한 청산. 깨달음의 세계를 말함.

만법귀일(萬法歸一) 삼라만상은 근원적인 하나의 진리로 돌아감.

만행(萬行) 모든 수행을 가리킴. 그러나 요즘은 여행과 같은 의미로 사용되고 있음. 행각과 같음.

말후구(末後句) 가장 마지막 말. 즉 결론적인 한 마디 말. 또는 일전어. '말후일구(末後一句)'라고도 함.

매(昧)했다 어두워졌다. 깨달았으나 번뇌 망상에 의해 다시 원위치로 되돌아간 것. '도루묵' 이 된 것을 말함.

명명백초두 명명조사의(明明百草頭 明明祖師意) 갖가지 사물, 풀 잎마다 분명한 조사(祖師)의 뜻이 들어 있다. 즉 만물마다 불법 의 진리(조사의 뜻)가 있다는 말로 삼라만상 모두가 진리라는 뜻.

명안종사(明眼宗師) 눈이 밝은 스승. 불법과 선에 대하여 안목을 갖춘 고승. 진정한 견해를 갖고 있는 선승.

목불부도화(木佛不渡火) 목불은 불 속을 건너가지 못함. 유형의 부처는 참부처가 아니라는 뜻. 금불부도로(金佛不渡爐)와 동 의어.

몰가파(沒可把) 포착할 수 없음. 실마리가 잡히지 않음.

몰교섭(沒交涉) 핵심과 단절되어 버리다. 불성·진여·본래면목 과는 거리가 먼 것을 말함.

몰자미(沒滋味) 아무 맛이 없다. 화두참구를 비유적으로 한 말.

몰종적(沒蹤迹) 흔적이나 자취가 없음. 집착 없는(무집착) 자유스 러운 삶과 활동.

몰파비(沒巴鼻) 핵심을 포착할 수 없음. 몰가파와 같음.

몽중일여(夢中一如) 꿈속에서도 한결같음. 삼매를 뜻함. 주의: 실 제 상황으로 착각하지 말 것.

무공적(無孔笛) 구멍 없는 피리. 무집착의 세계를 상징하는 말.

무비공(無鼻孔) 콧구멍이 없다. 콧구멍은 근원·본질·본래면 목·선의 진리를 상징함.

무사(無事) 번뇌(=事)가 없는 것을 말함. 만일 '아무 할 일 없는 것 이 바로 선'이라고 해석하면 잘못임.

무사선(無事禪) 본래 부처로서 더 수행해야 할 것은 없다고 하면서 안일하게 지내는 것. 무사와 같은 뜻임.

무사시귀인(無事是貴人) 번뇌를 단절하여 더 이상 해야 할 일이 없는 사람. 그 사람이야 말로 가장 귀인(貴人)이라는 뜻. 깨달은 사람을 지칭함.

무사인(無事人) '무사시귀인'과 동의어.

무상살귀(無常殺鬼) 시간, 세월을 가리킴. 즉 신속하게 흘러가는 시간은 우리의 목숨을 재촉하는 '귀신(=殺鬼)'이라는 뜻. 특성: 무상살귀는 빈부귀천을 가리지 않음.

무위진인(無位眞人) 어떤 틀에도 구속되지 않고 모든 범주를 초월한 자유인, 해탈인, 깨달은 사람. 6장의 '무위진인' 항목 참조.

무저선(無底船) 밑바닥 없는 배. 몰종적, 무집착과 같은 뜻.

무집착(無執着) 집착이 없는 것. 정신적 현실적으로 어느 하나에도 집착하지 않는 것. 중도·공(空)을 뜻함.

문자선(文字禪) 언어·문자적 풀이나 해석으로 선을 이해하는 것.

물교섭(勿交涉) 몰교섭(沒交涉)과 동의어.

반야지혜(般若智慧) 모든 사물의 실상을 올바르게 관찰하는 지혜, 곧 '공'임을 보는 지혜.

방선(放禪) 좌선을 하다가 쉬는 것. 입선(入禪)의 반대말.

방장(方丈) 원래 선종 사찰에서는 주지의 거실을 지칭하는 말이었으나 오늘날에는 총림의 최고 덕망 있는 고승을 지칭함.

방, 할(棒, 喝) 참선자를 깨닫게 하는 교육 방법의 하나. 상식이나 틀 밖의 수단, 또는 언외(言外)의 수단과 방법을 통하여 고정관념을 뚫어 주는 것. 6장의 '방' '할' 항목 참조.

방행(放行) 내버려 둠. 잘 수행하고 있으므로 그대로 놔두는 것.

수행자를 연마시키는 수단의 하나. 긍정적인 의미로 쓰임. '파주(把住)' '파정(把定)'의 반대말.

법거량(法去量, 法擧揚) 법을 주고 받음. 법담·선문답과 동의어. 선을 주제로 한 기지(機智)의 대화.

법전(法戰) 선문답·법거량.

별어(別語) 고칙이나 공안에 대하여 기존의 주해를 놔두고 별도로 코멘트하는 것. 대어(代語)와 같음.

병정동자래구화(丙丁童子來求火) 7장의 '병정동자래구화' 항목 참조.

병통(病痛) 문제점.

보임(保任) '보림'이라고도 함. 2장의 '보림(보임)' 항목 참조.

보청(普請) 울력. 다른 말로는 작무(作務, 모든 대중이 함께 일하는 것)라고 함.

복탁(卜度) 멋대로 억측하거나 짐작함.

본래면목(本來面目) 본지풍광(本地風光)과 동의어. 6장의 '본래면목' 항목 참조.

본래무일물(本來無一物) 본래 아무것도 없다. 6장의 '본래무일물' 항목 참조.

본래사(本來事) 화두나 깨달음을 탐구하는 일.

본래인(本來人) 본래무사인의 준말. 무사인이란 번뇌가 없는 사람을 뜻함. 즉 깨달은 사람.

본분사(本分事) 마땅히 해야 할 본분의 일. 수행자의 본분사는 화두를 참구하여 깨닫는 일임. 본래사와 같은 뜻.

본분종사(本分宗師) 본분사에 충실한 종사. 본분사에 입각해 있는

지도자로서, 철두철미하게 깨달아 본래적 역량을 갖춘 고승.

본색납자(本色衲子) 선의 본분에 충실한 선승. 활구를 참구하고 있는 '납자'라는 의미.

본색종사(本色宗師) 본분종사, 본색납자와 동의어.

본원청정심(本源淸淨心) 본래 청정한 마음. 자성청정심(自性淸淨心).

본지풍광(本地風光) 본래면목과 동의어.

본참공안(本參公案) 원래 참구하고 있는 공안. 여러 가지 화두 중에서도 가장 심혈을 기울려 참구하는 화두.

분상(分上) 각자 타고난 능력이나 바탕, 입장, 역량.

불법대의(佛法大意) 불법의 근본 뜻. 선(禪)의 가장 궁극적인 이치.

비공(鼻孔) 코. 콧구멍. 사람이 뱃속에서 처음 생기는 기관이 '코'라고 함. 즉 근본, 본질, 궁원. 본래면목과 동의어.

비심비불(非心非佛) 마음도 아니고 부처도 아니다. 마음과 부처에 대한 집착을 떨치도록 하는 말. 즉심즉불(卽心卽佛)을 뒤집은 말.

사교입선(捨敎入禪) 6장의 '사교입선' 항목 참조.

사구(死句) 2장의 '활구와 사구' 항목 참조.

사구백비(四句百非) '사구(四句)'는 사구분별(四句分別)로서 모든 주장을 네 가지 범주로 망라한 것임. '백비(百非)'는 모든 부정(否定) 형식. 즉 언어나 문자, 말로 표현되는 모든 것을 가리킴.

사량분별(思量分別) 억측·분별·헤아림·따짐.

사위의(四威儀) 행(行)·주(住)·좌(坐)·와(臥)를 가리킴. 즉 일상, 또는 일상생활을 말함.

사중득활(死中得活) 죽음 속에서 다시 살아나야 한다. 화두를 참구하다가 더 이상 진전이 없는 막막한 상황에서 다시 일어나야만 비로소 깨닫게 된다는 뜻. 극적인 상황까지 가야만 활로가 트인다는 뜻. '대사일번(大死一番)'과 같음.

산(散)철 해제 기간을 뜻함. 한자와 우리말이 조합된 용어.

살인도(殺人刀) 사람을 죽이는 칼. 중생의 번뇌 망상을 죽이는 칼. 때로 섣불리 깨닫고는 완전히 깨달은 것으로 착각하여 날뛸 때 스승은 '할'이나 '방'을 쳐서 그 기(氣)를 죽이는데, 이것을 '살인도'라고 함. 뛰어난 선사가 수행자를 절차탁마시킬 때의 노련한 지도력을 날카로운 칼에 비유해서 한 말. 반대말은 활인검(活人劍).

삼계유심 만법유식(三界唯心 萬法唯識) 욕계·색계·무색계는 실존하는 것이 아니라 마음이 만들어 낸 허영의 작품이라는 뜻. 모든 존재(萬法)는 우리의 의식이 만들어 낸 것이므로 실존하는 것으로 보지 말라는 뜻.

삼돈방(三頓棒) 1돈방은 곤장 1대, 삼돈방은 3대. 또는 곤장 2대가 일돈방이라는 해석도 있음.

상근기(上根機) 타고난 기질이나 바탕이 뛰어난 사람. 또는 지혜가 뛰어난 사람.

생사심(生死心) 번뇌 망념이 기멸(起滅)하는 것, 즉 사량분별심이 끊임없이 생멸하는 것을 가리킴. 중생심을 말함.

선가(禪家) 선종.

선객(禪客) 일정한 거처를 두지 않고 각지의 선사를 찾아다니며 참선 학도에 힘쓰는 수행승. '객(客)'이란 집착 없는 사람이라는 뜻을 담고 있음.

선교겸수(禪敎兼修) 선과 교학(경전)을 함께 공부한다는 뜻. 선교

왕초보 선박사 되다

일치와 같음.

선구(禪句) 선에서 사용하는 어구.

선기(禪機) 선 공부에서 얻어진 선승의 예리한 움직임. 순간적, 직 감적인 언어나 동작. 또는 '방' '할' 등에 의한 예리한 지도 방법.

선림(禪林) 선사(禪寺) 또는 선문(禪門). 선의 수행 도량. 수풀처럼 많은 수행자가 모여 있다고 하여 '선림'이라고 함.

선문답(禪問答) 법거량, 법담. 선을 주제로 한 기지(機智)의 대화.

선백(禪伯) 훌륭한 선승을 가리킴. '백(伯)'은 존칭.

선병(禪病) 2장의 '무기공 · 혼침 · 도거 · 산란 · 선병' 항목 참조.

선불장(選佛場) 부처를 뽑는 곳. 즉 선원을 가리킴.

선심(禪心) 선의 마음, 집착 없는 마음. 일체 사량분별이 없는 적정 무위의 마음.

선어(禪語) 선에서 사용하는 언어, 용어.

선자(禪者) 선승. 선을 공부하는 사람.

선종(禪宗) 참선을 수행 방법으로 채택하여 수행하는 집단.

선지식(善知識) 불교의 이치나 선에 대한 안목이 높은 사람.

선풍(禪風) 선의 독특한 가풍, 스타일.

선화자(禪和子) 선승. 주로 젊은 선승을 지칭함.

설두낙지(舌頭落地) 말을 많이 하다. 진리에 대하여 잘못 말하면 혀가 떨어진다는 의미로도 쓰임. '두(頭)'는 어조사. 또는 언 어의 귀결처.

섬전광(閃電光) 번갯불이 번쩍하는 순간. 극히 짧은 시간을 비유 한 말. '전광석화'를 참고할 것.

성성착(惺惺着) 반짝이는 별처럼 정신을 차려서 참구하라는 뜻. 깨어 있음. 통찰. '사띠(알아차림)'와 같은 개념임.

소소영영(昭昭靈靈) 뚜렷하면서도 역력한 것. 본래 주인공이 약동하는 모양. 그러나 반대로 심의식 즉 분별심, 중생심을 가리키는 경우도 있음. 앞뒤 문장을 잘 파악하여 해석해야 함.

소참(小參) 선원에서 조실이 수시로 법문하는 것을 말함.

송고(頌古) 고칙 공안에 대하여 운문체의 게송(시구)으로 그 뜻을 밝히는 것.

쇄쇄낙낙(灑灑落落) 어떠한 것에도 구애되거나 집착함이 없는 자유자재한 모습.

수선안거(修禪安居) 안거하여 선수행을 하는 것.

수시(垂示) 가르침을 보이다. 고칙, 공안을 제시하기 전에 넌지시 한마디 하는 것. 고칙이나 공안에 대하여 착안점을 제시함.

수좌(首座) 선원에서 조실 다음 가는 직책.

숙면일여(熟眠一如) 숙면 속에서도 한결같음. 삼매를 뜻함.

습(習) 평소에 익힌 습관이나 버릇.

시절인연(時節因緣) 시기, 때. 어떤 결정적인 시점. 때가 되어야 깨닫게 된다는 뜻으로 쓰임.

실각비공(失却鼻孔) '비공'은 콧구멍, '실각'은 잃어버림. 콧구멍(鼻孔)은 본래면목을 뜻함. 본래면목을 잃어버린다는 뜻. 그러나 반대로 본래면목을 타파(체득, 깨달았을 때)했을 때를 가리키는 때도 있다. 긍정적인 말인지 부정적인 말인지, 앞뒤 문장을 잘 보고 파악해야 함.

실오(實悟) 진실한 깨달음. 알음알이에 의한 깨달음이 아닌 진정한 깨달음.

실참(實參) 진실한 참구, 실제적 참구. 선수행을 말함.

심외무법(心外無法) 마음 밖에 법이 없다. 마음이 곧 진리라는 뜻. 심외무불(心外無佛)과 같은 말임.

심중무일물(心中無一物) 마음속에 한 물건(=번뇌)도 없음. 여기서 '한 물건'은 번뇌 망념을 뜻함. 심중무일사(心中無一事)와 같은 말임.

심지법문(心地法門) 마음에 대한 법문. 일심법문. 삼계유심의 법문.

심행처멸(心行處滅) 마음 갈 곳이 없음. 여기 심(心)은 분별심을 가리킴. 진여본성은 분별심으로는 접근할 수 없다는 뜻.

아가가(阿呵呵) '하하' 하고 웃는 것.

악기식(惡氣息) 언어나 문자로 선을 해석하는 것. 이것저것 인용하여 선을 해석하는 것을 말함. 알음알이, 분별의식.

안거(安居) 수행자들이 공부하는 기간. 안거에는 하안거(여름철)와 동안거(겨울철)가 있음. 결제와 동의어. 안거 기간에는 외출을 삼가한 채 한곳에 틀어박혀 수행 정진함.

안심입명(安心立命) 생사의 두려움으로부터 초월하여 몸과 마음이 평온한 것. 진리를 깨달은 상태.

안횡비직(眼橫鼻直) 눈은 옆으로 찢어지고 코는 곧게 뻗어 있다. 즉 자연 그대로, 있는 그대로의 모습.

애찰(𡠖拶) 날카롭게 파고들다. 추궁하다. 또는 애틋하게 가르쳐 주는 것을 뜻하기도 함.

야호선(野狐禪) 의심과 사량분별심으로 탐구하는 선(禪). 사이비 선(禪).

야호정(野狐精) 여우 귀신(이 여우 귀신아!). 여우처럼 의심과 사량 분별심이 많은 것을 이르는 말.

약석(藥石) 선원에서 저녁 공양을 이르는 말.

양구(良久) 잠시 침묵하는 것. 선사들이 상당(上堂) 설법 시에 주로 많이 사용함.

양미순목(揚眉瞬目) 눈썹을 움직이고 눈을 깜박이다. 즉 수행자에게 뭔가 암시를 주는 몸짓으로서 깨달음의 세계를 보여 주는 모습.

어록(語錄) 선승들의 말씀 등 언행을 기록한 책.

어묵동정(語默動靜) 말하고 침묵하고 움직이고 가만히 있음. 즉 일상생활을 말함.

언설상(言說相) 언설의 표면적인 뜻.

언어도단(言語道斷) 말로는 불가능함을 뜻함. 언어적 접근이 불가능함을 뜻하는 말.

업식(業識) 사량분별심. 중생심.

염고(拈古) 공안·고칙에 대하여 평하는 것.

오매일여(寤寐一如) 자나 깨나 한결같음. 오매불망과 같은 뜻으로 '삼매'를 말함.

운수(雲水) 구름이나 물처럼 집착 없이 살아가는 선승을 지칭함.

원타타지(圓陀陀地) 결점 없는 뚜렷한 경지. 타타(陀陀)는 여여한 모습. '원(圓)'이란 '완전함' 즉 100퍼센트라는 뜻.

위음왕이전(威音王已前) 6장의 '위음왕 이전' 설명 참조.

육두법문(肉頭法門) 입에서 나오는 대로 쏟아 대는 말. 교양 있는 말이 아닌 원색적인 말.

은산철벽(銀山鐵壁) 사량분별이 미칠 수 없는 곳. '은산철벽' 참조.

의근하복탁(意根下卜度) 이치와 생각으로 분별하는 것. 이것저것 헤아림.

의단(疑團) 의심(疑心)·의정(疑情)과 동의어. 2장의 '참선수행의 세 가지 조건' 항목 참조.

의로(意路) 사량분별심을 이르는 말.

의리선(義理禪) 이치나 논리, 알음알이로 이해하는 선.

의심(疑心) 앞의 의단과 같은 말.

의정(疑情) 앞의 의단과 같은 말.

이로(理路) 이치로 따져서 선을 이해하는 것. 분별심을 말함. 의로, 의리선과 같은 말.

인가(印可) 스승이 인정하는 것. 6장의 '인가' 항목 참조.

인천안목(人天眼目) 뛰어난 안목의 소유자. 선승이나 지도자.

일개반개(一箇半箇) 한 개 중에 반 개. 좀처럼 만나기 어려운 뛰어난 인물을 말함.

일낙색(一落索) 한 가닥 이야기, 한바탕 이야기. 즉 번뇌 망상.

일단사(一段事) 깨달음을 추구하는 일을 '일단사'라고 함.

일원상(一圓相) '원'을 일원상이라고 함, 하나의 둥근 모양이라는 뜻으로 진리의 세계를 가리킴.

일인전허 만인전실(一人傳虛 萬人傳實) 한 사람이 거짓을 전하면 만인은 그것을 진실이라 생각하고 너도나도 전한다는 뜻. 한 명의 봉사가 수백 명의 봉사를 끌고 간다는 말과 같은 뜻. 일인허전 만인실전(一人虛傳 萬人實傳)이라고도 함.

일일부작 일일불식(一日不作 一日不食) 하루 일하지 않으면 하루

먹지 않는다. 백장선사의 말.

일일시호일(日日是好日) 날마다 좋은 날. 호일(好日)은 '좋은 날' 또는 '생일'을 말함.

일전어(一轉語) 심기일전하게 하는 말. 반전시키는 말. 즉 깨닫게 해 주는 말.

일착자(一著子) 바둑에서 매우 중요한 한 수를 '일착자'라고 함.

일척안(一隻眼) 외눈. 뛰어난 안목을 뜻함.

임마(恁麼) '이와 같이' '이와 같은' '저와 같이' '저와 같은'.

입니입수(入泥入水) 흙탕물투성이가 됨. 즉 중생을 제도하기 위하여 진흙탕과 물속으로 들어감을 말함. '타니대수(拖泥帶水)' 와 같음. 운허 스님의 《불교사전》에 따르면 구두선을 나무라는 말로도 쓰인다고 함.

입선(入禪) 참선을 시작함.

입실(入室) 방에 들어가다. 즉 거의 스승의 경지에 도달했음을 뜻하는 말.

입전수수(入廛垂手) 거리로 들어가 손을 내림. 즉 중생 속으로 들어가서 교화하는 일. 깨달은 후에는 다시 중생 속으로 들어가서 그들을 제도해야 함을 뜻함.

입정(入定) 선정에 들다. 참선에 들다.

자성(自性) 본성. '자(自)'를 '스스로'라고 해석하지 말고 '원래' '본래' '본디'로 해석할 것.

자성청정심(自性清淨心) 본래 깨끗한 마음. 번뇌 망상이 없는 마음.

작마생(作麼生) '자마생'이라고도 발음함. '어떻게' 또는 '어떻게 할 것인가'라고 묻는 말.

작용(作用) 활동. 본질로부터 발동하는 기능, 모습. 마조의 홍주종에서는 작용즉성(作用卽性)이라고 하여 작용 그 자체가 바로 불성이라고 함.

장삼이사(張三李四) 장씨 집 셋째 아들과 이씨 집 넷째 아들. 고대 중국에서 '장(張)'과 '이(李)'는 아주 흔한 성씨였음. 즉 어디에서나 마주칠 수 있는 흔한 남자라는 뜻.

전과신라(箭過新羅) 화살이 신라(新羅, 한국) 땅을 지나가 버렸다. 본질에서 한참 빗나갔다는 뜻.

전광석화(電光石火) '격석화(擊石火) 섬전광(閃電光)'의 준말로서 번갯불이 번쩍하는 순간(電光), 돌이 부딪쳐서 번쩍하는 순간. 극히 짧은 시간을 비유하는 말. 때론 선기(禪機)가 워낙 번쩍번쩍해서 사량분별심이 끼어들 수 없다는 의미로도 쓰임. 스승이 교육적 방법으로 제자의 사량분별심을 용납하지 않음을 뜻하기도 함.

전삼삼 후삼삼(前三三 後三三) 앞에도 3, 3이고 뒤에도 3, 3. 전육후육(前六後六)과 같음. 즉 앞뒤로 꽉 찼다는 뜻.

전제(全提) 모두 보임. 모두 제시함. 전면적으로 제시함. 본래면목을 온몸으로 드러내서 보여 주는 것. 반대말은 단제(單堤).

전좌(典座) 선원에서 사무를 맡아 보는 소임. 원주(院主)나 감원(監院)을 가리킴.

전체작용(全體作用) 전체적인 작용. 선의 본체를 그대로 드러내는 일. '할' '방' '양미순목(揚眉瞬目)' 등이 모두 그런 유형임.

적나나 정쇄쇄(赤裸裸 淨灑灑) 발가벗은 상태, 완전히 씻어버린 상태. 즉 번뇌 망상 등이 완전히 제거된 상태.

정법안(正法眼) 불법의 안목. 법안·혜안과 같은 말.

정법안장(正法眼藏) 모든 사물의 실상을 올바르게 관찰하는 안목. 또는 불법의 대명사로도 쓰임.

정식(情識) 식심(識心, 분별의식, 중생심), 망념과 같은 말.

정안종사(正眼宗師) 정안 즉 올바른 안목을 갖춘 종사.

정진(精進) 노력과 동의어. 열심히 수행하는 것.

정혜쌍수(定慧雙修) 선정과 지혜를 함께 닦음. 선과 경전(교학)을 함께 공부해야 온전한 수행이 된다는 뜻.

제시(提撕) 이끌어 주는 것. 즉 스승이 제자를 지도하는 것을 말함.

제접(提接) 스승이 이끌어서 가르치고 지도함.

제창(提唱) 종지를 드러내고 창도(唱導)함. 또는 선종에서 조사의 어록을 강의하는 것.

조고(照顧) 뒤를 돌아보다. 성찰하다. '조고각하', '간각하'와 같음.

조고각하(照顧脚下) 발아래를 돌아보라. 즉 자기 자신의 일을 먼저 살피라는 뜻. 그대의 문제부터 먼저 해결하라는 뜻.

조도(鳥道) 새가 다니는 길. 즉 허공을 가리키는데 허공엔 흔적이 없으므로 무집착을 뜻함.

조사(祖師) 훌륭한 선승. 선장(禪匠)을 가리킴. 앞에 특정한 지칭이 없을 때에는 대부분 달마(達磨)를 가리킴.

조사관(祖師關) 역대 조사들이 제시한 관문 즉 화두, 공안의 관문을 뜻함. 공안과 고칙을 가리킴. 《무문관》에서는 '무자화두'가 선종 제일의 관문이라고 함.

조사서래의(祖師西來意) 달마조사가 서쪽으로부터 온 뜻. 즉 달마조사가 서쪽에서 가지고 온 선의 진리는 무엇이냐고 묻는 말.

불법의 근본 뜻을 이르는 말.

종문(宗門) 선문(禪門)을 말함.

종안(宗眼) 종지(宗旨)의 안목(眼目). 즉 불법의 근본을 꿰뚫어 보는 안목.

종지(宗旨) 근본 뜻. 또는 주장하는 바, 내세우는 바.

종풍(宗風) 가풍과 같은 말.

좌단(坐斷) '좌(坐)'는 '앉은 채' 또는 '즉석'이라는 뜻. 즉석에서 끊어 버림.

좌단시방(坐斷十方) 즉석에서 온 천하 사람들의 논의를 끊어 버림. 선에 대한 안목이나 법력이 뛰어남을 말하는 때도 있음.

좌단천하인설두(坐斷天下人舌頭) 그 자리에서 모든 사람들의 혀를 잘라 버림. 말을 못하게 함. 좌단시방과 동의어.

좌선(坐禪) 가부좌하고 선정을 닦는 것.

좌주(座主) 강사(講師)

좌탈입망(坐脫立亡) 6장의 '좌탈입망' 항목을 읽어 볼 것.

주인공(主人公) 본래면목, 본래인(本來人)과 동의어. 6장의 '주인공' 항목 참조.

즉심시불(卽心是佛) 마음이 바로 부처. 《관무량수경》에 나오는 시심시불(是心是佛)과 동의어.

즉심즉불(卽心卽佛) 그 마음 자체가 바로 부처. 앞의 즉심시불과 동의어.

즘마생(怎嚒生) 작마생과 같은 뜻임.

지견(知見) 안목. 그러나 선에서는 알음알이와 분별심을 뜻하는 때도 있음.

지관타좌(只管打坐) 만사를 제치고 오로지 앉아만 있는 것. 묵조선의 수행법.

지도무난(至道無難) 6장의 '지도무난' 항목을 읽어 볼 것.

지해(知解) '알음알이'와 분별심.

지해종사(知解宗師) 알음알이나 분별심, 관념적인 이해나 문자로 선을 해석, 설명하는 선승.

차사(此事) 이 일. 깨닫는 일, 즉 선(禪)의 극처(極處).

착어(著語) 공안(公案)이나 고칙에 대해서 짤막한 촌평을 내리는 것. 착어에는 그 사람의 식견이 나타나게 되는데, 《벽암록》이나 《종용록》 등에서는 본칙(本則)이나 송(頌)에 삽입되어 중요한 성분을 이룸. '하어(下語)'라고도 함.

착의끽반(著衣喫飯) 옷을 입고 밥을 먹음. 즉 지극히 일상적인 것을 말함. 바로 그것이 '진리'라는 뜻이 들어 있기도 함.

참구(參究) 탐구.

천성불전(千聖不傳) 천 명의 성인도 전하지 못함. 심오한 이치는 부처나 조사도 전해 줄 수 없다는 뜻.

천의만의(千疑萬疑) 천 가지 의심, 만 가지 의심. 즉 갖가지 의심을 말함.

청규(淸規) 규칙 · 규약 · 정관.

초불월조(超佛越祖) 부처를 뛰어넘고 조사를 뛰어넘다. 즉 불조(佛祖)의 영역을 뛰어넘는 경지를 말함. 살불살조(殺佛殺祖)와 동의어.

통저탈(桶底脫) 물통의 밑이 빠짐. 몸과 마음이 번뇌로부터 완전히 벗어난 것을 비유함. 주로 깨닫는 순간을 '통저탈'이라고 표현함.

투기(投機) 의기가 서로 투합함을 뜻함. 선에서는 진리와 계합함을 말함.

파주(把住) 거머쥐다. 제자가 잘못 수행할 때, 스승이 잡아끌어 지도해 주는 것. 대칭어는 방행(放行). 살활(殺活)과 배대하면 파주(把住)는 살(殺)이고 방행은 활(活)임.

파초혜(破草鞋) 낡은 짚신. 닳아빠진 신발. 더 만행·수행하라는 뜻.

평상심시도(平常心是道) 평상시의 마음 그대로가 바로 도(道, 진리)라는 뜻. 6장의 '평상심시도' 항목 참조.

평창(評唱) 고칙이나 공안에 대한 해설. 《벽암록》에서는 착어(著語, 短評)와 함께 중요한 구성을 이루고 있음.

풍전한(風顚漢) 미치광이. 그러나 고정관념이나 상식의 틀을 뛰어넘은 사람을 가리키는 때가 많음.

피모대각(被毛戴角) 짐승이 됨. 축생이나 축생도에 떨어짐. '피모대각(披毛戴角)'이라고도 씀.

하근기(下根機) 타고난 자질과 바탕이 낮은 사람. 지혜가 낮은 사람.

한 생각 고정관념 또는 집착.

한 소식 깨닫다. 또는 깨달음을 얻다는 뜻. 그러나 매우 모호한 표현임.

할(喝) 상대방을 질타하는 소리, 꾸짖는 소리. 그러나 칭찬하는 할도 있음. 문장을 잘 보고 파악할 것. 6장의 '할' 항목 참조.

행각(行脚) 선수행을 위하여 여러 곳을 다니는 것. 여러 선원을 찾아다니면서 고승들에게 묻는 것.

향상사(向上事) 부처가 되는 일. 깨닫는 일. 또는 돈오.

향상인(向上人) 부처나 깨달음을 추구하는 사람. 또는 돈오를 추구하는 사람.

향상일로(向上一路) 절대적인 하나의 길. 부처가 되는 한 길. 선의 극처(極處). 돈오의 길.

현애살수(懸崖撒手) 벼랑에 매달려 손을 놓다. 관념을 부수라는 뜻. 백척간두 진일보와 동의어.

화광동진(和光同塵) 진(塵)은 세속의 의미. 즉 세속(중생)과 함께 함을 뜻함.

확연무성(廓然無聖) 확연(廓然)은 확 열려 버린 상태. 즉 활짝 열려서 성(聖)이라는 절대적 가치마저 없는 상태.

활구(活句) 2장의 '활구와 사구' 항목 참조.

활발발(活潑潑) 활발발지(活潑潑地). 팔팔하게 살아서 뛰는 모양. 활달자재. 무집착의 모양. 지(地)는 어조사.

활연(豁然) 꽉 막혀 있던 것이 한꺼번에 확 열리는 모양. '연(然)'은 형용사.

활인검(活人劍) 사람을 살리는 칼. 지혜 작용을 되살리는 칼. 참선자가 체념하거나 포기했을 때, 또는 실의에 빠졌을 때 회생시켜 주는 말 한마디. 뛰어난 선사가 자유자재하게 수행자를 절차탁마할 때의 솜씨를 검에 비유하기도 함.

회광반조(回光返照) 자기 자신을 돌아봄. 즉 본래심으로 돌아 감.

흑산하 귀굴리(黑山下 鬼窟裏) 흑산 아래 귀신 소굴. 즉 무명(無明)을 뜻함. 간화선에서 묵조선을 비판하는 대표적인 용어.

참고문헌

| 단행본류 |

- 대혜종고, 《대혜보각선사어록》·《서장》.
- 보조지눌, 《보조법어》.
- 나옹혜근, 《나옹어록》.
- 정성본 역주, 《임제록》·《무문관》·《돈황본 육조단경》·《벽암록》·《선의 역사와 사상》 선문화연구원.
- 정성본, 《간화선의 이론과 실제》 동국대 출판부.
- 석지현 역주, 《벽암록》·《벽암록 낱말 사전》 민족사.
- 석지현, 《선》 민족사.
- 월암, 《간화정로》 클레어마인드.
- 동췬(董群) 저, 김진무 역, 《조사선》 운주사.
- 홍씨우핑(洪修平), 쑤언이핑(孫亦平) 저, 노선환, 이승모 공역, 《여래선》 운주사.
- 왕즈위에(王志躍) 저, 김진무, 최재수 공역, 《분등선》 운주사.
- 야나기타 세이잔(柳田聖山) 저, 추만호, 안영길 공역, 《선의 사상과 역사》 민족사.

| 사전류 |

- 《선학대사전》, 일본 대수관 서점.
- 이리야 요시다카(入失義高), 《선어사전》.
- 이철교, 고재욱 편역, 《선학사전》 불지사.
- 《불광대사전》 대만 불광사.
- 김승동 편, 《불교인도사상사전》 부산대 출판부.
- 이희익, 《선림구집》 보련각.

향 초보 禪 박사 되다

2009년 6월 15일 초판 1쇄 인쇄
2009년 6월 20일 초판 1쇄 발행
2010년 9월 30일 초판 2쇄 발행

글쓴이 | 윤 창 화
펴낸이 | 윤 재 승
발행처 | 민 족 사

등록 제1-149. 1980. 5. 9.
서울 종로구 수송동 58번지 두산위브파빌리온 1131호
전화 (02)732-2403~4, 팩스 (02)739-7565
E-mail : minjoksa@chol.com

ISBN 978-89-7009-426-7 03220